# 主題アクセスと
# メタデータ記述のための
# LCSH入門

Introduction to LCSH for Subject Access and Metadata

鹿島　みづき
著

樹村房

CIP（Cataloging-In-Publication）

主題アクセスとメタデータ記述のためのLCSH入門 = Introduction to
LCSH for subject access and metadata / 鹿島みづき著.
東京：樹村房, 2013.2
引用・参考文献一覧：p.211-215
事項・人名索引：p.216-223
ISBN 978-4-88367-223-3
t1. シュダイ　アクセス　ト　メタデータ　キジュツ　ノ　タメノ　LCSH　ニュウモン．
t2. Introduction to LCSH for subject access and metadata.　a1. カシマ，ミズキ．
s1. Subject headings, Library of Congress.　s2.　Authority files（Information retrieval）.
s3. 件名標目表．　s4. 典拠コントロール
① NDC9: 014.495

Kashima, Mizuki.
　Shudai akusesu to metadēta kijutsu no tame no LCSH nyūmon = Introduction to LCSH for subject
　　access and metadata / Kashima Mizuki cho. -- Tokyo : Jusonbō, 2013.
Bibliography: p.211-215.
Includes index.
ISBN 978-4-88367-223-3
1. Subject headings, Library of Congress. 2. Authority files（Information retrieval）．I. Title. II. Title:
　　Introduction to LCSH for subject access and metadata. III. Kashima, Mizuki.
NDC9: 014.495

# は　じ　め　に

　LCSHとして広く知られる『米国議会図書館件名標目表（The Library of Congress Subject Headings)』は，100年以上の歴史をもち，現在も成長し続ける世界有数の件名標目表である。非英語国を含む多くの国立図書館が使用しており，事実上世界標準の件名標目表である。

　わが国では，国立国会図書館件名標目表が，LCSHとの連携を視野におき2004年から再構築されはじめた。このことは，日本の書誌情報，メタデータが，グローバルな学術情報流通や，図書館でも活用できる環境が整ったことを意味する画期的なことである。それにも関わらず，LCSHは日本の平均的な図書館の現場ではあまりなじみのないままである。その現状についても考え直すよいチャンスに違いない。

　インターネットの技術の変化は，伝統的な図書館の存続のみならず，目録のあり方を根底から問いなおすきっかけとなった。図書館界では，国際図書館連盟（IFLA）が中心となり，書誌レコードの機能要件に続いて，典拠データ，主題典拠データそれぞれの機能要件[1]について整理し，新しい国際目録原則が制定された[2]。インターネットで，つまり，世界規模での使用を前提とした新しい目録規則[3]が生まれた。そのような一連の活動の結論は，意外にも図書館がこだわり続けてきた情報組織法に関わるスキルの再評価につながった。

　これはどういうことか。例えば，Googleに代表されるサーチエンジンの全文キーワード検索の手軽さは，新幹線の時刻表やお気に入りのレストランへのアクセス方法などの答えを探す利用者だけではなく，図書館員にとっても魅力的である。しかし，手軽に入手できる情報が必ずしも本当に欲しい情報や知識とは限らない。また，発信者が明確にされていないことや，信頼のできる情報か否かを即座には判断し難いことに対しては，何らかの解決策が必要になった。特に，学術情報の場合は深刻な問題を含む。

　そのような背景から，玉石混淆のインターネットの情報に対して，何らかの統制を加えた主題に特化した検索の必要性が，Webのコミュニティにおいて認識されるようになった。

　そこでは，主題情報の有無がサービスの質を左右する。存在しない情報，存在しないメタデータは検索できない。また，1つの主題を検索するときに「バーチャルリアリティ，ヴァーチャルリアリティ，VR, Virtual reality, 仮想現実」など，検索語が個々バラバラでは検索もれがある。しかし統制語彙による件名（主題メタデータ）があれば，確実な検索ができる。情報資源の内容を主題分析して付与された件名標目を対象に行う検索にはノイズは含まれない。本当に有用な情報資源にこそ付加されるべき価値ある情報（メタデータ）がある。ノイズのない，ピンポイントで主題に特化した検索を可能にするために必要なツールの候補の1つがLCSHと考える。

インターネットの技術が進化をとげた現在だからこそ，世界標準の統制語彙が重要な役割を担う。だからこそ，グローバルな視点，グローバルなコミュニケーションにとって，LCSH は有力候補なのである。

そして，LCSH の理解と同様にあるいはそれ以上に，従来図書館が育んできた件名付与技術の背景にある目録や件名標目の意義を理解することも，これからのサービスには不可欠な要素となる。

本書は，国内外における図書館界の動きを背景に，LCSH を活用した主題検索ツール作成，つまり主題目録もしくは付加価値のあるメタデータ作成のための具体的な第一歩としてまとめたテキストである。

全体は 4 部で構成される。第 1 部は「件名序説」，第 2 部は「LCSH 概論Ⅰ：構造と適用方針」，第 3 部は「LCSH 概論Ⅱ：固有名件名」，第 4 部は「件名付与の実際」である。なお，「特殊主題」に関してはコラムで紹介している。

この入門書を書くにあたって主な典拠となったのは次の資料である。
- Library of Congress subject headings.
- ・『ClassificationWeb』（2012 年 3 月現在収録分）
- ・印刷体の 31 版．
- Subject headings manual. 1st ed.
- ・『Cataloger's Desktop』（2012 年 3 月現在収録分）
- ・印刷体 の第 1 版．（2012 年 3 月補遺版収録分）
- Free-floating subdivisions : an alphabetical index, 23rd ed.

理解を深めるために，チャン（Lois Mai Chan）の著作も参考にした。
- Library of Congress subject headings : principles and application, 4th ed. Englewood, Colo. : Libraries Unlimited, 2005.
- Library of Congress subject headings : principles of structure and policies for Application. Washington, D.C. : Library of Congress, 1990.

次の 2 冊も欠かせない基本的資料である。
- Alva T. Stone, editor. The LCSH century : one hundred years with the Library of Congress subject headings system. New York : Haworth Information Press, c2000.
- American Library Association. Anglo-American Cataloging Rules, 2nd ed. 2002 revision with 2005 update. Chicago : American Library Association, 2005.

例題は以下の 2 冊も参考にした。
・鹿島みづき, 山口純代, 小嶋智美. パスファインダー・LCSH・メタデータの理解と実践. 長久手町 [愛知県]：愛知淑徳大学図書館発行, 紀伊國屋書店販売, 2005；EBSCO ebook-collection.
・鹿島みづき. レファレンスサービスのための主題・主題分析・統制語彙. 東京：勉誠出版, 2009.

本書は，LCSH のしくみの理解を通して，その実用性と可能性を明らかにするための入門書でもある。図書館と情報組織化のプロフェッショナルとして，図書館員，とりわけメタデータ作成者やカタロガーが LCSH のしくみを学ぶことは，仕事のスキルアップに直結する。さらにそのスキルは，レファレンス担当者や選書収集担当者にも有効なはずである。そして，図書館司書に限らず，知識情報資源を扱う技術者をはじめとするさまざまな方々にも役立つのではないかと，さらなる可能性を期待せずにはいられない。

---

**参考文献**

1　FRBR（http://www.ifla.org/VII/s13/frbr/frbr-jp.pdf）；FRAD（http://www.ifla.org/en/news/new-ifla-publication-functional-requirements-for-authority-data）；FRSAD（http://www.ifla.org/node/5849），(access 2013-01-20).
2　国際目録原則覚書 2009. URL: http://www.ndl.go.jp/jp/library/data/ICP-2009_ja.pdf, (参照 2013-01-20).
3　RDA（Resource Description and Access）. URL: http://access.rdatoolkit.org/, (access 2013-01-20).

# 主題アクセスとメタデータ記述のための LCSH入門

## もくじ

はじめに …………………………………………………………………… 3

### 第Ⅰ部 件名序説 ── 11

#### 第1章 件名の概要 ── 13
1 目録機能と件名 …………………………………………… 13
2 件名とは …………………………………………………… 14
3 目録における主題と件名の歴史 ………………………… 15
　3.1 件名論者たちの歴史 ………………………………… 16
　3.2 インターネット時代の情報検索と統制語彙 ……… 17
▶コラム1：日本における件名の利用の歴史と現状 ……… 20

#### 第2章 件名作業と主題分析 ── 26
1 件名作業とは ……………………………………………… 26
　1.1 典拠ファイル ………………………………………… 26
2 件名付与に不可欠な主題分析 …………………………… 29
　2.1 主題分析とは？ ……………………………………… 29
3 目録作成と件名付与の意義 ……………………………… 29

### 第Ⅱ部 LCSH概論Ⅰ：構造と適用方針 ── 33

#### 第3章 LCSH概要 ── 35
1 概略 ………………………………………………………… 35
　1.1 LCSHの基本理念 …………………………………… 35
　1.2 構成 …………………………………………………… 36
　1.3 利用マニュアル ……………………………………… 37
2 LCSH収録内容の概要 …………………………………… 37
　2.1 主標目 Main Headings ……………………………… 38
　2.2 件名細目 Subdivisions ……………………………… 38
　2.3 固有名標目 Name Headings ………………………… 38

3　LCSHの種類と形 ……………………………………………… 39
　　3.1　主標目 Main Headings ……………………………………… 39
　　3.2　件名細目 Subdivisions ……………………………………… 50
　　3.3　LCSHの列挙順序 …………………………………………… 54
　4　LCSHの見方 …………………………………………………… 56
　　4.1　標目の並び方 ………………………………………………… 56
　　4.2　記号の見方 …………………………………………………… 57
　　4.3　スコープノート（適用範囲）Scope Note ………………… 58
　　4.4　モデル標目 Pattern Headings ……………………………… 59
　▶コラム2：日本におけるLCSHとその魅力 ……………………… 63

## 第4章　マニュアルの利用 ―――――――――――――― 67
　1　利用マニュアルと関連ツール ………………………………… 67
　　1.1　LCSH前書き Introduction ………………………………… 67
　　1.2　LCSH構造の原則と適用の方針 …………………………… 67
　　1.3　目録サービス報 ……………………………………………… 67
　　1.4　汎用件名細目：アルファベット索引 ……………………… 68
　2　Subject Headings Manual 1st ed.（件名標目マニュアル第1版） … 68
　　2.1　件名標目マニュアルの成り立ち …………………………… 68
　　2.2　マニュアル（SHM）の構成 ………………………………… 69
　3　汎用件名細目：アルファベット索引 ………………………… 76
　　3.1　汎用件名細目：アルファベット索引の構成と見方 ……… 76
　　3.2　汎用件名細目：アルファベット索引の使い方の手順 …… 77
　　3.3　実例 …………………………………………………………… 77
　　3.4　実際の作業例 ………………………………………………… 82
　4　よく使用される汎用件名細目とその他の件名細目 ………… 83
　　4.1　よく使用される汎用形式件名細目 ………………………… 83
　　4.2　よく使用される汎用トピカル件名細目 …………………… 88
　5　SHMのH1095汎用件名細目のリストでよく使われる表現 … 91
　6　LC典拠の利用について ……………………………………… 92
　　6.1　LC典拠レコードの主なMARC21タグ …………………… 92
　　6.2　LC典拠を利用する際知っておくと便利なポイント …… 92

## 第5章　主題分析とLCSH一般利用規定 ―――――――― 95
　1　主題分析の実際 ………………………………………………… 95
　　1.1　情報資源の主題をつかむ …………………………………… 95
　　1.2　分析する際の留意点 ………………………………………… 97
　　1.3　要約 Summarization ……………………………………… 97

1.4　統制語彙への翻訳（変換） ……………………………………… 98
　　1.5　形式 ……………………………………………………………… 98
　2　件名付与の方法 ………………………………………………………… 99
　　2.1　件名標目の与え方とその構成 ………………………………… 99

# 第Ⅲ部　LCSH概論Ⅱ：固有名件名　　　　　　　　　　　107

## 第6章　標目の形と典拠コントロール　　　　　　　　　　109
　1　目録のアクセスポイントと典拠レコード …………………………… 109
　　1.1　典拠レコードの構成要素と活用のメリット ………………… 110
　2　標目の形と目録規則 …………………………………………………… 112
　3　固有名の種類 …………………………………………………………… 113
　　3.1　個人名 …………………………………………………………… 113
　　3.2　団体名 …………………………………………………………… 114
　　3.3　地名 ……………………………………………………………… 114
　　3.4　タイトル ………………………………………………………… 115
　　3.5　統一タイトル …………………………………………………… 115
　　3.6　シリーズタイトル ……………………………………………… 115
　　3.7　著者名＋タイトル ……………………………………………… 116
　▶コラム3：典拠ファイルのネットワークと典拠レコードの可能性 …… 116

## 第7章　固有名件名とAACR2　　　　　　　　　　　　　120
　1　地名件名標目概略 ……………………………………………………… 120
　2　地名件名標目の種類 …………………………………………………… 121
　　2.1　法域名 …………………………………………………………… 121
　　2.2　非法域の名称（SHM: H690） ………………………………… 122
　3　地名に付与される付記事項（SHM: H810） ………………………… 125
　　3.1　同名の地名を区別するための付記事項 ……………………… 125
　4　付記事項を付与しない地理的実体 …………………………………… 127
　5　特殊な扱いを必要とする地名 ………………………………………… 127
　　5.1　市に関連する地域の名称（SHM: H790） …………………… 127
　　5.2　市に関連する実体（SHM: H720） …………………………… 128
　6　汎用句標目 ……………………………………………………………… 128
　　6.1　エリア Region（SHM: H760） ………………………………… 128
　　6.2　美術・文学・映画などのテーマとしての場所（地名）（SHM: H910） ‥ 129
　7　地名件名細目 Geographic subdivision（SHM: H830） …………… 130
　　7.1　概要 ……………………………………………………………… 130

  7．2 地名件名標目に付与できる汎用件名細目（SHM: H1140） ……… 131
 8 AACR2 規則　地名標目　23章 …………………………………… 132
  8．1 主な規則 …………………………………………………………… 132
 9 個人名件名標目 ……………………………………………………… 135
  9．1 個人名件名標目概要 …………………………………………… 135
 10 個人名標目 AACR2　22章の主な規則 ………………………… 136
 11 団体名件名標目　概要 …………………………………………… 139
  11．1 団体の定義：21.1B1による ………………………………… 139
  11．2 団体名件名標目が付与される情報資源のタイプ ………… 139
 12 団体名標目 24章の主な規則 …………………………………… 140
 13 AACR2 標目の形 ―「規則概略のまとめ」 ……………………… 147
  13．1 地名標目 ………………………………………………………… 147
  13．2 個人名標目 ……………………………………………………… 148
  13．3 団体名標目 ……………………………………………………… 148
 ▶コラム４：NACO・SACOとファンネル・プロジェクト（Funnel Project） ……… 149

# 第Ⅳ部　件名付与の実際 ———————————————————— 153

## 第8章　件名付与作業 ———————————————————— 155
 1 前準備 ………………………………………………………………… 155
 2 件名付与の覚書 ……………………………………………………… 156
 3 ツールを使う手順 …………………………………………………… 157
 4 点検の際のチェックポイント ……………………………………… 157
 5 レファレンスツールの利用 ………………………………………… 158

## 第9章　件名付与事例 ———————————————————— 161
 1 事例について ………………………………………………………… 161
  1．1 付与された件名の違い ………………………………………… 161
  1．2 例示の目的 ……………………………………………………… 162
 2 件名事例分析 ………………………………………………………… 162
 3 件名事例集 …………………………………………………………… 175
 4 件名付与の次なる可能性を考える ………………………………… 190
 ▶コラム５：特殊な扱いを必要とする主題 …………………………… 190

おわりに ………………………………………………………………………… 208
引用・参考文献一覧 …………………………………………………………… 211
索引 ……………………………………………………………………………… 216

# 第Ⅰ部 件名序説

目録における件名の役割とその歴史的背景，件名作業に不可欠な主題分析との関係を整理する。

---
第1章　件名の概要
---
▶コラム1　日本における件名の利用の歴史と現状
---
第2章　件名作業と主題分析
---

# 第1章　件名の概要

本章では，目録における件名の意義を，件名の歴史に照らし合わせつつ確認していきたい。

## 1　目録機能と件名

図書館の目録は大きく2つの機能をもつ。1つは既知の具体的な情報資源を，そのタイトルや著者名等を手がかりに蔵書から探し出す機能であり，もう1つは特定の主題に関する未知の情報資源を，主題分析をもとに付与した情報によって探し出す機能である。後者の機能は，情報資源ごとに付与した情報，すなわち件名標目[1]や分類記号によって満たされる。

カッター（Charles A. Cutter）は1904年，『辞書体目録の規則（Rules for a dictionary catalog）. 第4版』において詳細な目録規則を策定し，目録の目的（Objects of the catalog）を次のように説明している。

---

目録は，
1. 利用者の求める特定の本をその
   A. 著者
   B. 書名
   C. 主題
   のいずれからも探し出すことができる。
2. 図書館が所蔵する資料を
   A. 特定の著者
   B. 特定の主題
   C. 特定の文学形式
   に限定して提示することができる。
3. 利用者が資料を選ぶ指針として，
   A. 版次（書誌的な）
   B. 内容の性格（文学的・主題的形式）
   を提示することができる。

図1−1[2]　目録の目的

14 | 第1章　件名の概要

　目録の機能とそれを満たすための規則については，カッター以外にも19世紀半ばに活躍した大英博物館（the British Museum；現在の大英図書館）のパニッツイ（Anthony Panizzi）[3]や，1961年の国際図書館連盟（International Federation of Library Associations and Institutions：IFLA）の国際会議で制定された「パリ原則」へ貢献したルベツキー（Seymour Lubetzky）[4]も無視できない。その中でも，目録の主題検索機能に明確な一石を投じ，それを目録の目的として明文化した点で，カッターは，21世紀の現在でも特別な存在である。

## 2　件名とは

　目録における主題検索を担う件名[5]とは何か，ここで短く整理しておきたい。件名とは，第一に，「友情」「映画」「遺伝学」「世界遺産」など作品の主題を表す語句である。ここでいう主題とは，テーマやトピックなどと同義であり，特定の作品に対して「内容は何か」「何についてかかれているものか」を表現したものである。主題になりうる対象は，あらゆる物であり，学問各分野の概念はもちろん，歴史的出来事や人物，団体，地名などの固有名も含まれる。

　さらに，件名には作品の主題だけではなく，その作品がどのような形式のものなのか（辞書，百科辞典，楽譜，録音，絵画，地図，など）を表す語句が使用される場合もある。厳密に言えば，形式自体も各種次元のものが含まれる[6]。

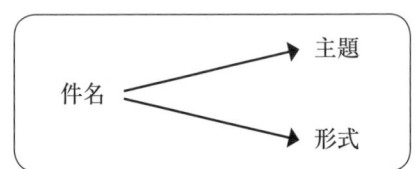

**図1－2　件名は主題と形式を表現する**

　件名には通常，統制語彙[7]が使われ，それをまとめた一覧を件名標目表と呼ぶ。日本の図書館での代表的な件名標目表には，『基本件名標目表』[8]や『国立国会図書館件名標目表』[9]『図書館流通センター件名標目表』[10]などがある。表1－1は，世界の各国で使用されている件名標目表の例である。

表1−1　世界で使用されている件名標目表

| 国 | 件名標目表 |
| --- | --- |
| 日本 | 基本件名標目表（BSH）<br>国立国会図書館件名標目表（NDLSH）<br>図書館流通センター件名標目表（TRC件名標目表） |
| アメリカ | LCSH（Library of Congress Subject Headings）<br>Sears List of Subject Headings<br>Children's Subject Headings |
| フランス | RAMEAU（Répertoire d'Autorité-Matière Encyclopédique et Alphabétique Unifié） |
| ドイツ | RSWK（Regeln für den Schlagwortkatalog） |
| スペイン | National Subject Authority File |
| フィンランド | Finnish General Thesaurus |
| エジプト | Arabic list of subject headings<br>LCSH |

## 3　目録における主題と件名の歴史

　目録における主題からのアプローチの必要性は，古くは紀元前3世紀アレクサンドリア図書館の目録『ピナケス（Pinakes）』においても認識されていたという。『ピナケス』は，カリマコス（Callimachos）によって編纂されたギリシャ古典の著述家とその著作が収録されたリストとされ，書物をまず8つもしくは10の大きな主題に分けていたと推測されている[11]。つまり，『ピナケス』は，蔵書のおき場所を示した単純なリストではなく，主題から蔵書の探索を可能にする機能も備えていた。

　プトレマイオス1世の命により集められたといわれるアレクサンドリア図書館の蔵書は10万巻とも70万巻ともいわれ[12]，分野を問わずギリシャ語で書かれたすべての書物[13]を網羅的に集めたとされている[14]。図書館を研究の重要なツールとみなしていたからである。個々の巻物には，著者名，同名者を識別するための氏族，同じ著作が複数あった場合[15]には，それらを区別するために，出所や元の所有者の名前などが付与された札が付けられていた。蔵書が増えるにつれ，記憶だけをたよりに書物を探しあてることが難しくなり，初代図書館長のゼノドトスは蔵書をいくつかの分類に分けて保管することを試みている。その後蔵書はさらに増え，ゼノドトスの事実上の後継者となった[16]カリマコスによって，より詳細なカテゴリ[17]からの検索を可能にする『ピナケス』が生まれたのである。

　図書館の蔵書が増えるにつれて，特定の主題に限定して資料を探すことが難しくなるというジレンマは，長い歴史の中で常に存在した。そのたびに目録における主題検索の必要

性が論じられている。この因果関係は，現在インターネットを利用する一般の人々にとってもわずらわしいことであり，普遍的な問題をはらんでいる。

## 3.1 件名論者たちの歴史

カッター以前に，主題による情報へのアプローチを唱えた人物は存在した。中でもバイエ（Adrien Baillet, 1649-1706）やクレスタドロ（Andrea Cretadoro, 1808-1879）についてみていきたい。

### 3.1.1 アドリアン・バイエ（Adrien Baillet）

バイエは当時フランスで最高裁判所（Court of Justice）所長のラモアノン（Chrétien-Francois de Lamoignon, 1644-1709）判事がもつ個人文庫の図書館で，司書として26年間勤めた。判事の研究や調査を支えるだけではなく子どもたちの教師としても働き，神学や文学の分野の研究者としても業績を残した。

バイエの司書としての主な役目は，ラモアノンの調査や研究をサポートすることであった。専門的な蔵書を有効に活用するために，質の高い目録，特に主題からのアプローチを可能にする目録が必要であることを強く意識するようになった[18]。つまり，相当な冊数の蔵書に対しては，大まかな分類ごとのリストと著者名索引だけでは，必要な情報を迅速に探し出すことができなかったのである[19]。その解決策として，書物の内容に即した主題を示す目録を作成することを考えた。内容の主題を分析し，内容を表す語を索引語として付与することや，複数の主題が含まれる場合には，どの主題からも探しだせる索引が必要と感じていた。

バイエは，ラモアノン文庫の目録を作成するために，イギリスオックスフォードのボードリアン（Bodleian）図書館目録をはじめ，多くの目録を分析し研究を重ねた。その結果，目録法の歴史で重要な主題索引における工夫を生み出した。その工夫とは，主題索引に使用する語句を統一することである。1つの主題に対して複数の同義語があった場合，どれか1つを代表する索引語に決めて，その他の語句からは参照を設けた。当時の学者はラテン語を通常使用していたが，日常語のフランス語，イタリア語，スペイン語などにも学術用語が浸透しはじめていた[20]。そうした状況にあったからこそ，いずれの言語語句からも間違いなく主題で目録が引ける方法を考えついたのであろう。バイエは，主題検索に工夫を凝らすことで読者，特に彼の雇い主ラモアノンの研究のためや家に訪れる多くの学識階級の客人たちの知的探求に便宜を図ることができたのである。

彼が考えた主題索引の工夫は，まさに同じ意味の語彙を統制するためのしくみであり，それを維持するための何らかの典拠の管理をも示唆する。

### 3.1.2　アンドレア・クレスタドロ（Andrea Crestadoro）

クレスタドロ博士は，「カタロガーは，本の内容が利用者にわかるように提供するべきである，と唱えた最初の人物である」という[21]。

イタリア生まれのクレスタドロは19世紀イギリスのマンチェスター無料公共図書館（Public Free Libraries of Manchester）のチーフライブラリアンであり，インデクサーとカタロガーとしての業績で知られた人物である。彼は同時に，航空技術関連の分野で複数の特許を取得する技術者でもあり，ずば抜けた整理能力のもち主であった。1863年には「マンチェスター無料参考図書館（Free Reference Library of Manchester）」の5万冊を越えるレファレンスコレクションの冊子体目録作成を，予定の期限であった2年を大幅に短縮し11ヵ月で完成させた。当時前任者らが容易に手がけることができなかった目録を短期間で仕上げたことで，図書館界で有名になった[22]。その後もマンチェスター地域の図書館の数々の目録を手がけていった。

クレスタドロは，目録には「在庫リスト（inventory）」としての機能と，その「索引（index）」としての機能が必要であるとし[23]，とりわけ「図書の内容を示す標目（heading）」が必要であると考えた。図書の内容が容易にわかれば，特に初学者には有用に違いないという考えからである。このようなことから，クレスタドロは目録における「件名標目」の利用を最初に推奨した人物といえるのである。

マンチェスター無料参考図書館の目録[24]では，目録本文（「principle entry」）に記載された個々の作品へ件名標目を付与することはできなかったが，その代わりに巻末に詳細な主題索引（「Subject-matter entries or classification」）を付けた。さらに，本の内容がタイトルからではわかりにくい場合には目録本文に「要約（annotation）」を添えたことも画期的な特徴とされている。この目録は，後の多くの公共図書館目録のモデルとなった[25,26]。

こうした流れの中で，カッターが目録の主題検索機能について明確に示すことになる。主題を表す件名標目は図1-1の「1C」「2B」「2C」「3B」を満たすしくみと考えることができる。

### 3.2　インターネット時代の情報検索と統制語彙

20世紀後半になると，コンピュータによる情報処理と情報検索サービスが普及した。医学や自然科学分野を中心に学術的なデータベースがオンラインで提供され，図書館もカード目録の時代が過ぎ去り，オンライン目録が主流となった。そして1980年代後半からのインターネットの普及により，環境は激変した。

学術分野以外でも，データベースなどWeb情報資源へのアクセスが，インターネットを通じて広く行われるようになった。電子ジャーナルが次々に従来の冊子体の出版に取っ

て代わり，電子書籍も出版されるようになった。北米の図書館関係者は1990年代中頃からWeb情報資源について熱心に議論を続けた[27]。もちろん博物館，教育機関，政府団体などでも，それぞれの情報ニーズに応じてWeb情報資源の目録をどう記述するかを模索しはじめた。

その中で目録に変わって，メタデータという用語が使われはじめた。メタデータは，例えばWeb情報資源というデータについてのデータのことである。使用する業界のニーズによって内容が異なるため，メタデータの種類はコミュニティの数だけ乱立している[28]。

こうした環境の変化に対応できる目録のあり方を整理し直すために，1992年から1997年にかけてIFLAで『書誌レコードの機能要件（Functional Requirements for Bibliographic Records : FRBR）』が検討され，まとめられた[29]。

これは目録規則ではないが，書誌レコード（すなわち目録）が果たすべき機能が何であるか，利用者のニーズ（タスク）から汎用的な概念モデルを示している。

表1－2　利用者のタスク

| タスク | |
| --- | --- |
| （1）Find | 発見する |
| （2）Identify | 識別する |
| （3）Select | 選択する |
| （4）Obtain | 入手する |

「Find（発見する）」のうち，主題検索に求められる書誌レコードの機能は「特定の主題を扱っているすべての〈作品〉を具体化した〈体現形〉を探し出すことができる」[30]ことである。それを満たす具体的なデータ要素は，作品の主題を表す「件名標目および／または分類記号」である（FRBR表7.1から　FRBR, p.100）。

ランカスター（Frederick W. Lancaster）が「情報検索システムには通常なんらかの言葉の統制が必要である。」「文書の主題内容を表現するためには限られた数の用語，つまり統制された語彙が必要である。」[31]などと説明し，統制語[32]の重要性については繰り返し議論されてきた[33]。FRBRでもその点が指摘されており，カッターの提示した目録の目的と機能[34]は根幹の部分で普遍的であることがわかる。

しかし，さらに注目すべきは一般にも広く検索という行為が定着した点である。インターネット以前には図書館で調べ物をしたり，オンラインの情報検索をしようとすれば，手間がかかった。しかしGoogleでWebを検索するには，インターネットに接続してさえいればよい。

2003年6月に米国議会図書館がまとめたベイツ（Marcia J. Bates）による『図書館目録とポータル情報における利用者アクセスの向上』（通称ベイツレポート）[35]には，利用者の興味深い行動パターンがいくつか明らかにされた。中でも注目すべきは「利用者は出

来るだけ手間を省きたい，ただし，本当に興味があることに対してはどのような手段を用いてもとことん調べようとする」というのだ。

ベイツレポートは，利用者が検索の前に思いついた用語から，統制語彙の機能を応用して的確な用語や関連用語へと導き，キーワードを一覧するしくみを提案している[36]。この一覧は，より自然に近いことばの集大成（cluster vocabulary）が望ましく，シソーラス，つまり統制語彙の利用を示唆している。

2000年代（ゼロ年代）のWebの検索は単なるキーワード検索が主流で，Webにある膨大な言葉を収集し，検索できるように機械的に処理している。これに対してティム・バーナーズ＝リー（Tim Berners-Lee）が推奨するセマンティックウェブは，その名のとおりことば（概念）の意味を取り入れようとする。すなわち，機械にも情報の意味が取り扱いできる技術を用いて，意味ある検索を実現させようするものだ。この枠組みには「URI」「XML」「RDF」「オントロジー（ontologies）」[37]が必要とされる[38]が，このうちオントロジーは，図書館から見れば分類，件名，シソーラスなどの主題アクセスツールと関連づけてとらえられる[39]。図書館での資料組織において100年以上も実用化されている件名と件名標目表，つまり統制語彙のしくみがセマンティックウェブの技術に重要な一石を投じるのは間違いない。

2010年代になって，多くの図書館が，これもバーナーズ＝リーが提唱するLinked data形式で件名標目表や書誌データを公開しはじめた[40]のは，こうした流れのなかにある。

最近よく耳にする技術に「ディスカバリー・インターフェイス」というものがある。これについては「次世代OPAC」「OPAC2.0」などとも呼ばれる場合もあるようである。

「WorldCat.org」は一見Web公開されたOPACに過ぎないようにも見えるがその1つとされている。従来の図書や雑誌タイトルなどを検索することができるだけではなく，Web情報資源，雑誌論文や電子ブックの1章までもが検索要件に見合った形で提示される。場合によっては，これら情報資源に掲載された参考文献から直接本文へ飛べるしくみももち合わせている。今までは，個別に検索することでしか情報資源に行き着くことができなかった各種契約データベースの中身にまで同じ窓口から検索することが可能になる。このようなことができるのは，データベースの中身またはそれに付与されたメタデータをナレッジベースとしてもつことができているからである。そして一番のウリは，固有名，主題情報などに対して統制された語彙で検索が可能なことである。

情報資源の内容で検索結果を束ねるしくみは，統制語彙を利用した情報資源の記述と検索によって実現できる。となると，情報資源の中身を詳細に表現できる統制語彙が重要になることは言うまでもない。世界標準で使用できるものという意味でもLCSHは，貴重なナレッジベースなのである。本書を読み進めていく中で，読者にはそのあたりのところを少しイメージしていただけるのではないだろうか。

## ▶コラム1：日本における件名の利用の歴史と現状

　司書の資格を取得するには，目録について学ぶ。そのなかで，記述目録法と主題目録法の演習があり，件名付与の基本は教えられているはずである。それでは，件名は，利用者サービスの場面でどのように活用されているのだろうか。

　まず過去の調査を概観してみる。1981年に日本図書館協会と専門図書館協議会によりまとめられた調査[41]をもとに，岡田靖は「主題組織法概論」[42]の中で，件名目録の普及状況を紹介しているが，回答した大学図書館は801館中92件に過ぎない。その内訳は，和書件名目録が13件，洋書件名目録が19件，和洋混排の件名目録が25件，辞書体和書目録で10件，辞書体洋書目録で11件，和洋混排辞書体目録で14件である。ちなみに，分類目録は801館中794件（和書分類目録318件，洋書分類目録が312件，和洋混排分類が164件）であった。当時はカード目録が主流であったことがわかる。

　1998年の日本図書館協会目録委員会調査による『目録の利用と作成に関する調査：報告書』にも，件名標目の使用に関する報告がある。和書では回答館2,878件のうち，872館（30.3%）が，洋書では回答館1,489件のうち168館（11.3%）が何らかの件名を付与している。大学図書館では，和書回答館895のうち166館（18.5%）と洋書115館（15%）という結果になる。公共図書館では使用率は40%（和書）と8.5%（洋書）であった。この統計から日本における主題目録は，件名が主流ではないことがわかる。

　2005年の国立国会図書館で行われた第5回書誌調整連絡会議での上田修一による基調講演[43]で紹介された「オンライン目録における件名」のデータからは，件名の存在意義が図書館の現場では認識されているようだが，全国規模のデータが基になっていないので，正確な数字は把握できていない[44]。

　なぜ日本の目録では，件名が分類ほどに徹底されてこなかったのだろうか。『図書館情報学ハンドブック. 初版. 1988』の「主題目録法」の項[45]で椎葉傲子はその理由を書いている。

　1．慣習的に分類目録を編成してきたこと。
　2．和書の書名が不完全ながら主題検索に代用できること。
　3．件名標目表や目録規則類のトゥール類が完備していないこと。
　4．国立国会図書館の印刷カードが件名目録作業の促進に貢献しなかったこと。
　5．適切な件名目録作業担当者が得られにくいこと。

　歴史をさらにさかのぼると，この点に関して当時国立国会図書館支部上野図書館長であり基本件名標目表の刊行にも関わりの深かった加藤宗厚がいくつかの著書の

中で説明している。加藤は『件名入門』[46]の第3章に「件名目録の歴史」と題し，日本における件名目録の発達の遅れについてまとめている。要約すると以下のようになる。

1. 終戦ごろまでは，すべての図書館が出納閲覧（開架式でなかったため）を実施しており目録の中心は分類目録にあった。開架閲覧をたてまえとする戦後の図書館にあってもこの伝統的考えが改められずに来た。
2. 書名を基本記入とする目録法（明治以前の出版物には著者名が明記されていない和漢書が多かったことが原因している）の当然の結果として，分類目録の補助としてつくられたのが書名目録だった。さらに，日本では図書の主題を表す語が書名の始めに来る場合が多かったので，件名目録の必要性を痛感しなかった。
3. 書名基本記入という考えが記述独立方式（著者注：今の記述ユニット方式）を定着させたので，2．で掲げられた理由から件名不要論に繋がった。
4. 個々の図書をどんな件名にまとめ，どんな形式で表現するのかということについて相当な知識を必要とするので，件名目録を作成する技術は分類目録よりはるかに難しいので敬遠された。
5. 件名目録をつくるためのさまざまのツールが不備であることも不振の大きな原因である。
6. 件名目録作成のための指導者がすくなく，その研究もきわめて低調である。

山下栄編『件名目録の実際』[47]の「序にかえて」にも上記2．4．5．6．と同じ主旨の記述がある。

件名付与が広く普及しなかった原因は，件名の有用性に対する見解の相違だけに由来するものではなかったようである。

1987年には，国立国会図書館から件名付与の現状，有用性や可能性，作業にともなう問題点などが報告されている。そこで問題として挙げられているのは，標目の漢字打ち出しや配列などカード目録における制約および新しい件名標目の作成に関わる方針決定などである。件名付与の際に手助けとなる書名からの自動件名切り出しの可能性についても論じられている。この論考の「おわりに」で「この小論が件名の今後の進展への契機になるようにしたい」と述べられている[48]ことが意味深い。この論考から実に18年近くの時間を経て国立国会図書館件名標目表は大きな飛躍の第一歩を踏み出している。現状を改善するための努力には多くの時間を必要とすることが理解できる。

このほか件名の有用性に注目した論考に，NACSIS-CATを対象とした芳賀・松井らによる調査がある。この主題情報の現状調査[49]では技術的な側面とは別に，その結論の1つとして主題書誌データの充実の必要性を導き出している。

「『NACSIS-CAT』の主題情報に関して「最も問題であるのは，件名と分類付与率が低いことである。件名による検索と書名のフリーワード検索は，ともにことばによる検索であるが，それぞれの有効性は異なっている。したがって，カタロガーは件名の必要性を認識し，付与率を高めるよう努力するべきである。また，付与率を高めるためには，カタロガー一人ひとりの努力に頼るだけではなく，NACSIS-CATのシステムとして何らかの対策を立てる必要がある。」と記している。

　これも芳賀・松井両氏が指摘するように，件名付与の充実とともに，件名に特化した検索が利用者側のインターフェイスで可能であることも重要になる。NACSIS WebCat（全国の大学図書館などが所蔵する図書・雑誌の総合目録データベース）[50]とその後継であるWebcat Plus[51]でも件名に限定した検索ができなかったが，2011年11月9日に公開されたCiNii Books[52]のインターフェイスでは，NACSIS-CATに対して件名に限定した検索を可能にしている。芳賀・松井両氏らの調査から17年あまりの年月を要している。残念ながら，NACSIS-CATでの書誌レコード登録に使用するコーディングマニュアルによると，件名は必須の記述要素となっていないが，少なくとも件名が，利用者側の検索対象となったことは大きな飛躍ともいえる。

---

**参考文献・引用文献・注**

1　件名標目とは，情報資源の内容が何についてなのかを表現する件名標目表を元に与えられる「統制されたことば」を指す。

2　鹿島訳（鹿島みづき他．パスファインダー・LCSH・メタデータの理解と実践．長久手町［愛知県］：愛知淑徳大学図書館, 2005. p.109.）。

3　パニッツイ（Anthony Panizzi, 1797-1879）は英国博物館の蔵書のために目録規則（Rules for the compilation of the catalogue）を1841年出版された，『The catalogue of printed books in the British Museum（British Museum. Dept. of Printed Books 編集．London : Printed by order of the Trustees, 1841.）』の中に記した。通称「Panizzi's 91 rules」は，近代最初の目録原則として知られている（Taylor, Arlene G. Introduction to cataloging and classification. 10th ed. Westport, Conn.: Libraries Unlimited, 2006. p.25.）。

4　ルベツキー（Seymour Lubetzky）考案の「Code of cataloging rules, author and title : an unfinished draft」は，いわゆる「パリ原則（Statement of principles adopted by the International Conference on Cataloguing Principles Paris, October 1961）」の土台となったとされている。（Taylor. 2006. p.27.）ルベツキー自身も参加者の一人であった。日本からは中村初男が参加している。

5　本書では件名標目（Subject headings）は，他の標目と区別する場合など，特に支障がなければ「件名」で表記する。

6　FRBRとFRAD『典拠データの機能要件（Functional requirements for authority data）』は，この辺のことも明確に整理している。

7　統制語彙とは，「情報検索において，索引語として利用する語を限定し，その意味範囲や使用方法を規定したもので，統制語ともいう。［中略］統制語彙の基本的な目的は，語形や表記の変化，同義語の存在で検索漏れが生じないよう，また同形異義語でノイズが生じないようにすることである。」日本図書館情

報学会用語辞典編集委員会. 図書館情報学用語辞典. 第3版. 東京：丸善, 2007. p.169.
8 日本図書館協会件名標目委員会編. 基本件名標目表. 第4版. 東京：日本図書館協会, 1999.
9 国立国会図書館. "国立国会図書館件名標目表 2008年度版". URL: http://www.ndl.go.jp/jp/library/data/ndl_ndlsh.html#information,（参照 2013-01-20）.
10 松木暢子. "TRCにおける件名標目". 国立国会図書館書誌部編集. 件名標目の現状と将来：ネットワーク環境における主題アクセス. 第5回書誌調整連絡会議記録集. 2004. p.58-63.（URL: http://www.ndl.go.jp/jp/library/data/pdf/renrakukaigi16.pdf）.
11 渋川雅俊. 目録の歴史. 東京：勁草書房, 1985. p.43.
12 ブリタニカ国際大百科事典. 小項目事典. 東京：ティビーエス・ブリタニカ, 1972. Vol.1, p.269.
13 他の言語で書かれていた書物でギリシャ語に訳されたものも集められた。
14 Casson, Lionel. Libraries in the Ancient world. New Haven, Conn.：Yale University Press, 2002. p.35.
15 当然ながら，同じ著作の複製はすべて手書きのもので，古ければ古いほど転記ミスが少ないので珍重されたという。
16 同上. p.38.
17 つまり，分類または主題。
18 Verner, Mathilde. "Adrien Baillet (1649-1706) and his rules for an alphabetic subject catalog". Library quarterly. Vol.38, No.3. 1968. p.217-230.
19 同上. p.220.
20 同上. p.227-228.
21 Firby, N.K. "Crestadoro, Andrea". Encyclopedia of library and information science. New York：N. Dekker, 1971. Vol.6. p.271-276.
22 当時の目録は冊子体形式であったため。
23 彼の考えは，「The art of making catalogues of libraries（[ S.l. ]：General Books, 2009.）」に記されている。
24 なお，この目録はGoogle BooksのWebサイトからも閲覧できる（URL: http://books.google.co.jp/books?id=vLYYAAAAMAAJ）。
25 Firby, N.K. "Crestadoro, Andrea". Encyclopedia of library and information science. New York：N. Dekker, 1971. vol.6. p.275.
26 クレスタドロの考え方を引き継いだその後の研究者には，シエラ（J.H. Shera）も含まれるとされている（同上）。
27 米国議会図書館の『Bicentennial Conference on Bibliographic Control for the New Millennium』は，その集大成といえる（URL: http://www.loc.gov/catdir/bibcontrol/）。
28 図書館業界では，互換性の高いメタデータとしてダブリンコア（Dublin Core. Dublin Core Metadata Initiatives（DCMI），URL: http://dublincore.org/）が考案され，初期のWeb情報資源共同メタデータ作成プロジェクトOCLC CORCで採用された。Hickey, Thomas B. 他. "The genesis and development of CORC as an OCLC Office of Research project". OCLC newsletter, No.239, 1999. p.28-31.（URL: http://worldcat.org/arcviewer/1/OCC/2003/02/11/0000001721/viewer/file71.html）；CORCについては次の論考を参照。
　　鹿島みづき. "CORCプロジェクトに参加して". 情報の科学と技術. Vol.51, No.8, 2001. p.409-417.
　ダブリンコアは記述規則が簡便といわれるが，DCMI内のLibraries Groups（図書館での利用を提示する小委員会）が提示するLibrary Application Profile（図書館利用における基準）（DCMI Library Application Profile　URL: http://dublincore.org/documents/library-application-profile/）でも，主題を表現するDC要素「Subject」の利用には統制語の適応を「強く奨励（Recommended best practice）」している。ダブリンコアのほか，米国議会図書館が開発したMODS（Metatada Object Description Schema）

(URL: http://loc.gov/standards/mods/) もメタデータとして重要である。紹介論文は鹿島 ("MODS：図書館とメタデータに求める新たなる選択肢". 情報の科学と技術. Vol.53, No.6, 2003. p.307-318.) ならびにGuenther 論文 (Guenther, Rebecca S. MODS : the Metadata Object Description Schema.) の邦訳 (MODS：メタデータ オブジェクト ディスクリプション スキーマ. 鹿島みづき. URL: http://www2.aasa.ac.jp/org/lib/j/netresource_j/guenther0306/3.1guenther_j.pdf) を参照。

MODS は，MARC21 との整合性にも配慮して従来の目録データとの互換性や粒度 (Granularity) の高さ（粒度とは記述の詳細さのこと）に見合うメタデータである。MODS は，FRBR の概念モデルが反映され (McCallum, Sally H. Metadata, Protocol, and Identifier Activities: Library of Congress IFLA/CDNL Alliance for Bibliographic Standards Report, 2004, Buenos Aires. URL: http://www.ifla.org/IV/ifla70/papers/024e-McCallum.pdf)，つまり情報資源の識別と検索をより的確に行うために統制語彙を用いて表現したり，典拠レコードへのリンクが記述できる。日本では，国立国会図書館の『デジタルアーカイブ』(URL: http://www.ndl.go.jp/jp/aboutus/ndl-da.html) で採用が検討中であり，慶應義塾大学も採用している。慶應義塾大学 KOARA (URL: http://koara.lib.keio.ac.jp/xoonips/)；五十嵐健一，酒見佳世. 慶應義塾大学機関リポジトリ (KOARA) の構築 (URL: http://www.lib.keio.ac.jp/publication/medianet/article/pdf/01400140.pdf) 参照。

29　IFLA 書誌レコード機能要件研究グループ. 書誌レコードの機能要件：IFLA 書誌レコード機能要件研究グループ最終報告（IFLA 目録部会常任委員会承認）. 和中幹雄，古川肇，永田治樹訳. 東京：日本図書館協会，2004. 121p. Web からも閲覧可能 (URL: http://archive.ifla.org/VII/s13/frbr/frbr-jp.pdf)。1961 年のパリ原則，そして 1971 年に始まる国際標準書誌記述 (ISBD) という 2 つの国際的な原則に続くものである。

30　原文は次のとおり。「Find all manifestations embodying: works on a given subject.」。

31　Lancaster F.W. Vocabulary control for information retrieval. 2nd ed. Arlington, Va. : Information Resources Press, 1986. p.1-12.

32　もちろん DDC などの分類法も統制語彙の候補に挙がっている。Chan, Lois Mai. "Exploiting LCSH, LCC, and DDC to retrieve networked resources : issues and challenges". URL: http://www.loc.gov/catdir/bibcontrol/chan_paper.html，(access 2013-01-20).

33　ここでは次の 3 つを挙げておく。

　1．Bates, Marcia J. "Rethinking subject cataloging in an online environment". Library resources and technical services. Vol.33, No.4 (1989). p.400-412.

　2．Drabenstott, Karen M. "Online catalog user needs and behavior". Think Tank on the Present and the Future of the Online Catalog : proceedings. Chicago : Reference and Adult Services Division, American Library Association, 1991.

　3．Svenonius, Elaine. "Precoordination or not?". Subject indexing : principles and practices in the 90's : Proceedings of the IFLA Sattelite Meeting held in Lisbon, Portugal, 17-18 August 1993 / edited by Robert P. Holley, Dorothy McGarry, Donna Duncan, Elaine Svenonius. München : K.G.Saur, 1995. p.231-255.

34　(1) から (3) はカッターの 1.2.3. に対応し，(4) はそれらの大前提，つまり，図書館において入手可能なものに対して目録が作成されてきたことに繋がる。

35　目録における主題情報の重要性をとりあげたものとして有名である。Bates, Marcia J. Recommendation 2.3 Research and Design Review : Improving User Access to Library Catalog and Portal Information. Final report (version 3). URL: http://www.loc.gov/catdir/bibcontrol/2.3BatesReport6-03.doc.pdf, (access 2013-01-20). このほか以下の論文や発表がある。

Mann, Thomas. Is precoordination unnecessary in LCSH? Are Web sites more important to catalog than books? : a reference librarian's thoughts on the future of bibliographic control. URL: http://lcweb.

loc.gov/catdir/bibcontrol/mann_paper.html, (access 2013-01-20).

　　Milstead, Jessica L. "Thesauri in a full-text world". Visualizing subject access for 21st century information resources. Urbana-Champaign, Ill. : Graduate School of Library and Information Science, University of Illinois at Urbana-Champaign, 1998. p.28-38.

36　これを受けて利用者の検索インターフェイスにナップ（Knapp）のシソーラスを土台としたエントリーボキャブラリの表示を具体的勧告の1つとして奨励している。これについては次を参照。Knapp, Sara D. The contemporary thesaurus of search terms and synonyms : a guide for natural language computer searching. 2nd ed. Phoenix, Ariz. : Orynx Press, 2000. 682p.

37　オントロジーには次のような説明がある。ノイ（Noy）とマクギネス（McGuinnes）は「同じドメイン（ここでは同じ領域で活動したり研究したりするひとたちのこと）において情報を共有することを必要とする研究者のための共通語彙としている（common vocabulary for researchers who need to share information in a domain）.」(Noy, Natalya F., McGuinness, Deborah L. Ontology development 101 : a guide to creating your first Ontology. URL: www.ksl.stanford.edu/people/dlm/papers/ontology-tutorial-noy-mcguinness-abstract.html（access 2013-01-20).）。

　　情報組織論で著名なテイラー（Taylor, Arlene G. The organization of information. 2nd ed. Westport, Conn. : Libraries Unlimited, 2004. p.282.）は，「抽象的概念を形式的に表現し，文章を組織化し検索可能にするしくみである」と定義している。図書館として意識すべきは，神崎による「オントロジーは，クラスやプロパティの性質・関係をより詳細に表現するほか，さまざまなコミュニティが独自で定義した語彙を相互に結びつけたり，アプリケーションが矛盾をみつけたりする「発展性」の機能を提供」するという説明のうち「さまざまなコミュニティが独自で定義した語彙を相互に結びつける」という点である。（神崎正英. セマンティック・ウェブのためのRDF/OWL入門. 東京：森北出版，2005. p.7）

38　Taylor, Arlene G. The organization of information. Westport, Conn. : Libraries Unlimited, 2004, 417p. (p.96-97)

39　渡邊隆弘．"セマンティックウェブと図書館（CA1534）"．カレントアウェアネス．URL: http://current.ndl.go.jp/ca1534,（参照 2013-01-20）.

40　武田英明．"動向レビュー：Linked Dataの動向（CA1746）"．カレントアウェアネス．URL: http://current.ndl.go.jp/ca1746,（参照 2013-01-20）.

41　岡田靖．"「図書整理」に関する調査報告"．現代の図書館．Vol.20, No. 2　1982. p.111-128.

42　岡田靖．主題組織法概論．丸山昭二郎編．東京：紀伊國屋書店，1986. p.47-48.

43　上田修一．"件名標目表の可能性—目録とウェブの主題アクセスツールとなりうるか"．件名標目の現状と将来：ネットワーク環境における主題アクセス．東京：国立国会図書館，2005. p.4-19.

44　同上．p.18-19.

45　椎葉俶子．"主題目録法"．図書館情報学ハンドブック．初版．東京：丸善，1988. p.433.

46　加藤宗厚．件名入門．東京：理想社，1972. p.39-40.

47　山下栄編．件名目録の実際．東京：日本図書館協会，1973. p. [i]-[iii].

48　"件名作業の現状と今後 = Subject Headings: practice and future in the NDL"．図書館研究シリーズ27, 1987. p.75-196.

49　芳賀奈央子，松井幸子．"NACSIS-CATの和図書書誌ファイルにおける主題情報の現状調査"．内藤衛亮研究代表．研究成果流通システムの研究開発．平成7年度報告．科学研究費総合研究（A）（課題番号06302076）研究報告書．p.101-115.

50　WebCat．東京：国立情報学研究所．URL: http://webcat.nii.ac.jp/,（参照 2013-01-20）．2012年度末でサービスを終了する。

51　Webcat Plus. 東京：国立情報学研究所．URL: http://webcatplus.nii.ac.jp/,（参照 2013-01-20）．

52　CiNii Books. 東京：国立情報学研究所．URL: http://ci.nii.ac.jp/books/,（参照 2013-01-20）．

# 第 2 章　件名作業と主題分析

　第 1 章では，目録の機能における件名の役割を確認したが，次に本章では件名作業とそれに不可欠な主題分析との関係および意義を確認する。

## 1　件名作業とは

　件名作業とは何か？『図書館情報学ハンドブック. 初版』[1] は，次のように解説している。「件名作業とは，所定の件名標目表より，資料に的確な件名標目を付与し，参照関係を整備する一連の作業である。作業手順は，①資料の主題分析，②件名標目付与，および必要に応じての参照整備，である。①は分類記号付与と同様である。②にあたっては，まず件名標目の理解とその用法の精通を図らなければならない。すなわち，件名標目の採択範囲，記載の省略，例示の状況，細目や参照および逆参照の用法，件名規定内容などに関する標目表の解説を理解することである」[2]。
　件名作業には，件名標目表と作成した件名を格納する目録が必要であり，件名は典拠ファイルとして維持されることになる。LCSH の場合には，LC 件名典拠ファイル（Subject Authority File）並びに LC 名称典拠ファイル（Name Authority File）の両方を参照し作業を進めることになる。

### 1.1　典拠ファイル

　典拠ファイルについてここで簡単に説明しておきたい。
　典拠ファイルは，典拠レコードから構成される。典拠レコードには固有名[3]や概念などを表す用語の「典拠形標目」が記録される。必要であれば類義語または異形の標目が「参照形標目」として記録される。この他，標目を決定する根拠となった出典[4]についても記録される。こうした一連のデータが 1 つの典拠レコードを構成している。
　標目とは，目録における検索と識別の両方の機能を兼ねている名称，用語，コード等の何らかの語句を指す。つまり目録のアクセスポイント[5]となる実体のことである。具体的には，個人名，団体名，統一タイトル，件名などである。
　典拠レコードが整備・維持されることによって，「典拠形標目」として採用された語句とともに「参照形標目」で使用されている語句からも目録（記述メタデータ・主題メタデ

ータ）の検索を可能にするしくみを徹底できる。

　典拠ファイルの機能を具体的に説明する。スペインの画家「パブロ・ピカソ」はLCをはじめ，少なくとも18ヵ国の国立図書館[6]が典拠レコードを作成している人物である。LCの『名称典拠（Name Authorities）』では，「Picasso, Pablo, 1881-1973」が典拠形標目として記述され，日本語の「ピカソ　パブロ，1881-1973」を含む約15の標目が「参照形標目」として記述されている。LCの目録（LC Online Catalog）を検索する場合は，これらすべての標目から「ピカソ」に関する蔵書を探し出すことができる。ピカソのように著名な芸術家であれば，その人物とその人物による著作について書かれた本や論文が各種言語で発表され，結果，ピカソの名前も多言語／多文字で表現される。そのため，ピカソに対する典拠レコードが維持されることで，それらを確実に検索することができる。

**表2－1　パブロピカソのLC名称典拠レコード[7]**

| 典拠形標目 | 参照形標目 |
|---|---|
| Picasso, Pablo, 1881-1973 | |
| | Bīkāsū, Bāblū, 1881-1973 |
| | Luyisi Bikasuo, Babuluo, 1881-1973 |
| | Pikaso, Pablo, 1881-1973 |
| | Pikaso, Paburo, 1881-1973 |
| | Pikasso, Pablo, 1881-1973 |
| | Ruiz, Pablo, 1881-1973 |
| | Ruiz Picasso, Pablo, 1881-1973 |
| | Ruiz y Picasso, Pablo, 1881-1973 |
| | Ruys, Pablo, 1881-1973 |
| | Ruys Picasso, Pablo, 1881-1973 |
| | פיקאסו |
| | פיקאסו, פאבלו, 1881-1973 |
| | פיקאסו, פבלו |
| | ピカソパブロ，1881-1973 |
| | Bijiasuo, 1881-1973 |
| 出典 ||

Picasso, von Maurice Raynal ... 1921.
Pikaso reijishū, 1988: | b p. 272 (Paburo Pikaso)
Bijiasuo hua feng, 1990: | b t.p. (Bijiasuo)
Da Puvis de Chavannes a Matisse e Picasso, c2002: | b t.p. (Picasso) p. 523 (Pablo Picasso, b. 1881 in Malaga [Spain] ; d. 1973 in Mougins [France])
Birželio naktys, 1973: | b verso t.p. (Pablo Pikaso)
Hui hua wan tong, 2010: | b p. 2 (Pablo Picasso; Babuluo Luyisi Bikasuo)

表2-2は「Metadata（メタデータ）」に関するLC件名典拠レコードの例である。「メタデータ」は近年新しく出現した概念であるために，標目を決定する際に多くの調査が必要であったことが参照した《出典》の数からうかがい知ることができる[8]。調査の結果，同義の用語として句の形の標目 Data about data, Meta-data があり，参照形標目として記録されている。

**表2-2　メタデータのLC件名典拠レコード[9]**

| 典拠形標目 | 参照形標目 |
| --- | --- |
| Metadata |  |
|  | Data about data |
|  | Meta-data |

| 出典 |
| --- |
| Work cat : Guidelines for a national institutional survey, c1995: ǀb p.16（"A database containing information about datasets is commonly referred to as a "Metadatabase"）p.24（metadata） |
| Free on-line dictionary of computing [CF], 1996ǀb meta-data（data about data. Data definitions describing aspects of actual data items, such as name, format, etc. Coined in the early 1960s） |
| Boden, T.A. Metadata compiled and distributed by the Carbon Dioxide Information Analysis Center…1993 |
| Westbrook, J.H. Standards and metadata requirements for computerization of selected mechanical properties of metallic materials, 1985. |
| Frank, S.M. Cataloging paradigms for spatial metadata, 1994. |
| Wikipedia, Nov. 9, 2007ǀb（Metadata（sometimes written 'meta data'）is used to facilitate the understanding, use and management of data） |
| IMS Global Learning Consortium, Inc. website, Nov. 9, 2007ǀb（IMS AccessForAll Metadata Specification） |

なお，典拠コントロールのしくみとメリット，リンクされた典拠レコードの可能性については，6章で詳しく取り上げる。

## 2 件名付与に不可欠な主題分析

### 2.1 主題分析とは?

主題分析について，まずテイラー（Arlene G. Taylor）による定義で確認する。

　　主題分析は，目録作成において当該資料の扱っている知的内容やテーマが何であるかを掴（つか）む作業であり，次に，その知的内容の「何か」を分類又は件名標目の体系上にある具体的記号もしくは用語へ翻訳する作業をさす [10]。

この定義では，主題分析を，目録のみに関連する作業ととらえている。しかし，必ずしもそれに限ったものではない。別の定義を次に記す。

　　<u>主題分析とは</u>，情報パッケージの概念的分析をいう。概念的分析とは情報パッケージがどのような知的内容についてなのか，もしくはそれ自体が何なのか，という判断を下すものである（A.G. テイラー）[11]。
　　主題分析とは，文献，データベース，統制語・自然語，情報要求，検索式に含まれる主題要素の存在を知らしめ，識別し，表現することである。利用する側の立場で言えば，主題アクセスと深く関係する（F.W. ランカスター）[12]。
　　文献の主題分析とは，その文献が何について書かれたものであるかを明らかにすることである。これは，知の領域あるいは学問分野の一般的な概念分析ではなく，あくまでも個々の文献の内容に即した分析である（渋谷嘉彦）[13]。

このうちランカスターの定義にあるように，情報要求の主題要素の存在を知らしめ，識別し，表現することが，主題分析であるととらえれば，レファレンスプロセスにおける質問内容もしくは情報要求の確認や，回答で使用するレファレンスツールの分析などの過程にも主題分析が関係することが理解できる [14]。

### 3．目録作成と件名付与の意義

日本では，件名作業そのものが図書館で行われておらず，さらに図書館は，外部作成の書誌を調整して使用する場合が多い。経済不況のあおりを受けて，これとは別に，件名付与作業のコストが高いことを日本はもちろん米国でも問題視する議論がある [15]。人ではな

くコンピュータによる付与の研究も出てきたが，機械的に主題分析が可能になるとは思い難い。この点に関連して，加藤は，次のように述べている[16]。

> 分類をするばあいには，先ず図書の内容をつかんでこれを分類番号であらわさなければなりません。たとえば「日本文学史」であればNDCでは910.2とします。これを件名では「日本文学―歴史」という言葉であらわします。……［この作業を（引用者注追加）］ひとりでやれば図書の内容を読みとって，これを分類番号で表す分類作業と，言葉で表す件名作業とを同時に片付けることができるわけです。

書架分類のための分類付与作業は，大多数の図書館で行われている。この必ず行われる知的作業，つまり主題分析を行った結果を，2通りの表現方法，すなわち分類付与と件名付与で記録すればよい，というわけである。

コストについては本来，より大きな視点でとらえるべきではないか。つまり付与しないことで浪費する，探す手間と時間までを考慮することである。利用者自身，また図書館スタッフが利用者のサポートのために目録を検索する時間についてもコスト面から評価しなければ，件名付与の費用対効果について公平な議論はできないと考える。

実際，医学分野ではそれが実践されている。米国の『PubMed』[17]や日本の『医学中央雑誌』は，その具体例である。医学分野ではコストに値すると見なされて，発信される情報資源を徹底して把握し，的確な主題で検索できることが求められている。

電子ジャーナル，電子書籍などのボーンデジタルな情報資源，大学図書館の機関リポジトリ（Institutional Repositories = IR）[18]に格納された学内研究者による研究成果など，Web情報資源は増大するばかりである。これらについて主題検索ができるという付加価値が，メタデータの整備において強く求められるだろう。全文検索やランキングアルゴリズムだけに止めては，検索ノイズで作業効率が下がる一方だからである。図書館が検索エンジン以上の付加価値を担うには，特定の主題で検索を絞り込むしくみ，必要な知識を効率よく収集（検索）できるしくみを，再確認することである。その図書館が所蔵し利用することができる情報資源（図書，雑誌，Web情報資源）は，図書館が整理したフィルターのかかった，多少ともゴミ（のようなもの）を取り除くことができるディスカバリーサービス[19]のようなサービスに不可欠である。

主題検索の充実が重要なのは，膨大な検索結果から情報を読み取り，知識として吸収する担い手がアナログな人間である事に尽きる。これは，情報検索のプロセスのどこかで，主題で絞り込むという人間による手間が不可避であることを意味する。付与されたメタデータは検索できるが，存在しないメタデータは検索できない。だから付与する手間をかける。主題情報を提供するには，主題分析という手間をかける。これらの手間を引き受けるのに最適なのが，図書館ではないだろうか。図書館には，従来からの業務で育まれた主題

分析と件名作業と統制語彙の利用という知的なスキルがある。

　件名作業は，インターネットが提供する新しい情報発信のインフラにおいて，①時代の流れを超える②普遍的スキルを担う作業である。主題検索の充実は，図書館以外のコミュニティでも自然な要求としてあり，図書館のスキルが貢献できるチャンスでもある。メタデータに主題による繋がりを発見して，各種情報資源をシームレスに検索できることが，これからのサービスで重要な視点となる。

**参考文献・引用文献・注**

1　図書館情報学ハンドブック編集委員会．図書館情報学ハンドブック．東京：丸善，1988.
2　椎葉徹子．"目録法と目録作業"．図書館情報学ハンドブック編集委員会．図書館情報学ハンドブック．東京：丸善，1988．p.437-439.
3　人名・団体名・地名などを「名称典拠ファイル」別ファイルに構築し，これらの名称を主題として使用する場合には「件名標目」としても使用する。
4　SHM: H202 によれば，百科事典，人名事典，著作物等のレファレンスツール，特に Web.3 を参照することが奨励されている。
5　国際図書館協会連盟．国立国会図書館収集書誌部翻訳．「国際目録原則用語集」．国際目録原則覚書（2009年）．p.11.（URL: http://archive.ifla.org/VII/s13/icp/ICP-2009_ja.pdf）．なお，国際目録原則覚書 2009 年では，「標目」という用語の使用は廃止し，典拠形アクセスポイント，統制形アクセスポイントが使用されている。
6　OCLC の VIAF サイト（URL: http://viaf.org）で確認（2012 年 11 月 30 日現在）。2012 年 10 月 1 日に NDL は OCLC と VIAF への参加についての協定を締結した（URL: http://www.ndl.go.jp/jp/library/data/viaf.html）。
7　LC 名称典拠レコードの中「典拠標目（MARC100）」「参照形標目（MARC400）」「出典（MARC670）」のみを抜粋。
8　最初に記載されている出典は，「Metadata」を標目として提案するに至った情報資源であることが「Work cat:」という表示からわかる。実際の典拠レコードは Library of Congress Authorities のページから参照できる（LC Control no.：sh 96000740）。
9　LC 件名典拠レコードの中「典拠標目（MARC150）」「参照形標目（MARC450）」「出典（MARC670）」のみを抜粋。
10　Taylor, Arlene G. Introduction to cataloging and classification. Rev. 10th ed. Westport, Conn. : Libraries Unlimited, 2006, p.301.
11　Taylor, Arlene G. The organization of information. 2nd ed. Westport, Conn. : Libraries Unlimited, 2004. p.242.
12　Lancaster, F.W. "Subject analysis". Annual review of information science and technology. Vol.24, Amsterdam : Elsevier Science Publishers, 1989, p.35-84.
13　渋谷嘉彦．"主題組織化の方法　その 2"．丸山昭二郎ほか．主題組織法概論．東京：紀伊國屋書店，1986．p.106.
14　鹿島みづき．レファレンスサービスのための主題・主題分析・統制語彙．東京：勉誠出版，2009．p.95.
15　例えば，通称『Calhoun report』がこの点を取り上げたことで有名である（The changing nature of the catalog and its integration with other discovery tools. Final Report. Prepared for the Library of Congress

by Karen Calhoun. March 17, 2006. URL: http://www.loc.gov/catdir/calhoun-report-final.pdf, （access 2013-01-20).).
16 　加藤宗厚. 件名入門. 東京 : 理想社, 1972. p.14-15.
17 　PubMed. URL: http://www.ncbi.nlm.nih.gov/pubmed/ PubMed については, 野添篤毅. "医学文献情報サービスから健康情報サービスへの展開：MEDLARS から MEDLINE/PubMed, そして MEDLINEplus へ". 情報管理. Vol.50, No.9. 2007. p.580-593. にその設立の経緯と内容が紹介されている。
18 　機関リポジトリは,「大学とその構成員が創造したデジタル資料の管理や発信を行うために, 大学がそのコミュニティの構成員に提供する一連のサービス」（倉田敬子. "機関リポジトリとは何か". MediaNet, No.13, 2006. p.14.）と定義される。わが国の IR については, 国立情報学研究所学術機関リポジトリ構築連携支援事業のサイト（URL: http://www.nii.ac.jp/irp/list/）を参照。
19 　ディスカバリーサービスは EBSCO, Seials Solutions, ExLibris などのベンダーが開発している次世代 OPAC を可能にするしくみの総称。内容については, 片岡真. "ディスカバリー・インターフェース（次世代 OPAC）の実装と今後の展望（ca1727）". カレントアウェアネス No.305, 2010.（URL: http://current.ndl.go.jp/files/ca/ca1727.pdf,（参照 2013-01-20).）に詳しい。

## 第Ⅱ部

# LCSH概論Ⅰ：構造と適用方針

LCSHのしくみの理解, マニュアルの利用方法, 利用する際の基本理念等を確認する。

---

第3章　LCSH概要

▶コラム2　日本におけるLCSHとその魅力

第4章　マニュアルの利用

第5章　主題分析とLCSH　一般利用規定

# 第3章　LCSH 概要

　ここからは,『米国議会図書館件名標目表（LCSH）』について詳しく見ていきたい。
　5年もの歳月をかけて米国議会図書館のために作られた LCSH 初版が 1914 年に刊行されて以来,幾度となく改定され,館種や規模を問わず多くのアメリカの図書館や海外の図書館で利用されている[1]。本章では,LCSH の基本構造と適用方針について理解を進めたい。

## 1　概略

### 1.1　LCSHの基本理念 [2]

　LCSH が掲げる基本理念は,次のとおりである。

**（1）利用者のニーズ　User needs**
　利用者の目録検索を助ける,有用な主題アクセスポイントの提供。
　〈主題アクセスポイントの目的〉
　　次の2つの件名標目の基本機能を前提とする。
　A．目録の利用者は,情報資源が扱う主題をわかっている場合,その主題から個々の情報資源を探し出すことができる。
　B．目録の利用者は,特定の主題についてどのような情報資源が図書館に所蔵されているのかを把握することができる。
　〈時代に合ったカレントな使用〉
　　利用者のニーズは,標目が一般に通用している時代に合ったカレントな用語が使用されることで満たされる[3]。

**（2）文献的根拠 Literary Warrant**
　LCSH は,米国議会図書館の蔵書が文献的根拠となる（件名の元になっている情報資源が必ず1点は存在すること）という前提があり,その蔵書のニーズに応じて展開されてきた。近年では協力体制にある他の図書館のニーズ,つまり他館の蔵書も対象に構築が進められている。

### (3) 統一された標目 Uniform headings（複数の同義語から1つの標目）

1つの主題を表現する標目を常に1つに保つことによって，再現率（求めている情報資源が探しだせる確率）を高くする。

その際，同義語からの参照を可能にする。例えば，Ping-pong（ピンポン）は Table tennis（卓球）と同じ意味だが，標目形に，「Table tennis」が採用され，「Ping-pong」は参照として採用される。そうすることで，検索の際には，どちらの検索語でも同じ検索結果が得られる。

### (4) 1つの主題に1つの標目 Unique headings

検索の適合性を高め，主題検索におけるノイズを最小限に抑えるために1つの主題には1つの標目で表現する。これは，同音異義語の扱いを意味する。つまり，件名となる用語が一般的には複数の意味を持つ場合に，主題を表す標目の用語が他の主題と混乱しないためのしくみを指す。例えば，Orange（オレンジ）という用語は，色彩なのか，果物なのかを使い分けることで，ユニークな標目を維持できる。同音異義語の標目では色彩は「Orange (Color)」，果物は「Orange」[4]のように，括弧書きの付記事項によって，意味を限定している。

### (5) 直接的な検索を可能にするための特定の主題表現への配慮 Specific and direct entry

一般的な用語ではなく，具体的かつ特定的な用語が標目として選択される。

### (6) 安定性 Stability

常に現代に合った標目を維持するには，用語の変更が必要になる。一方で，用語の安定性に配慮することも重要になる。用語の変更に伴う書誌データの修正作業などの労力にも配慮し，標目のカレント性と安定性とのバランスを考慮する。

### (7) 一貫性 Consistency

可能な限り同類の標目同士は形と構造を整え，形式を統一する。

## 1.2 構成

LCSH を構成するツールは，次の4つの情報資源が基本になる。
① 『LCSH』……本表となる冊子体で，6分冊である（2012年現在）。
② 『LC Subject Headings Weekly list（週刊 LCSH リスト）』[5]……追加や改定された

標目のリストで，毎週 Web で提供される。
③『Cataloging Service Bulletin（目録サービス報）』[6] ……年4回発行され，新規作成や変更された標目が記載されている。
④『Free-floating subdivisions : an alphabetical index（汎用件名細目：アルファベット索引』……多くの標目に適応可能な形式や主題にかかわる件名細目を別刷りにした冊子である。

　LCSH の本表は，年刊累積で毎年冊子体が発行されている。Web アクセス可能な LCSH としては，有料の『ClassificationWeb』[7] と無料の『Library of Congress Authorities』がある。これらのうち，『ClassificationWeb』の LCSH が最新の情報を掲載しているため一番の典拠となる。なお『Library of Congress Authorities and Vocabularies』[8] からも LCSH や名称典拠ファイルの個々の典拠レコードを参照できるが，上記3つのツールのように，当該標目の前後の標目をアルファベット順に一覧することはできない。

## 1.3　利用マニュアル

　LCSH のしくみの解説，付与規則，本表上には記載がないが使用可能な件名細目などを規定するマニュアルやツールには以下がある。詳しい内容については，4章の1．「利用マニュアルとツール」で解説する。
　(1) Subject Headings Manual（SHM）（件名標目マニュアル）
　(2) Library of Congress subject headings. Introduction（米国議会図書館件名標目表．まえがき）
　(3) Library of Congress subject headings : principles of structure and policies for application（LCSH 構造の原則と適用の方針）
　(4) Cataloging service bulletin（目録サービス報）
　(5) Free-floating subdivisions : an alphabetical index（汎用件名細目：アルファベット索引）

## 2　LCSH 収録内容の概要

　LCSH の収録内容は大きく3つに分類される。
　1．主標目 Main Headings
　2．件名細目 Subdivisions
　3．固有名標目 Name Headings

## 2.1　主標目 Main Headings

　主標目とは，当該情報資源の中心的なテーマ・内容または形式を表す標目である。テーマとなるものは概念や現象だけではない。固有の名称を持つ実体も含む。
　主標目になる件名標目には，以下3種類のものがある。
　(1)　トピカル[9]標目 Topical headings
　(2)　形式標目 Form headings
　(3)　固有名標目 Name headings

## 2.2　件名細目 Subdivisions

　件名細目は，主標目を特定の側面に限定して表現する役割がある[10]。そのため，常に主標目とセットで認識され，単独では存在しない。
　件名細目（Subdivisions）も，LCSH本表上に記載があるものと，ないものとがある。本表上に記載がないが使用できるものは次のものである。
　1．すべての件名標目に共通して使用できる汎用件名細目
　2．人のグループ[11]のもと展開できる件名細目
　3．民族名のもと展開できる件名細目
　4．団体名のもと展開できる汎用件名細目
　5．個人名のもと展開できる汎用件名細目
　6．家名のもと展開できる汎用件名細目
　7．地名のもと展開できる汎用件名細目
　8．水域名のもと展開できる汎用件名細目
　9．モデル標目（Pattern headings）に代表例として展開されているもの
　10．特定の主題に対してのみ展開できる汎用件名細目
　これらすべての汎用件名細目は，『汎用件名細目：アルファベット索引』に収録されておりその使用方法の手がかりとなる。個々の利用規定の詳細は，SHMを参照。

## 2.3　固有名標目 Name Headings

　固有名標目には，主標目としても，件名細目としても使用されるものがあり，LCSH本表上には記載のないものも多い。そのため，本項では，その点に注意を促すために，別立てで詳しく紹介する。
　固有名標目には，個人名，団体名，会議名，地名，統一タイトルを与えられた作品名，

この他何らかの名称が与えられた実体を含む[12]。

　固有名には，作品の知的・芸術的創造に何らかの形で関わったかもしくは何らかの関わりがある実体も含まれる。

　いずれの標目も主標目として使用できるが，名称典拠ファイルの参照を必要とするものがある点で扱いが異なる。

　件名標目を含むすべての典拠レコードは，LC典拠に統合され[13]，固有名には，名称典拠標目（Name Authority heading），タイトル典拠標目（Title Authority heading），名前／タイトル典拠標目（Name/Title Authority heading），が収録されている。これらの標目は，一部の例外を除いて，いずれもそのまま件名標目として使用できる[14]（H430参照）。詳しくは，4．1．3（1）個人名で触れる。

　名称典拠レコードとして登録されているもの以外は，すべてLCSH本表または件名典拠標目（Subject Authority Headings）としてLC件名典拠ファイルに収録・維持されている。

　なお，国名・州名・市名などに代表される法域名は地名を含むため，件名細目や主標目の付記事項[15]としても使用されている。詳しくは3．1．3（3）地名を参照。

## 3　LCSHの種類と形

### 3．1　主標目 Main Headings

　主標目とは，その名のとおり情報資源の中心的なテーマ・内容を表す標目だが，場合によっては，形式を表現する。

　主標目となりうる件名標目には以下3種類のものがある。
　(1) トピカル標目 Topical headings
　(2) 形式標目 Form headings
　(3) 固有名標目 Name headings

### 3．1．1　トピカル標目（Topical headings）の種類と形

　トピカル標目には，およそ5種類の形のものがある。
　(1) 1単語のもの
　(2) 複数単語のもの→「形容詞＋名詞」の2単語熟語
　(3) 複数単語のもの→転置形のもの
　(4) 前置詞を伴う複数単語のフレーズ（単一概念，複数概念）
　(5) 括弧書きがついたもの

（1）1単語のもの
　　例：
　　　　・Libraries
　　　　・Psychology
　　　　・Communication
　　　　・Economics
　　　　・Physics
　　　　・Obesity

（2）複数単語のもの→2単語熟語
　複数単語のものには，形容詞を伴う2単語熟語が多く含まれる。1つの概念や実体に対して1単語では表現できないような場合[16]，例えば1つの概念に含まれる特定の概念を表現しようとする場合がそのようなケースになる。（例えば，単にLibrariesではなくてDigital libraries）。
　　例：
　　　　・Digital libraries
　　　　・Cognitive psychology
　　　　・Intercultural communication
　　　　・Environmental economics
　　　　・Mathematical physics

（3）複数単語のもの→転置形のもの
　転置形の標目は同じ主題を表現する標目をあらわす目録カードを一箇所に集めるための工夫で，カード目録時代のなごりである。特に辞書体目録ではその威力を発揮した。
　《Language》を例にとると，どの言語か（例えば日本，アイヌ）を転置形にすることで，一箇所または同じカードの引出上で《Language》という語からはじまる目録のすべてのアクセスポイントを言語のアルファベット順に一覧できた。
　例えば，最初の例にある，Languages, Artificial は，2012年11月現在転置形のままだが，Classical languages（古典言語），Extinct Languages（死語（言語学））などは直接形である。
　その後，オンライン目録の普及とともに転置させる必要性がなくなってきた。現在，米国議会図書館では転置形はできるだけ採用せずに直接形に切り替えてゆく方針である[17]。過去に作成された標目も徐々に直接形に変更されているが，数量（標目の数とそれを使用している書誌レコードの数）があまりにも多いものは，そのまま残されている可能性が高い。

SHMによると，①言語，国籍，民族名が伴うトピカル標目と形式標目は，いくつかの例外を除き転置形が採用されている。この他転置形が採用され続けているものには，②時代の名称が伴う標目，③化石のタイプ，④「Arranged（編曲された）」「Sacred（宗教の）」「Secular（非宗教的な）」などを伴う音楽の標目などがある。詳しくは，SHMのH306を参照。

例：
- Languages, Artificial
- Teeth, Fossil
- Education, Bilingual
- Songs, Irish
- Psychology, Comparative

### （4）括弧書きがついたもの

括弧書きがついた件名は，①その語自体に複数の意味があるもの，②形容詞の付与だけでは意味を区別できないもの，③英語にはない固有の名称など，それだけでは何を示すのかがわからないものに使用されている。

例：
- Attitude (Psychology)
- Index numbers (Economics)
- Decks (Architecture, Domestic)
- Goodwill (Commerce)
- Turnovers (Cooking)
- Turntables (Railroads)
- Similarities (Physics)

### （5）前置詞を伴う複数単語のフレーズ

複数単語からなるフレーズの標目は，複数の主題間の相互関係を表現するためなど複合的な概念を表現する際に用いられる標目である。

複数単語が必要な標目で細目形などで置き換えることが可能なもの，例えば，Art cataloging（美術の目録）はArt -- Cataloging（芸術 -- 目録）に置き換えることができる。このようなものは「主標目 -- 件名細目」の形へ徐々に切り替えられてはいるが，例えば《Doctor of philosophy degree》のようにこれ以外表現しようがないものはそのままの形で使用されている。

このように切り替えられている1つの理由とし，エンドユーザーが検索する際にわかりやすいことが考えられる。

複数単語標目に対する批判はあるが，少しずつ改良されていることは確かである。ただ

しこれらのなかには固有名である場合も多く，複数単語をファセットのように分解できない場合があることにも留意しなければならない。
　例：
　　・Obesity in children
　　・Doctor of philosophy degree
　　・Library food and beverage policies
　　・Library of Congress Gershwin Prize for Popular Music
　　・Japanese flowering cherry in art

## 3.1.2　形式標目(Form headings)の種類

　件名標目は本来，記述対象が扱う主題・テーマを表現するものであるが，記述対象の「形式」を表現するものもある。
　形式標目には，書誌的形式を表すものと芸術的・文学的ジャンルや形式を表すものとがある。

### (1) 書誌的形式 Bibliographic form

　書誌的形式を表現する主標目は，数が少ない[18]。ただし，形式標目に見える件名標目は多く，LCSHを確認すると実は主題を表現しているものがある。《Newspapers》はトピカル標目であるが，主題標目の後に形式件名細目として使用できることがスコープノートに記されている。この場合は，特定の主題を扱う新聞，例えば，『競馬新聞』『スポーツ新聞』『コンビニ新聞』を表現できる。
　さらに，《Law》（法律）のように，1つの標目で形式標目と同時にトピカル標目としても使用されるものもある。いずれにしても，使用範囲に関する規定はSHMで確認することが肝要である。
　例：
　　・Atlases
　　・Abstracts
　　・Encyclopedias and dictionaries

### (2) 芸術的・文学的形式・ジャンル Artistic and literary form
　例：
　　・English drama　【文学のジャンル】
　　・Piano music (3 hands)　【音楽のジャンル】
　　・Historical fiction　【文学のジャンル】
　　・Romances, Japanese　【文学のジャンル】

- Romances（Music）　【音楽のジャンル】
- Symphonies　【音楽のジャンル】
- Landscape painting, Japanese　【美術のジャンル】

### 3.1.3　固有名標目（Name headings）の種類

　固有名標目には，個人名，団体名，会議名，地名，統一タイトルをもつ著作，名称を持つ固有の実体が含まれる。これら標目の多くは，LCSH本表には収録されていなかったが，1976年から方針が変わり，AACR2（英米目録規則第2版）に準じて記述可能なものを除いて，すべて収録されるようになった[19]。ここでは，以下6種類の代表的な固有名標目について述べる。

(1) 個人名
(2) 団体名
(3) 地名
　　・法域名・行政区分名
　　・非法域名・非行政区分名
(4) 統一タイトル
(5) その他の固有名

#### （1）個人名

　個人名には名称典拠標目と件名典拠標目として典拠レコードが作成されているものがある。これらのものはLC典拠を参照する場合，ファイルを指定してそれぞれ検索することができる。しかし，3.1.3「固有名標目」ですでに述べたように，LCSH本表（『ClassificationWeb』搭載のものも含む）に名称典拠レコードができているものは，例示するため以外には収録されない。名称典拠として作成されている個人名典拠レコードは，記述目録規則（AACR2・RDA = Resource Description and Access）が適応されるものに限る。これらのレコードは著者・執筆者・作成者など作品の創造に何らかの形で関わった人物（RDAでは人間ではない実体（Non-human）も含まれる）が主な対象だが，人物自体が情報資源の主題となった場合にも作成される。

　名称典拠レコードでもまれに件名標目として使用できないものがある。典拠レコードのMARC21フィールド008/15の値を確認し，値が「a」のものは，使用が可能である（SHM: H 430）。

　一方，件名典拠標目として収録される名称には，家名 Family name，時代名 Dynasties，皇族名 Royal Houses などがあり，そのほか伝説や文学作品の登場人物名，神々の名前などが含まれる。

　　例：

〈名称典拠レコードのもの〉
- Shakespeare, William, 1564-1616
- Kawabata, Yasunari, 1899-1972
- Socrates
- Kitarō, 1953-

〈件名典拠レコードのもの〉
- Godzilla (Fictitious character)
- Bunyan, Paul (Legendary character)
- Ashikaga Family
- Bourbon, House of

## (2) 団体名

団体名は，公的・私的団体，協会，学会，政府機関，会社，宗教団体，その他なんらかの名称を持つ団体（例えば会議や探検隊など）を表す。団体名は名称変更がある毎に新しい標目が作成される。団体名も個人名件名同様 AACR2 の定義にあてはまるものは名称典拠標目として確立している形を標目形として使用する。

例：

〈名称典拠レコード〉
- Japan. Gaimushō
- Museum of Modern Art (New York, N.Y.)
- Kokusai Kyōryoku Kikō
- Tōkyō Sazae-san Gakkai
- Chicago (Musical group)
- Walt Disney Company

## (3) 地名

地名には，国名などその国の政府の名称などを識別する際にも重要な要素となる「政治的法域名（以下，「法域名」と，その他の地名を表現する「非政治的法域名（以下，非法域名）」の2つのグループに分けることができる。

### ① 法域名 Jurisdictions

このグループの地名には，国名，州名，県名，市町村名など自治体名・法域名・行政名を表すものが含まれる。これらの標目は，AACR2 に基づいて標目の形が記述されているので，名称典拠レコードを確認して，そこで示された形を用いる。

例：
- Japan

- London（England）
- London（Ont.）
- Glasgow（Ky.）
- Melbourne（Vic.）
- Victoria（B.C.）
- Peru
- Mexico

② 非法域名 Non-jurisdictions

　行政区分名に含まれない，もしくは複数の行政区分にまたがる地名などを，「非法域名」と呼ぶ。このうち AACR2 では表現できない地名や実体には以下のようなものが含まれる。

　遺跡の名称，広域名・地域名（汎用的使用以外），水路名，ダム，廃墟化した古代都市（1500年以前），農場・牧場・庭園，森林・草原，地形的名称（洞窟，砂漠，非行政下にある湖，山，海流，渓谷など）の名称，鉱産，公園・保護区・レクリエーション地域，貯水池，道路・道・街道，渓谷など。

　使用可能な名称は，個々のものについてすべて，LC 件名典拠ファイルに記載がある。

　　例：
- Oceana ; Europe, Eastern　【広域名】
- Yosemite National Park（Calif.）　【公園】
- Blue Mountains（N.S.W.:Mountains）　【山】
- Suez Canal　【水路】
- Tama River（Yamanashi-ken-Tokyo, Japan）　【川】
- Gobi Desert（Mongolia and China）　【砂漠】
- Nōbi plane（Japan）　【平野】
- Toro Site（Shizuoka-shi, Japan）　【遺跡】

（4）　統一タイトル

　統一タイトルは，同一のタイトルをもつ異なった作品を区別するためや，翻訳本のように，同一の作品でありながら異なったタイトルを複数もつものに与えられる。後者の場合，統一タイトルには同一の作品を目録上１つにまとめる役割がある。詳しくは６章3.5を参照（p.115）。

　　例：
- Man'yōshū
- Shakespeare, William, 1564-1616. Romeo and Juliet
- Beolf
- Murasaki Shikibu, b978? Genji monogatari

## （5）その他の固有名

その他の固有名件名には，歴史的出来事，動物，賞や奨学金名，祝日，祭り，民族，国籍，部族名，宗教，哲学論派，名称のある物体，聖典名などがある。

例：
- Berlin Wall, Berlin, Germany, 1961-1989　【名称のある物体】
- French Revolution Bicentennial, 1989　【記念日】
- Bastille Day【記念日】
- Scandinavians　【民族】
- Shinto【宗教】
- Academy Awards（Motion pictures）　【賞】
- Spanish language　【言語】
- Statue of Liberty（New York : N.Y.）　【名称のある物体】

その他の固有名件名に関しても LC 典拠は不可欠である。件名典拠標目として典拠レコードができているものと名称典拠標目として作成されているものがあり，場合によっては典拠レコードが重複するものがある。これらの多くは AACR2 において団体名とみなされるかどうかという点がカギとなる場合が多いが，一見団体名のようであっても，地名件名標目のものがある。

例えば，《Disneyland（Calif.）》は地名件名標目である。典拠レコードの MARC21 タグが 151 であることでわかる。団体名としての標目は《Walt Disney Company》で典拠レコードの MARC21 タグは 110 になる。

LC 件名典拠ファイルと LC 名称典拠ファイルに重複するものの中には，件名標目として必要になり，件名典拠ファイルに典拠レコードを作成した後，記述目録のアクセスポイントとしても必要性が生じ，再度名称典拠ファイルに典拠レコードが作成されるケースが過去にあった。特に法域名の地名に関しては両方の典拠ファイルに典拠レコードが作成されているケースがあったために混乱が生じた。

1995 年からは，そのような標目は名称典拠ファイルのみに作成するという方針ができ，重複に関しては逐次削除する方向で作業が進められてきた（SHM: H405 参照）。

加えて，名称典拠ファイルに入るべきか件名典拠ファイルに入るべきか判別が難しいものの中には，「件名標目」としてのみ活用されるものと，件名標目としても記述目録の「アクセスポイント」としても活用されるものがある。それらの扱いは，前者は件名典拠ファイルに典拠レコードが記録され，後者は件名目録法（Subject Cataloging）の手続きに準じて（SHM: H200）典拠レコードを作成し，名称典拠ファイルに格納される方針が立てられた。以下にいくつか例を挙げる。

表3-1　SHM2008年版 H405から抜粋

| 名称典拠ファイルに記載 | 件名目録の手続きを介して，件名典拠ファイルまたは，名称典拠ファイルに記載 |
|---|---|
| Cathedrals　大聖堂 | Castles　城　（NAF） |
| Circuses　サーカス | Theme parks　テーマ・パーク　（SAF） |
| Opera companies　オペラカンパニー | Opera houses　オペラ座　（NAF） |
| Railroads　鉄道 | Canals　運河　（SAF） |
| Service stations　サービス・ステーション | Shopping centers　ショッピング・センター　（NAF） |
| Satellites, Artificial　人口衛星 | Celestial bodies　天体　（SAF） |

例えば，各種「出来事（Events）」に関する件名標目は名称典拠ファイルにあるものと，件名典拠ファイルにあるもの，2つがある。SHM: H1592のリストを参考にするとよい。

出来事（Events）には，特に固有の名称や特徴を持たない日常的なものと，非日常的で特徴のある一回限りの出来事で後日何らかの名称で呼ばれるようになるものや，不規則・規則的を問わず継続して開催されるものがある。1996年までは，継続的に開催される会議・展覧会・ショー・博覧会などのイベントは会議名と同じ扱いがなされ，名称典拠ファイルにMARC21タグ111が付与された形で作成されていたが，現在では，(1) 正式に召集される (2) 共通の目的のもと開催される (3) 再度召集することが可能 (4) 正式な名称を持ち，開催場所，日時，開催期間などが前もって明示することができる，という条件が満たされていればすべての「出来事（Event）」は名称典拠レコードとしてAACR2の24章の規則に準じて作成されている。これ以外の出来事は，トピカル標目（MARC21タグ150）として典拠レコードが作成されている。

このルールで考えると表3－2のように振り分けられる。

表3-2　SHM2008年版 H1592から抜粋

| 名称典拠ファイルに記載 | 件名典拠ファイルに記載 |
|---|---|
| Athletic contests　スポーツ競技 | Accidents　事故 |
| Conferences　会議 | Cultural revolutions　文化革命 |
| Festivals and celebrations　祭り・祝賀行事 | Natural disasters　自然災害 |
| Parades　パレード | Strikes　ストライキ |
| Shows（Exhibitions）ショー（展覧会） | Weddings　結婚式 |

## 3.1.4　主標目に関する注意点

主標目に関する注意点として，トピカル標目と形式標目の識別がある。トピカル標目と形式標目は区別が難しい場合があるからである。付与しようとしている件名標目が主題なのか形式なのかを常に意識することが重要になる。

例えば，形式標目には《逐次刊行物 Periodicals》や《百科事典と辞書 Encyclopedias

and Dictionaries》などがあるが，これらはトピカル標目としても使用できる場合がある。

さらに，文学や美術，音楽などの分野では，情報資源の内容（主題）が何かということに加え，場合によってはそれ以上に，それ自体がどのようなジャンル（表現形式）なのかが重要な情報になる。なお，ジャンルとは，情報資源の知的内容を表現するスタイル，もしくはテクニックのことを指す[20]。

例えば，「ソナタの歴史」について知りたい場合と，「アコーディオンのためのソナタの楽譜」を手に入れたい場合である。前者は主題としてのソナタであり，後者は情報資源の音楽的形式（ジャンル）のソナタになる。

件名標目が主題として扱われているのか，形式として扱われているのかを取り違えて付与してしまうと，利用者の求めるものと検索結果に食い違いが生じる恐れがある。

米国議会図書館ではこの問題を回避するために，「形式」や「ジャンル」は，一般公開された『LC Online Catalog（LC オンライン目録）』の書誌レコードに対しては 655 フィールドを，典拠レコードでは 155 フィールドを使用する方針が 1998 年に打ち出された[21]。

多くの標目は，書誌レコード上では 650 フィールドに，典拠レコードでは 150 フィールドに現状記載されている（Subject authority data elements and Form/Genre implementation に詳しい http://lcweb.loc.gov/catdir/cpso/formgenr.html）。

しかしこの計画は長期にわたるため，すべての書誌レコードと典拠レコードの修正が完了するにはまだ時間を要する。

書誌レコードの修正が完了するまでの間は，混乱を防ぐために LCSH 本表のスコープノート Scope Note（適用範囲）の注意書きまたは LC 典拠を確認する必要がある。SHM を参照しなければならない場合もある。詳しくはそれぞれの項で説明する。

ここではスコープノートを用いて，主題と形式の違いについて説明する。なお，原文は LC Authorities のものである。

- Computer software
- Operas
- Political cartoons

例 1：Computer software
　原文：Here are entered general works on computer programs accompanied by documentation such as manuals, diagrams and operating instructions, etc. Works limited to computer programs are entered under Computer programs.
　SA *subdivision* Software *under subjects*.
　訳：コンピュータプログラムについて，使用マニュアルや図表や操作方法などの説明書きが伴う作品に使用される。コンピュータプログラムに限定されるものには

《Computer programs》を使用する。

個々のソフトウェアには主題標目（トピカル標目・固有名標目も含む）の後に，形式件名細目として《Software》を付与する。

解説：《Computer software》は，トピカル標目である。ただし，《Computer program》のLC典拠レコードは，MARC21タグの150（トピカル標目）であるが，155に変換されるべきものである（2012年9月現在）。

形式件名細目の《Software》のLC典拠レコードは，形式件名細目（MARC21フィールド185）として識別されている[22]。

例2：Operas
原文：Here are entered musical compositions. General works about opera are entered under the heading Opera.
訳：音楽作曲作品に付与される。オペラについて取り上げている一般作品には《Opera》を使用する。
解説：《Operas》は形式標目である。つまり，作品の音楽形式を表現している。ただし，2012年9月現在，LC典拠レコードはMARC21タグの150（トピカル件名標目）のままである。

これは，OperaとOperasを区別して使用することを意図している例である。ちなみに，《Rock music》のようにスコープノートがない音楽形式には，《History and criticism》（歴史と批評）というトピカル件名細目を付与し《Rock music -- History and criticism》と表現することでこれがロックミュージックについて書かれたもので，ロック作品そのものではないことを区別できる（H1916.3参照）。

例3：Political cartoons
原文：Here are entered works on the history and art of drawing political cartoons. Works consisting of general collections of political cartoons are entered under World politics -- Caricatures and cartoons. Works consisting of collections of political cartoons pertaining to a specific region, country, city, etc., are entered under the name of the place with subdivision History -- Caricatures and cartoons or Politics and government -- Caricatures and cartoons.
訳：政治漫画の歴史や描き方における芸術的側面を扱った作品に対して使用する。政治漫画全般の作品集には，《World politics -- Caricatures and cartoons》を使用する。特定の地域・国・市などに限定した漫画の作品集には地名標目の後に件名細目の《History》または《Politics and government》に続けて形式件名細目として付与する。例えば，《Japan -- Politics and government -- Caricatures and

cartoons》のように。

解説：《Political cartoons》はトピカル標目である。

件名細目として使用される《Caricatures and cartoons》が，形式件名細目（MARCフィールドの 185）であることは，LC の典拠レコードで確認できる。

こうした例が示すように，件名標目が表現するものが主題なのか形式なのかは情報検索の適合性に大きく影響する。Web 情報資源を対象とする場合，よく見る間違いに，図書館の Web サイト（ホームページ）に対して，トピカル標目の《Libraries》を付与する例をみかけるが，正しくは，図書館の名称である固有名（団体名）が件名標目となる。図書館の Web ページだからといって，《Libraries》と付与できるわけではない[23]。《Libraries》と付与できるのは，その Web ページ内に掲載されている情報に「図書館とはなんたるものか」というような内容の情報が掲載されている場合である。

## 3.2　件名細目 Subdivisions

件名細目は，主標目を特定の側面に限定してあらわすときに使用する（件名細目の概略に関しては SHM: H1075 に説明がある）。

件名細目には「トピカル件名細目」「地名件名細目」「時代件名細目」「形式件名細目」の大きく 4 種類のものがあり，これらには汎用件名細目として使用可能なものも含まれる。この他「多重件名細目」と呼ばれるものがある。

　　トピカル件名細目 Topical subdivisions
　　地名件名細目 Geographic subdivisions
　　時代件名細目 Chronological subdivisions
　　形式件名細目 Form subdivisions

　　汎用件名細目 Free-floating subdivisions
　　多重件名細目 Multiple subdivisions

### 3.2.1　トピカル件名細目 Topical subdivisions

トピカル件名細目は，主標目が表す概念の副次的な主題（サブトピック）を表すために使う。その多くは，属性，側面またはファセットなどを表すもので，動作，概念，方法，またはテクニックなどを表している[24]。

注：トピカル件名細目には MARC21 のサブフィールド・コードの $x が使用されている。

トピカル件名細目には，以下のようなものがある。

　　例：

- Exercise -- Physiological aspects 【側面】
- Teachers -- Job stress 【側面】
- Cats -- Effect of water quality on 【動作】
- Automobile industry -- Quality control 【テクニック】
- Librarians -- Job descriptions 【属性】
- Libraries -- Automation 【テクニック】
- Library catalogs -- Use studies 【方法】

トピカル件名細目は概念だけではなく，複数の分野で共通に使用される方法もしくはテクニックなどを表すものもある。

複数の分野で共通する副次的な主題や概念を表す場合，「熟語形」よりは「主標目＋件名細目」の形が優先される。この方針は 1991 年以降実施された[25]（SHM: H1075 1.a.）。

例を示すと，《Music education》は《Music -- Instruction and study》になり，《Science education》は《Science -- Study and teaching》となる。しかし，《Health education》のように《Health -- Study and teaching》となるべきが，移行されていないものもあるため注意が必要である[26]。

有形の物体などは，各部位を表すために件名細目が使用される場合もある。

2 つ以上のトピカル件名細目を使用して，主標目が表す概念をさらに詳しく表現することができる。

例：
- Mumps -- Vaccination -- Complications
- English language -- Foreign words and phrases -- Japanese
- Greece -- Civilization -- Roman influences
- Heart -- Surgery -- Psychological aspects

### 3.2.2 地名件名細目 Geographic subdivisions

地名件名細目は，主標目を特定の地域に限定したい場合に使用する。

主標目の内容によって，地名が①位置関係を示している場合と②出所を表す場合とがある[27]。

注：MARC21 のサブフィールド・コードは $z を使用する。

地名件名細目は，主標目のあとに May Subd Geog = May be Subdivided Geographically（地名件名細目をつけてもよい）と書かれたものに付与できる。もちろん地名も固有名なので，名称典拠ファイル に示されたとおりに記述する。

付与しようとする地名件名細目が国以下のレベルの場合は，その地名が認識される国または第一行政区分名のもとに付与される。具体的にはカナダ，英国，米国の地名に対して

は第一行政区分名（州，英国連合諸国名）を，それ以外の国の地名には国名を最初の地名件名細目として付与する。地名件名に関しては第3部第7章で詳しく触れる。

 例：

- Librarians -- California -- Los Angeles 【カリフォルニア州ロスアンゼルス市の司書】
- Library catalogs -- Japan 【日本における図書館目録】
- Library science -- British Columbia 【カナダブリティッシュコロンビア州における図書館学】
- Music -- Argentina -- Buenos Aires 【アルゼンチンブエノスアイレスの音楽】
- Painting, Spanish -- Spain -- Valencia 【スパインバレンシア州のスペイン絵画】

### 3.2.3　時代件名細目　Chronological subdivisions

時代件名細目は，①作品が取り上げている時代もしくは②内容がカバーしている時代，③その情報資源の出版年に使用する。極まれなケース以外は③の適用は廃止された。(SHM: H620Chronological Headings and Subdivisions. 2.)《Geometry -- Early works to 1800》は後者の例で，まだ使用可能なものである。

時代件名細目は《History（歴史）》《Civilization（文明）》などの主題件名細目の後に続く場合が多く，汎用件名細目にもこの形が存在する。特に《History》件名細目の場合は，トピカル標目・人のグループの名称・民族の名称・聖典の統一タイトル・地名・団体名の後に，汎用的に使用できる。「主標目」自体が歴史的要素を内在させている場合には，時代件名細目を直接使用する。この他, 例えば, French poetry – 19$^{th}$ century, Sonatas (Piano) -- 20 century のように芸術・文学・音楽の形式やジャンルを表現する標目やこれらの作品に対しても直接時代件名細目を使用することができる（SHM: H1647 1.)。時代件名細目は1975年以来LCSH本表にすべて記載されるようになった[28]。掲載されていない時代件名細目はSHMで指示がない限り，それ自体で適宜使用することはできない。例えば付与したい年代が19世紀と20世紀にまたがる場合には《19th century》《20th century》それぞれの時代件名細目を付与した件名標目を用意する必要がある。

 例：

- Academic Libraries -- United States -- History -- 20th century.
- Japan -- Civilization -- 1945- .
- Geometry -- Early works to 1800.

### 3.2.4　形式件名細目　Form subdivisions

形式標目同様に，形式件名細目は情報資源の内容ではなく，それがどのような形式のものなのかをあらわす。①書誌的形式と，②芸術的・文学的ジャンルとがある。いずれも

MARC21 のサブフィールドコードは $v であるが，1999 年までは，$x として表記されていたので，古い MARC レコードには形式と主題の区別がないものもある。
  例：
    ・Bibliography 【書誌的形式】
    ・Maps 【書誌的形式】
    ・Encyclopedias 【書誌的形式】
    ・Poetry 【文学的形式】
    ・Periodicals 【書誌的形式】

形式件名細目の多くはトピカル件名細目としても使用できる。その場合，MARC21 のサブフィールドディリミタは $x になる。
  例：
    ・Japan -- Maps -- Bibliography（この場合「Maps」は $ x になるのは，この情報資源は地図ではなく，地図の書誌だからである）

以下の例で形式件名細目の意味を解説する。

    ・Women -- Poetry.（女性 -- 詩歌）
    ・Women -- Bibliography.（女性 -- 書誌）

《Women -- Poetry.》は，女性をテーマに書かれているもので，詩を示す。ここでは《Poetry》は情報資源の文学作品としての形式をあらわしている。「女性について歌われた詩とは何か」という主題を表すことばではない。
  ちなみに主題として使う場合は《Women in poetry》（詩歌における女性）と表現したいところだが，LCSH を参照すると Use 参照があり《Women in literature》（文学における女性）を使うよう指示がある。
  同じく《Women -- Bibliography》は，女性をテーマに書かれた本や雑誌論文の書誌という意味になる[29]。


### 3.2.5　汎用件名細目　Free-floating subdivisions

2.2 件名細目ですでに説明したが，汎用件名細目は LCSH 本表には記載されていなくても多くの標目に汎用的に使用できる時代件名細目・形式件名細目・トピカル件名細目のことである[30]。「Free-floating」とは「自由に動く，確立されていない」といった意味である。
  例：

- Biography
- Criticism and interpretation
- Education
- History
- Statistical methods

　汎用件名細目が本表上に展開されずに，別刷りになった主な理由には，すべて収録すると莫大なリストになり，実用的でなくなることが挙げられる。

　モデル標目を含む汎用件名細目の使用の詳細については，本書第4章マニュアルの利用で触れる。

### 3.2.6　多重件名細目　Multiple subdivisions

　多重件名細目とは《Dictionaries, English [German, French, etc.]》のように，角括弧内にある同じタイプの語を展開して使用できるものである。

　多重件名細目が使用される一番の理由は，汎用件名細目と同様，LCSH上にすべて羅列すると莫大なリストになってしまうことである。

　この形の主標目（多重標目（Multiple Headings））も過去大量に存在したが，1981年からは「実際に書誌レコードに付与されたものをすべてLCSH上に記載して典拠レコードを作成する」方針に改められた。1990年にはすべての多重標目が件名典拠ファイルから削除された（SCM: SH1090 Background）。

　　例：
- World War, 1939–1945 -- Personal narratives, American, [French, German, etc.]
- Names, Personal -- Scottish, [Spanish, Welsh, etc.]

## 3.3　LCSHの列挙順序

### 3.3.1　列挙順序

　主標目の後に付与する件名細目の列挙順序について説明する。
特定の「場所」に関連した歴史・政治・経済・文化・知的生活・社会史・社会状況等の側面を扱っている件名標目は，基本的には「地名主標目＋トピカル件名細目」の形である。この形の件名は「地名主標目＋トピカル件名細目＋時代件名細目＋形式件名細目」の列挙順序が基本となる（H1075 2. Order of subdivisions 参照）。

　　例：
- Japan -- History -- Tokugawa period, 1600–1868 -- Bibliography.

　トピカル標目＋地名件名細目の形で形成される件名には，基本的なパターンとして以下2つの形のものがある。

1．トピカル標目 -- 地名件名細目 -- トピカル件名細目 -- 時代件名細目 -- 形式件名細目
　　例：
　　　　• Education -- Japan -- Information services -- 21st century -- Periodicals.
2．トピカル標目 -- トピカル件名細目 -- 地名件名細目 -- 時代件名細目 -- 形式件名細目
　　例：
　　　　• Education -- Law and legislation -- Japan -- 20$^{th}$ century -- Indexes.

　2．のパターンは，トピカル件名細目に地名件名細目が付与できる場合（「*MaySubdGeog*」と記載のあるもの）に用いる。この場合，主標目のすぐ後には地名件名細目は付与されない。

## 3.3.2　列挙順序の意味

　列挙順序は，その件名標目が意味することを忠実に表現するために不可欠なしくみである。つまり，その件名が表す意味を正しく読みとるために列挙順序のしくみについて知っていることが必要となる。

　「Philosophy -- History」と「History -- Philosophy」を比べてみる。最初の件名は「哲学の歴史」，2番目の件名は「歴史哲学」という意味である。

　「France -- History -- Comic books, strips, etc.」と「Comic books, strips, etc. -- France -- History」ではどうであろうか。最初の件名は「マンガで書かれたフランスの歴史」という意味で，2番目の件名は「フランスにおけるマンガの歴史」という意味になる。

## 3.3.3　検索におけるNDCとの比較

　　• 「マンガで書かれたフランスの歴史」
　　• 「フランスにおけるマンガの歴史」

　これらをNDC（新訂9版）[31]で表現すると，それぞれ「235」と「726.10235」になる。「235」は《フランスの歴史》を表すが，それが《マンガで書かれた＝表現された》という情報をNDCでは表現できない。

　一方，「726.10235」については，「726.1」がマンガで，《その歴史について》は「02」を付加し，さらに《フランスで作られた》ことを表すため「35」を付加する。NDCに慣れていない利用者が，この記号を思い浮かべて主題検索を行うことは難しい。

　この例では《フランス　France》《歴史　History》《マンガ　Comic books, strips, etc.》を用語として使うことになるが，この3語によって一般的なキーワード検索をすると，「235」のものも「726.10235」もヒットしてしまう。利用者は検索結果からどちらかを選び出す手間がかかる上，現物をチェックしないと判断できない情報資源が含まれる可能性がある。

　LCSHは，主標目の多様な側面をことばで表現できるだけではなく，その列挙順序を維

持することによって，検索したい対象をことばでより的確に絞り込むことができる。このしくみによって，単純なキーワード検索では得られない主題検索が可能になる。

## 4　LCSHの見方

### 4.1　標目の並び方

　ここではまず，件名標目表上に標目がどのように並んでいるのかを説明する。同じ語で始まる標目は以下の順に並ぶ。

　　1．主標目だけのもの
　　2．主標目に件名細目がついたもの
　　3．転置形
　　4．括弧書きがともなったもの
　　5．熟語

　表現しようとしている概念がLC標目で見つからないときは，これら異なった形の標目も考慮し，探し出すことが肝要になる。
　《Medicine》を例にすると，以下のように並ぶ

　　1．Medicine（主標目のみ）
　　2．Medicine -- Ability testing
　　　～ Medicine -- United States （主標目＋件名細目）
　　　件名細目が伴うものがアルファベット順に並ぶ
　　3．Medicine, Ancient
　　　～ Medicine, Tibetan（転置形）
　　　転置形の標目が，カンマの後の語のアルファベット順に並ぶ
　　4．Medicine (Drugs)［注：ただし，これは参照形の標目］（括弧書のついた標目）
　　　括弧書きを伴う標目が，括弧の中の語のアルファベット順に並ぶ
　　5．Medicine in Art
　　　～ Medicine on television（Medicineではじまる熟語）
　　　「Medicine」の後に続く語のアルファベット順に並ぶ

　使用できる標目や細目はLCSH本表上で，太字で記されているが，参照として記載さ

れているものは細字で表示される。

## 4.2 記号の見方

LCSH 本表上で，使用される記号は，一般にシソーラスで使用されるものと同じである。

- 「USE」の後にくるものは件名標目として使える（この場合，細字で書かれている）。《Grus japonensis USE Japanese crane》を例にすると《Japanese crane》が標目形である。《Grus japonensis》は標目形ではない。
- 「UF = Use for」は件名標目として使えない。
  例えば《UF Japanese studies specialists》では，この参照は標目形である《Japanologists》の下に記載がある。
- 「BT = Broader Term」は，より広い用語を表す。
  例えば《Japanese students》という主標目に，BT として《Students》が示される。
- 「NT = Narrower Term」は，より狭い用語を表す。
  例えば《Japanese wit and humor》という主標目に，NT として《Manzai (Comedy)》や《Rakugo》などが示される。
- 「RT = Related Term」は，関連のある用語を表す。
  例えば《Flowers》という主標目に，RT として《Flowering products》がある。
- 「SA = See Also（をも見よ）」は関連する標目への参照を表す。
  例えば《Japanese Americans》という主標目に，《SA subdivision Japanese Americans under individual wars, e.g. World War, 1939-1945 -- Japanese Americans.》が示される。

　3.3.1「列挙順序」ですでに触れたが，標目の後に丸括弧で（*May Subd Geog*）とあるものには，地名件名細目を付与できる。地名件名細目が付与できるのは主標目だけではなく，トピカル件名細目の後に付与できるものもある。トピカル件名細目に地名件名細目が付与できるものは LCSH 上に記載があるものと，汎用件名細目のリストに明記されているものとがある。「主標目」「トピカル件名細目」のいずれにも（*May Subd Geog*）がある場合は「主標目」の方ではなく，「トピカル件名細目」の後ろに地名件名細目を付与するよう規定がある（H860Subdivisions Further Subdivided by Place）。
　例：
　　・Library administration -- Study and teaching -- Japan（この場合，主標目の《Library administration》にもトピカル件名細目の《Study and teaching》にも（*May Subd Geog*）と記載があり，地名件名細目を付与できる。）

・Japanese Americans -- Cultural assimilations -- Canada.（この場合，主標目の《Japanese Americans》にもトピカル件名細目の《Cultural assimilations》にも（May Subd Geog）と記載があり，地名件名細目を付与できる。）

標目の後に丸括弧で（*Not Subd Geog*）とあるものには，地名で細分することができない。例えば《Babcock family（*Not Subd Geog*）》，《Science fiction in art（Not Subd Geog）》などである。

## 4.3　スコープノート（適用範囲）Scope Note

スコープノートは，主標目や件名細目の使い方や適用範囲に関する指示である。これはLCSHを付与する際に必ず読まなければいけない重要な情報である。標目で扱われる主題の範囲が必ずしも明確ではないことがあるからだ。主題と形式標目の違いについては4.1で説明したとおりである。

いくつか例を挙げる。

例1：Information commons

原文：Here are entered works on either (1) a physical facility or section of a library that organized workspace and service delivery around an integrated digital environment and the technology that supports it, or at a broader level, an online environment that allows for accessing a variety of electronic resources and services through a single interface and for searching them with a single search engine, or (3) at the broadest level, the entire social and cultural arena of free speech, shared knowledge, and creative expression in the digital age, as contained in laws regulations, commercial practices, and popular traditions.

訳：ここには，(1) 物理的施設もしくは図書館の一部分で統合された電子的環境と技術によってサポートされた作業スペースおよびサービスを提供できる場所に関するもの，もしくは，(2) より広い観点からみれば，ひとつのインターフェースを通して多様な電子情報資源やサービスにアクセスし，それらを単一のサーチエンジンを介して検索を可能にするオンライン環境に関するもの，もしくは，(3) さらに広い観点から見れば，法律，規則，商業活動，大衆の慣習により支えられている電子化時代における言語の自由，知識の共有，創造的表現を提供する社会と文化の場に関する作品，のいずれかが入る。

例2：Library materials -- Digitization.

原文：Here are entered works on transferring library materials to a digital format. Works on preservation of digital materials are entered under Digital preservation.

訳：ここには，図書館資料をデジタルフォーマットに変換する作業に関する作品が入る。電子情報資源の保存に関する作品は《Digital preservation》を使用する。

例3：Library education.
原文：Here are entered works on the education of librarians. Works dealing with the instruction of readers in library use are entered under the heading Library orientation.
訳：ここには，司書のための図書館教育に関する作品が入る。読者に対する図書館利用指導に関する作品には《Library orientation》を使用する。

## 4.4　モデル標目 [32] Pattern Headings

　LCSHには，本表上に記述はないが，同じカテゴリに属する標目であれば共通に使用可能な件名細目がある。そうした件名細目を例示する標目を，モデル標目と呼んでいる。モデル標目は，同じカテゴリに属する主題には共通の側面があることを具体的な例によって示している。
　モデル標目が考え出されたのは，次のような事情からである。
- 同じ主題カテゴリーに属する件名標目には，同じような件名細目が付与される。
- すべての標目に細目を展開し，表示させると膨大なリストになってしまう。
- モデル標目を参考にして，細目を付与するしくみは，便利かつ合理的である（詳しくはSCMのH1146を参照）。

モデル標目のリストはLCSH本表のVol.1の前書き（Introduction）にも掲載されている。

### 4.4.1　モデル標目の主題分野とカテゴリ

　モデル標目は大きく5つの主題分野とそれぞれのカテゴリにわかれている[33]。
　表3-3でアミをかけた，主題分野：社会科学（Social sciences）の場合を例にみてみよう。
　《個々の教育機関（Individual educational institutions）》のカテゴリに対するモデル標目はハーバード大学（Harvard University）である。例えば，東京大学が主題となった場合でも《Harvard University》に付与されている件名細目を参考にして件名を付与すればよい。
　大学の名称は団体名と見なされるので名称典拠レコードの形を用いる。LCSHではLC典拠レコードの標目形を採用するので，実際には，《Tōkyō Daigaku》になる[35]。

表3-3　主題分野の種類

| 主題分野とカテゴリ | 日本語訳 |
| --- | --- |
| Religion | 宗教 |
| 　Religious and monastic orders | 　修道会 |
| 　Religions | 　宗教 |
| 　Christian denominations | 　キリスト教宗派 |
| 　Sacred works (including parts) | 　聖典 |
| History and geography | 歴史と地理 |
| 　Colonies of individual countries | 　植民地 |
| 　Legislative bodies (including individual chambers) | 　立法機関（個々の議会も含む） |
| 　Military services (including armies, navies, marines, etc.) | 　軍隊（陸軍，海軍，海兵隊，等） |
| 　Wars | 　戦争 |
| Social sciences | 社会科学 |
| 　Industries | 　産業 |
| 　Types of educational institutions | 　教育機関の種類 |
| 　Individual educational institutions | 　個々の教育機関 |
| 　Legal topics | 　法律関連トピック |
| The Arts | 人文科学系 |
| 　Art | 　芸術 |
| 　Groups of literary authors | 　文学作家（グループ） |
| 　Literary works entered under author | 　著者が明確な文学作品 |
| 　Literary works entered under title | 　著者が不明な文学作品 |
| 　Languages and groups of languages | 　言語と言語郡 |
| 　Literatures (including individual genres) | 　文学（個々のジャンルも含む） |
| 　Musical compositions | 　音楽作曲品 |
| 　Musical instruments | 　楽器 |
| Science and technology | 科学と工学 |
| 　Land vehicles | 　陸上の乗り物 |
| 　Materials | 　素材／材料 |
| 　Chemicals | 　化学物質 |
| 　Organs and regions of the body | 　臓器や人体の部分 |
| 　Diseases | 　病気 |
| 　Plants and crops | 　植物と農作物 |
| 　Animals | 　動物 |

表3-4　モデル標目表 Table of Pattern Headings[34]

| Pattern Headings | | 日本語訳 | |
|---|---|---|---|
| (Category) | (Pattern Heading) | (カテゴリ) | (モデル標目) |
| Animals | Fishes | 動物 | 魚 |
| | Cattle | | 牛 |
| Art | Art, Chinese | 芸術 | 芸術，中国の |
| | Art, Italian | | 芸術，イタリアの |
| | Art, Japanese | | 芸術，日本の |
| | Art, Korean | | 芸術，韓国の |
| Chemicals | Copper | 化学物質 | 銅 |
| | Insulin | | インシュリン |
| Colonies | Great Britain -- Colonies | 植民地 | 大英帝国 -- 植民地 |
| Diseases | Cancer | 病気 | 癌 |
| | Tuberculosis | | 結核 |
| Educational institutions | | 教育機関 | |
| 　Individual | Harvard University | 個々の教育機関 | ハーバード大学 |
| 　Types | Universities and colleges | 教育機関の種類 | 総合大学および単科大学 |
| Industries | Construction industry | 産業 | 建設産業 |
| | Retail trade | | 小売業界 |
| Language and groups of languages | English language | 言語と言語郡 | 英語 |
| | French language | | フランス語 |
| | Romance languages | | ロマンス語 |
| Legal topics | Labor laws and legislation | 法律関連トピック | 労働法と立法 |
| Legislative bodies | United states. Congress | 立法機関 | アメリカ合衆国. 議会 |
| Literary authors (Groups) | Authors, English | 文学作家（グループ） | 作家，イギリスの |
| Literary works entered under author | Shakespeare, William, 1564-1616. Hamlet | 著者が明確な文学作品 | シェイクスピア，ウィリアム，1564-1616. ハムレット |
| Literary works entered under title | Beowulf | 著者が不明な文学作品 | ベオウルフ |
| Literatures (including individual genres) | English literature | 文学（個々のジャンルも含む） | 英文学 |
| Materials | Concrete | 素材／材料 | コンクリート |
| | Metals | | 金属 |

| Pattern Headings | | 日本語訳 | |
|---|---|---|---|
| (Category) | (Pattern Heading) | (カテゴリ) | (モデル標目) |
| Military services | United States -- Armed Forces | 軍隊 | アメリカ合衆国 -- 軍隊 |
| | United States. Air Force | | アメリカ合衆国. 空軍 |
| | United States. Army | | アメリカ合衆国. 陸軍 |
| | United States. Marine Corps | | アメリカ合衆国. 海兵隊 |
| | United States. Navy | | アメリカ合衆国. 海軍 |
| Music compositions | Operas | 音楽作品 | オペラ |
| Musical instruments | Piano | 楽器 | ピアノ |
| | Clarinet | | クラリネット |
| | Violin | | ヴァイオリン |
| Organs and regions of the body | Heart | 臓器や人体の部分 | 心臓 |
| | Foot | | 足 |
| Plants and crops | Corn | 植物と農作物 | とうもろこし |
| Religious and monastic orders | Jesuits | 修道会 | イエズス会 |
| Religions | Buddhism | 宗教 | 仏教 |
| Christian denominations | Catholic church | キリスト教宗派 | カトリック教会 |
| Sacred works | Bible | 聖典 | 聖書 |
| Vehicles, Land | Automobiles | 陸上の乗り物 | 自動車 |
| Wars | World War, 1939-1945 | 戦争 | 第二次世界大戦, 1939-1945 |
| | United States -- History -- Civil War, 1861-1865 | | アメリカ合衆国 -- 歴史 -- 南北戦争, 1861-1865 |

　典拠レコードがない大学名については，AACR2 24章の規則に従って標目の形を決定することになる．詳しくは本書第7章「固有名件名とAACR2」で触れる．
　　例：
　　・東京大学の入試要綱：
　　　Tōkyō Daigaku -- Entrance requirements.
　　・東京大学の入試問題集：
　　　Tōkyō Daigaku -- Entrance examinations.
　　・東京大学の卒業生名簿：

Tōkyō Daigaku -- Alumini and aluminae -- Directories.
- 東京大学の履修要覧

    Tōkyō Daigaku -- Curricula.

## ▶コラム２：日本におけるLCSHとその魅力

　LCSHは，日本でも数は少ないが，国際基督教大学，上智大学，津田塾大学など洋図書を多く蔵書に持つ図書館で採用されてきた。勿論，日本にも標準的な件名標目表としてBSHやNDLSHがある。しかし世界レベルで議論でき，標準的で，だれにでも使用可能な，なるべく自然語に近いもの，しかも常に新しい概念や研究を反映するための定期的な更新や整備などの点を考慮すると，LCSHほどの有力な候補はない。

　LCSHの一番の魅力は何と言ってもその語彙の豊さである。あの分厚い『大きな赤い本（the Big Red Books）』を一度手にしたことがある人なら実感できるはずである。あれほどに細かな主題表現ができる標準的な件名標目表は残念ながら日本にはない。ためしに「Internet インターネット」の関連標目をぜひ見比べていただきたい。

　BSH第4版では「インターネット」のみである。NDLSH2008年版では，「インターネットアーカイブ」「インターネットオークション」「インターネット広告」「インターネットプロバイダー」他約11の関連標目がある。一方，LCSH31版では約80以上の関連標目が収録されている[36]。

　日本にとってLCSHの一番のネックは「英語でしかない」ことであろう。このことは，2002年10月から行われていたNIIメタデータ・データベース共同構築事業[37]において，LCSH入力支援のために提供された「日本語訳LCSH」によって[38]，解消することが期待されていた。

　残念ながらこの事業は2009年3月に終了したが，国立情報研究所（NII）での試みが引き金となり，LCSHへの関心が芽生えたことも確かに違いない。

　例えば2002年12月に行われたライブラリシステム研究会特別セミナー2002で，日本における書誌データの問題[39]がテーマとして取り上げられ，LCSHの可能性に触れられていることや2003年8月にはTP&Dフォーラム2003（目録整理技術研究会主催）でLCSHが取り上げられた[40]ことからもうかがえる。鹿島もLCSHのメタデータへの活用についてまとめた論考[41]を2004年に発表している。このほか，デジタルレファレンスサービスに関する特集で取り上げられた渡邊による2006年の論考「典拠コントロールの現在：FRARとLCSHの動向．」[42]や最近では

山本による論考「米国議会図書館件名標目表（LCSH）の特性：標目の意味，標目間の関係，主題表現の「文法」の観点から．」[43]がある。

さらには，LCSH導入の試みが行なわれ，その後業務として取り入れるに至った大学図書館もある[44]。

一方，2004年10月に公開された『国立国会図書館件名標目表2004年版（暫定版）』によって国立国会図書館においてもLCSHの互換性に配慮した新しい件名標目のしくみが報告され，2007年の嶋田による論考「国立国会図書館件名標目表（NDLSH）の改定作業と今後について．」[45]によりその詳細が報告されている。NDLSHにおけるLCSHを参照形として含む標目は2012年現在でも逐次増え続けている。

---

**参考文献・引用文献・注**

1　LCSHの歴史に関しては『The LCSH century（LCSHの一世紀）』に詳しい。The LCSH century : one hundred years with the Library of Congress subject headings system / Alva T.Stone, editor. New York : Haworth Press, 2000.

2　LCSH : principles of structure and policies for application. / prepared by Lois Mai Chan for the Library of Congress. Annotated version. Washington, D.C. : Cataloging Distribution Service, Library of Congress, 1990 から。

3　つまり，その当時の用語に適したもの。

3　実際には果物の意味に使用する場合には，複数形の「Oranges」が標目形であり，単数形は参照形標目となっている。

5　LC Subject Headings Weekly list は，Library of Congress Subject Headings（LCSH）Approved Lists のサイトから参照できる（URL: http://www.loc.gov/aba/cataloging/subject/weeklylists/）。

6　2010年の#128号が最終号で発行は中止されている。2013年3月の導入予定の新しい目録規則RDA（Resource Description and Access）を前提とした『Library of Congress Policy Statements』が事実上の後継となる。

7　ClassificationWeb. URL: http://www.loc.gov/cds/classweb/，（access 2013-01-20）。

8　Library of Congress Authorities and Vocabularies．LC Linked Data Service のページから提供（URL: http://id.loc.gov/）。2011年8月に公開された。

9　Topical headings をトピカル標目としたのは，的確な対訳が他に無かったためである。「主題標目」では，地名標目・形式標目・固有名標目のいずれも「主題」になり得るという意味で適切ではなく，対して「普通件名標目」では，意図する意味が他の標目とは異次元なためにそぐわないと思われたからである。つまり「普通」と同列に並ぶことばには「異常？」「特殊？」などのことばが思い浮かぶからである。

10　詳しくは，4.2を参照。

11　人のグループ（Classes of persons）とは，年齢，性別，社会的・経済的・政治的カテゴリによる人びとの名称をいう。特定の組織，宗教，職業に属すひとの総称にも適用される。例えば，青年，女性，父親，富裕層，キリスト教信者，医者，教師，原子力発電所職員，図書館員など。

12　Chan, Lois Mai. Library of Congress subject headings : principles and application. 4th ed. Westport, Conn. : Libraries Unlimited, 2005. p.59.

13　同上 p.168-169.

14 使用できるか否かは，固定長フィールド 008/15 の値が a であれば使用可，b であれば使用不可。
15 括弧書きを伴うもの。
16 Chan, Lois Mai. Library of Congress subject headings : principles and application. 4th ed. Westport, Conn. : Libraries Unlimited, 2005. p.47.
17 直接形に切り替える方針は 1983 年に打ち出されている。詳しくは SHM の H306 を参照。
18 これは，著者の見解だが，その理由として，Bibliographies, Indexes, Periodicals など書誌的形式は，それ自体を単体で付与することの恩恵もしくは利用する必然性がないと思われてきたことが要因として考えられる。むしろ，これらの書誌的形式は何らかの主題の下件名細目として使用する場合の方が利用価値は高かった。2011 年 5 月に，LC は LCSH に収録されている形式標目を抜き出し，別のシソーラス「Library of Congress Genre/Form Terms for Library and Archival Materials（LCGFT）」を構築することを決めている（URL: http://www.loc.gov/catdir/cpso/genreformthesaurus.html）。このことによって，形式標目はファセットとして検索による事後結合が可能になる。
19 Chan, Lois Mai. Library of Congress subject headings : principles and application. 4th ed. Westport, Conn. : Libraries Unlimited, 2005. p.59.
20 詳しくは，MARC Bibliographic Format の 655 フィールドの説明を参照（URL: http://www.loc.gov/marc/bibliographic/bd655.html）。
21 形式標目を書誌レコードの MARC655 のフィールド，典拠レコードとしては MARC155 に記述する方向性とは別に，形式やジャンルを各種分野（映像・音楽・法律など）で表現するための統制語彙を 2007 年から LC は構築を始め，2010 年に正式に発表している。詳細は URL: http://www.loc.gov/catdir/cpso/genreformgeneral.html を参照。
22 2012 年 9 月現在『ClassificationWeb』から確認。
23 ただし，図書館のサイトが「図書館とは何か」という主旨の情報資源が中心となっていればその限りではない。
24 Chan, Lois Mai. Library of Congress subject headings : principles and application. 4th ed. Westport, Conn. : Libraries Unlimited, 2005. p.92；Subject Headings Manual H1075; 鹿島みづき．レファレンスサービスのための主題・主題分析・統制語彙．東京：勉誠出版，2009. p.41-42.
25 本章 3．1．1（5）参照。
26 Foskett, A.C. The Subject approach to information. 5th ed. London : Library Association Publishing, 1996. p.337-338.
27 Chan, Lois Mai. Library of Congress subject headings : principles of structure and policies for application. Washington, D.C. : Library of Congress, 1990. p.17.
28 Chan. 2005. p.102.
29 鹿島みづき他．パスファインダー・LCSH・メタデータの理解と実践：図書館員のための主題検索ツール作成ガイド．長久手町［愛知県］：愛知淑徳大学図書館，2005. p.71.
30 SHM の H1095 を参照。
31 もりきよし原編．日本十進分類法．新訂 9 版．東京：日本図書館協会，1995. 2v.
32 モデル標目は，パターン標目とする方が原語に近い表現ではあるが，意味としては理解しやすいと考え，この訳とした。
33 SHM: H1146.
34 LCSH 31 版による。
35 ただし，典拠レコード上には，参照形として漢字形の《東京大学》も記載がある。このことによって，LC 典拠レコードにリンクされた書誌レコードであれば，「ローマ字形」でも「漢字形」でも検索が可能になる。
36 なお，LCSH の有用性と可能性については，鹿島みづき．"LCSH とメタデータ：標準的主題スキーマ

の応用が意図するもの". 大学図書館研究, Vol.71, 2004. p.1-10 を, レファレンスサービスでの応用については,『レファレンスサービスのための主題・主題分析・統制語彙』(鹿島みづき著. 東京：勉誠出版, 2009) を参照.

37　国立情報学研究所　学術基盤推進部学術コンテンツ課, メタデータ・データベース共同構築事業（終了しました）(URL: http://www.nii.ac.jp/metadata/) 参照.

38　大場高志, 杉田茂樹."国立情報学研究所のメタデータ・データベース共同事業について". 大学図書館研究. 70, 2004. p.25-30.

39　ライブラリシステム研究会のトップページ (URL: http://project.lib.keio.ac.jp/libsys/) から参照.

40　渡邊隆弘."LC 件名標目表 (LCSH) の基本構造と電子時代の可能性". TP&D フォーラムシリーズ. 12-14, 2005. p.37-58.

41　鹿島みづき."LCSH とメタデータ：標準的主題スキーマの応用が意図するもの". 大学図書館研究. No.71, 2004. p.1-10.

42　渡邊隆弘."典拠コントロールの現在：FRAR と LCSH の動向". 情報の科学と技術. Vol.56, No.3, 2006. 108-113.

43　山本一治."米国議会図書館件名標目表 (LCSH) の特性：標目の意味, 標目間の関係, 主題表現の「文法」の観点から". TP&D フォーラムシリーズ. 17, 2008. p.26-58.

44　木藤るい, 沢田順子."目録の質の向上をめざして". MediaNet. No.11, 2004. p.58-59. URL: http://www.lib.keio.ac.jp/publication/medianet/article/pdf/0110580.pdf, (参照 2013-01-20).；酒見佳世."統制語による検索の未来". MediaNet. No.12, 2005.p.40-43. URL: http://www.lib.keio.ac.jp/publication/medianet/article/pdf/01200400.pdf, (参照 2013-01-20).

45　嶋田真知恵."国立国会図書館件名標目表 (NDLSH) の改定作業と今後について". 情報の科学と技術. Vol.57,No.2, 2007. p.73-78.

# 第4章　マニュアルの利用

　LCSHのしくみの理解を助け，使用する際の規則等について補完するマニュアルやツール等にはおよそ5種類のものがある。このなかでマニュアルとして最も典拠となるのが『Subject Headings Manual 1st ed.（SHM）（件名標目マニュアル第1版）』である。本書では，以下SHMと略す。SHMの詳しい説明に入る前に，このほかのツールについて簡単に説明する。

## 1　利用マニュアルと関連ツール

### 1.1　LCSH前書き Introduction

　LCSH冊子体にはLCSHのしくみの理解を助けるために前書きがある。LCSHの歴史をはじめ，モデル標目の意味や，記号の見方などLCSHを使用する際に必要な基本的な知識を得ることができる。

### 1.2　LCSH構造の原則と適用の方針

　全65ページのこの冊子には，LCSHと1988年に出版された『Subject Cataloging Manual : Subject Headings（主題目録マニュアル：件名標目編）』の中で取り上げられている基本理念と構造，ならびに利用方針がまとめられている。
　これは，1988年に米国議会図書館がLCSH本表3冊と，マニュアル2冊（第3版）に蓄積された経験的な件名標目の体系について，チャン（Lois Mai Chan 当時ケンタッキー州立大学図書館情報学部[1]）に分析を依頼したものである。

### 1.3　目録サービス報 ISSN 0160-8029

　これは逐次刊行物で，年に4回発行されてきた。
　1978年から2010年のNo.128の最終号までWebに公開されており，PDFファイルでダウンロードできる[2]。米国議会図書館における目録規則に関する修正・追加・削除などが記載されている。特に件名標目にもなる個人名，団体名，地名，統一タイトルに関する

AACR2の規則の変更等を把握するためには重要な情報源である。LCSHについては，新規作成された件名標目から固有名標目に変更のあった標目などが収録されている。

### 1.4 汎用件名細目：アルファベット索引[3]

　この索引は，LCSH本表と併用するツールである。SHMに収録されているすべての汎用件名細目のアルファベット順索引で，形式件名細目，トピカル件名細目，時代件名細目を一覧できる。これで引いた各細目の利用方法はSHMを参照する必要がある。
　この他，件名細目の一覧は，冊子版のLCSH26版からは本表の第一巻にも収録されている。31版では「Library of Congress subject headings. Supplementary vocabularies.（米国議会図書館件名標目．補遺語彙）」として収録されている。これについては，別冊の形で本表とセットで提供されている。単なるアルファベットのリストではなく，各件名細目の使用範囲と適用方法についても簡単な説明書きがあり参照先のSHMの規則番号が記されており便利である。

## 2　Subject Headings Manual 1st ed.（件名標目マニュアル第1版）

### 2.1　件名標目マニュアルの成り立ち

　LCSHは米国議会図書館が情報資源を収集する過程で必要に応じて構築されていったために，当初は内部的なマニュアルがあるのみであった。しかし1902年からのLCカードの配布とその後1964年からのMARCテープの普及とともに，北米の多くの図書館が件名標目としてLCSHを採用し，一般的に使用されるようになった。
　そして誰もが利用できるようなマニュアルの必要性が生まれたため『Subject Cataloging Manual. Preliminary ed.（主題目録マニュアル初版）』が1984年に出版された。1988年の3版によってLCSH本表とマニュアルの併用で，すべての利用方針と方法を確認できるようになった。
　LCSHとマニュアルの維持・改訂はすべて米国議会図書館が行なってきた[4]。マニュアルは，その後4版（1991），5版（1996年）と継続的に出版されて，5版については，年二回の改定が2008年までに追加されている。いずれも『Subject cataloging manual : subject headings（SCM:SH）』という名称で知られていたが，2008年に『Subject Headings Manual（SHM）（件名標目マニュアル第1版）』と名称が改められた。
　SHMの内容はSCM:SH第5版を継承するものの，使いやすさに配慮され，実例には

MARC21の記述言語を用い，個々の規則をさがしやすくするために見出し語を太字にし，分かり難いところは書き直し，LCのカタロガーの間で口頭でのみ伝えられてきた規則を追加するなどして，多くの規則の改定が行われた（SHM: Preface から）。

現在では米国議会図書館以外のカタロガーたちが新規件名を作成するための〈件名典拠協力プログラム SACO（the Subject Authority Cooperative Program of the PCC[5]）〉という組織も存在する。

新しい概念を表現する件名標目がLCSHにない場合，SACOのメンバーはLCSHの標目を米国議会図書館に提案することができる。その際，標目をどのような基準を元に決定付けるのか，上位概念／下位概念への参照はどうすればよいのか，スコープノートはどう記述するのか，英語にない概念はどうすればよいか，などの細かい基準が必要になる。SHMは，そのような規則も含むマニュアルである。

SHMはバインダー式の冊子体4分冊に加えて，年2回追録によって内容が更新されるものとWebからアクセス可能な『Cataloger's Desktop』によって提供されているものがある。優先されるのはWeb版である（SHM: H40 参照）。

LCSHに関するすべての規則を把握し，記憶することは，経験のあるライブラリアンにとっても困難である。特に，定期的に改訂が加えられている現状を考慮すればなおさらである。そこでマニュアルの構成や基本的なしくみを理解し，必要に応じて参照することが実際的である。

件名付与に慣れるまでは，LCSH本表，LC典拠又は『ClassificationWeb』，そしてSHMを参照し確認する作業が必須になる。

それぞれの図書館で典拠ファイルを維持することができれば，書誌レコードに付与された件名標目が徐々に蓄積されていくにつれて，作業が楽になるはずである。残念ながら日本国内の図書館システムは，件名典拠ファイルの構築と典拠コントロールを実装しているものが主流ではないので，その恩恵を実感することが難しいが，例えば，OCLCのWorldCat.org（http://www.worldcat.org）では，近年日本語の情報資源も数が増え，北米のライブラリアンたちによって付与されたLCSHが反映されており，大変参考になる。LCSHによる主題検索の可能性を体感できるという意味でも大変貴重である。

## 2.2 マニュアル(SHM)の構成

『Cataloger's Desktop』搭載のマニュアルの構成は，次の通りである。

　概要　General Topics
　件名標目の提案書の作成　Making Subject Heading Proposals
　件名標目の構築　Formulating Subject Headings

参照　References
スコープノート　Scope Notes
固有名が主題となる場合　Name Headings as Subjects
地名標目と地名件名細目　Geographic Headings and Subdivisions

件名細目　Subdivisions
汎用件名細目　Free-floating Subdivisions
モデル標目で規定される件名細目　Subdivisions Controlled by Pattern Headings
特殊なトピック，資料，件名細目，その他　Special Topics, Materials, Subdivisions, Etc.
付録A：省略　Appendix A: Abbreviations
付録B：大文字使用　Appendix B: Capitalization
付録C：アクセント記号と特殊文字　Appendix C: Diacritics and Special Characters
付録D：句読法　Appendix D: Punctuation
付録E：地域コード　Appendix E: Geographic Area Codes
索引　Index
最新の更新情報　Most Recent Updates

　内容の詳細については，冊子体のマニュアルを例に解説する。冊子体のマニュアルは全体を一望でき，しくみを理解するのにわかりやすいからである。

## 2.2.1　SHM 第1巻（Vol. 1）

　Vol. 1 は，LCSH の基本原則，新規件名標目を提案する際の適用方針，注意事項や規則になる。LCSH 付与に関する基本規則は，米国議会図書館件名典拠レコード（H40），標目の順序（H80），件名の付与と構成（H180）などに加え，記述目録のアクセスポイントと件名標目が同一だった場合（H184），新規件名標目の作成時期について（H187），件名標目の提案書の作成（H200）などである。さらに，固有名が件名標目になった場合（H430-H475），地名標目と地名件名細目（H690-H1055）など特殊な扱いを必要とする標目に関する規則がある。
　日本で利用する際，必ず見たほうがよいと思われる規則を抜粋して順に解説していく。

### (1) H180　件名の付与と構成（Assigning and constructing subject headings）
　主題分析の結果を要約し，どのように記述すればよいのか，件名をいくつ付与すればよいのか，どの程度詳細に情報資源の内容を表現すればよいのか，など基本方針が示される。詳しくは，第5章 主題分析と LCSH 一般利用規定で取り上げる。

## （2） H182　RLIN[6]で使用される中国語・日本語・韓国語の標目に関する指示
　　　　（Chinese/Japanese/Korean subject headings in RLIN）

　LCSHは基本的に英語形が基本とされるため，英語以外の言語に関しては，ローマ字表記が基本となる。例えば，日本の「国立国会図書館」をKokuritsu Kokkai Toshokan（Japan）と表すのはその一例である[7]。

　固有名標目に限って，件名標目として使用されたローマ字形の名称を原語形の文字でもMARCレコードに表現できる。おかげで，多くの日本語の固有名での検索が可能になった。ただし，原語形の名称とLCの基準で制定されたローマ字形の標目が同じ場合に限る。例えば，《日本》を表現するLCの標目は，「Japan」を使用しているために，原語形の「日本」は非ローマ字形の並列標目としては記述されない。「日本」のローマ字形は「Nihon」だからである。このほか，標目に伴う括弧内の部分に関しては，原語形をあえて記述しないなど，細かい指示がある。

## （3） H187-H250　新規に件名標目を提案する際の手続き
　　　　（Making subject heading proposals）

　新規に件名標目を提案する際の手続きや注意事項などが書かれている。

## （4） H285-H365　件名標目の新規作成（Formulating subject headings）

　LCSH本表にない新しい件名標目を作成する際の特殊規則が取り上げられている。定冠詞の扱い（H290），非英語の用語の扱い（H315），括弧付標目（H357），地理細目のMARC21上の扱いについて（H364）などがある。

　　・H315：非英語の用語の扱い
　　　英語には存在しない概念や実体の名称などの扱いが示される。例外的に非英語の用語を採用する条件は，次のとおりである。
　　① 概念を表現する的確な用語が英語に存在しない場合で，英語で書かれた著作や参考資料においても，非英語形の用語がそのまま使用されている。
　　② 典拠調査を綿密に実施した結果，その概念が英語で書かれた作品や参考資料において英語形で引用された形跡がないことに加え，その概念自体が著作に使用された言語にユニークなものであった場合には，その概念は原語形のまま採用する。その場合，英語の参考資料で採用されたローマ字綴りを使う。
　　　例：Anime（アニメ）

　このような，非英語形の標目の典拠レコードには，その標目の意味を，英語が母語であるカタロガーにわかるように，スコープノートにおいて解説する。その後，英語の表現が見つかった場合には，適宜変更する。

この他，地理的特徴・建物や建造物・その他名称のある実体（H690, H1334），生物学的名称（H1332, sec. 2.a.）の扱いに関する細かい規則がある。

## （5）H370-H375　参照のしくみについて（References）

参照のしくみを扱う規則には，広義の用語・狭義の用語・関連用語（H370），「をも見よ参照」（SA）（H371），［トピック］［地名］を伴う標目形を広義の概念として必要とする民族名，固有の名称を持つ建造物・公園・地形などの扱い（H375）など特殊な例に対する参照の記述に対する規則がある。

## （6）H400　スコープノートの記述方法（Scope note）

スコープノートは第3章4.3ですでに触れたように，件名標目や件名細目の使用範囲を限定する。目録を利用する者にとっては，件名標目がどの程度カバーしているのかを見極める上で参考になり，カタロガーにとっては件名標目付与に一貫性を保つことができる。スコープノートは，新しい概念とその用語が一般に定着していない場合に有効であるため，新規に標目を提案する場合には，より丁寧なスコープノートが特に奨励される。この規則では，約4種類のスコープノートとその使い分けについての細かい指示がある。

## （7）H430-H475　主題となる固有名標目（Name headings as subjects）

AACR2で基本記入や副出記入として（記述目録上のアクセスポイントとして）規定される多くの固有名標目は，基本的にそのままの形で件名標目としても使用できる。そのうち，ごく少数の例外については細かい指示がある（H430）。LCの典拠データベースにある名称典拠レコードが件名標目としても使用可能であるか否かは，MARC008フィールドの固定長15番目の文字（character position）の値で示されている。「a」は可能，「b」は不可である。

この他，法域名以外の団体の名称に変更があった場合の扱い（H460），宗教団体や宗派名などごく一部の団体名にその所在を記すために地名件名細目を付与する（H475）などの規則もある。

## （8）H620　時代標目と時代件名細目（Chronological headings and subdivisions）

時間的な要素を表現する時代標目や時代件名細目の一般規則である。

特殊な規則としては該当する主題の関連規則への参照があり，表現方法は多様で，主題それぞれに特有の方法を持つ。大方次のパターンに分けられている。

- 標目自体が時代を表現しているもの（例：ルネッサンス，18世紀）
- 主題が時代性を内在しているもの（例：サイレント映画）
- 大まかな時代の名称を形容詞として使用しているもの（例：Science, Medieval）

- 歴史上の出来事の名称に年代が付与されたもの（例：French Revolution Bicentennial, 1989）
- 時代件名細目を付加することで表現しているもの

時代件名細目には，
- おおよその年代を表現しているもの（例：Mexican literature -- To1800）
- 世紀を表現しているもの（例：Painting, Italian -- 19th century）
- 特定の年代を表現しているもの（例：Japan -- History -- 1912-1945）

など8種類の形があり，それぞれ説明がある。

標目の列挙順序についても説明がある。時代件名細目は，主標目の後ろ，トピカル件名細目と地名件名細目の後ろに位置するが，形式件名細目・地名件名細目・トピカル件名細目のいずれかの前に位置づけられることもある。通常推奨されている件名標目の列挙順序（第3章3.3参照[8] H1075 2.）に反するものは，ケースバイケースで訂正が加えられてきている。

## (9) H690-H910　地名標目と地名件名細目（Formulating Geographic headings）

3章3.1.3（3）固有名標目　地名の項ですでに述べたように，地名標目は大きく法域名と非法域名の2つのグループに分けることができる。H690では，特に非法域名の標目に関するガイドラインが示されている。

米国内の地名は，「Geographic Names Information System（GNIS）」〈http://geonames.usgs.gov/domestic/index.html〉を典拠としてLCSHに採用されている。米国以外の地名に関しては，Geospatial Intelligence AgencyのGEOnet Names Server（GNS）〈http://earth-info.nga.mil/gns/html/index.html〉[9]が提供するデータを典拠として件名標目に採用されている。したがって，日本の地名もLCSHではローマ字表記が優先される。

例えば，東京千代田区の「日比谷公園」はHibiya Kōen (Tokyo, Japan) だが，Okutama Lake (Japan) のように，「山」「川」「湖」など総称的な地理的名称を含む名称は，その部分だけ英語に訳して用いるように指示がある（H690 3.b. 英語 vs. 原語形）。

地名標目に関する規則は多岐にわたる。主な規則を次に示す。内容の詳細については第7章固有名件名とAACR2で一部取り上げる。
- H708 名称変更（Linear Jurisdictional name changes）
- H710 合併・分断などによる名称変更（Jurisdictional Mergers and Splits）
- H713 国名に続く第一行政区分・区画（First Order Political Divisions of Countries）
- H715 消滅した都市（Extinct Cities）
- H720 都市の一地域（City Sections）
- H760 地理的区域（Geographic Regions）
- H790 都市に位置する区域（Areas Associated with Cities）

- H800 河川・渓谷・分水界など（Rivers, Valleys, Watersheds, Etc.）
- H807 島（Islands）
- H810 地名標目の付記事項（Qualification of Geographic Headings）
- H830 地名件名細目（Geographic Subdivision）
- H832 都市レベルまでの地名件名細目（Geographic Subdivision to the City Level）
- H835 名称典拠レコードに含まれる地名件名細目情報（Geographic Subdivision Information in Name Authority Records）
- H836 件名典拠レコードに含まれる地名件名細目情報（Geographic Subdivision Information in Subject Authority Records）
- H860 地名によって区分される件名細目（Subdivisions Further Subdivided by Place）
- H870 地名件名細目の位置づけ（Interposition of Geographic subdivisions）
- H910 地名が美術，文学，映画などのテーマになった場合（Place as a Theme in Art, Literature, Motion Pictures, Etc.）

**(10) H925-H1055　特殊地域（Specific places）**

China and Taiwan（H925），Great Britain（H955），Hong Kong（China）（H978），New York（N.Y.）（H990），Soviet Union（H1023），Vatican City（H1045）など，特定の地名に関する詳細な規則がある。

**2．2．2　SHM 第2巻（Vol. 2）**

Vol. 2 は件名細目 Subdivisions に関する規則についてである（H1075-1090）。件名細目の扱いに関する詳細な規則が設けられている。
具体的には，
- 件名細目の概要は，件名細目（Subdivisions）（H1075）で取り上げている。
- 第一部第3章3．2．5で取り上げた，汎用的に多くの主題の下で使用することができる汎用件名細目（H1095）
- 汎用件名細目のうち，人のグループの名称（H1100），民族名（H1103），団体名（H1105），人名（H1110），家名（H1120），地名（H1140），水域名（H1145.5），のカテゴリに属する主題に展開できる件名細目
- モデル標目の下で規定されている件名細目（H1146）の概要と動物，芸術，化学物質などを含む26のモデル標目に展開されている件名細目（H1147-H1200）などの説明がある。

**2．2．3　SHM 第3巻（Vol. 3）**

Vol. 3 は特殊な主題，特殊な資料，特殊な件名細目，その他に関する規則がカバーさ

れている。特に特別な扱いが必要とされている主題（例えば，聖典，法律，文学，音楽など）や特殊な形式の情報資源に使用される主標目や件名細目の扱いについて指示がある。H1205-H2400 規則はアルファベット順に並んでいる。例えば，次のようなものがある。

- H1205 抄録（Abstracts）
- H1225 考古学的資料（Archaeological works）
- H1230 アーカイブとアーカイブ資源（Archives and Archival Resources）
- H1250 美術と造形美術（Art and Fine Art）
- H1322 個人に対する書誌（Bibliographies about individual persons）
- H1330 伝記（Biography）
- H1332 生物名（Biological name）
- H1334 建物と他の建造物（Buildings and other structures）
- H1360 目録（Catalogs）
- H1465 憲法（Constitutions）
- H1540 辞典（Dictionaries）
- H1578 経済状況（Economic conditions）
- H1646 ハンドブック，マニュアル，など（Handbooks, manuals, etc.）
- H1705 法律関係資料：法律・法令とそのほかの件名細目（Legal materials: law and legislation and other subdivisions）
- H1775 文学：総記（Literature: General）
- H1780 文学：戯曲（Literature: Drama）
- H1790 文学：小説（Literature: Fiction）
- H1865 地図と地図帳（Maps and Atlases）
- H1890 メンタルヘルスとメンタルヘルスサービス（Mental Health and Mental Health Services）

## 2.2.4　SHM 第4巻（Vol. 4）

Vol. 4 は，Vol. 3 に続き，特殊主題や特殊資料に関する規則である。

特殊な主題として取り上げられているものには，次のようなものがある。

- H1910　雑集（Miscellanea）
- H1913　動画ジャンル／形式標目（Moving Image Genre/Form Headings）
- H1916　博物館（Museums）
- H1916.3 音楽：総記（Music: General）
- H1916.5 音楽：ジャズとポピュラー音楽（Music: Jazz and Popular music）
- H1917.5 音楽形式／ジャンル標目（Music Form/Genre Headings: Medium of performance

- H1918 楽器（Musical instruments）
- H1919 名前と名称（Name and Names）
- H1919.5 国籍（Nationality）
- H1997 宗教（Religion）
- H1920 特別のトピックを扱った新聞と民族新聞（Newspapers on Special Topics and Ethnic Newspapers）
- H1927 定期刊行物（Periodicals）
- H1942 政治と政府（Politics and Government）
- H1969 引用と格言（Quotations and Maxims）
- H2020 研究（Research）
- H2055 社会状況（Social conditions）
- H2057 社会生活と風習（Social Life and Customs）
- H2095 統計（Statistics）
- H2110 学習と指導（Study and teaching）
- H2187 教科書（Textbooks）
- H2220 翻訳（Translations）
- 用語リスト（Glossary）
- 付録（Appendix）には省略形（Abbreviations），大文字使用（Capitalization），アクセントマークと特殊文字（Diacritics and Special Characters），読法（Punctuationに関する規則），地域コード（Geographic Area Codes）などが掲載されている。
- 巻末には索引（Index）が収録されている。

## 3　汎用件名細目：アルファベット索引

### 3.1　汎用件名細目：アルファベット索引の構成と見方

　この索引が，多くの件名標目に使用できる汎用件名細目の総合索引であることは1.4ですでに述べたとおりである。使用手順が少々複雑なため，実例をあげて詳しく説明する。
　各件名細目については，①細目の種類を示すMARCのサブフィールドコード（＄x＝トピカル件名細目，＄v＝形式件名細目，＄はサブフィールドを表す），②SHMのどの汎用件名細目のリストによるものか，③それはどのカテゴリに属すものか，④参照すべきSHMの利用規則の4つの項目から構成されている（表4-1）。

**表 4 - 1　Concordances の例**

| SUBDIVISION<br>(件名細目) | SUBFIELD<br>CODES (S)<br>(MARC サブ<br>フィールドコード) | FREE-<br>FLOATING<br>LIST IN SHM<br>(SHM 収録の<br>汎用件名細目<br>のリスト) | CATEGORY<br>(カテゴリ) | USER<br>GUIDELINES<br>IN SHM[10]<br>(SHMの<br>使用ガイドライン) |
|---|---|---|---|---|
| --Concordances | v | H 1095 | See:SHM | H 1670 |
| | | H 1110 | Indivi pers | H 1670 |
| | | H 1156 | Literatures | H 1670 |
| | | H 1188 | Sacred works | H 1670 |

※表は元本である『汎用件名細目：アルファベット索引』に準じた形にした。

## 3.2　汎用件名細目：アルファベット索引の使い方の手順

次の手順で使用する。
(1) 件名細目を探す
(2) 表示されているマニュアルの番号から該当する SHM の規則にあたる。
(3) H1095 に参照がある場合はそこの指示に従い，特に SHM への参照がある場合はそれらもチェックする。

## 3.3　実例

### 3.3.1　実例1　Concordances（コンコーダンス）
■ ステップ 1

汎用件名細目：アルファベット索引には，表4－1の情報がある。
表4－1の情報から：
・《Concordances》が形式件名細目として使用できる。サブフィールド $v は形式細目。
・SHM の「H1095 の一般規定」個人名に対して付与する際は H1110 の規則，個々の文学や文学形式について書かれているものには H1156 の規則を，聖典に対して使用する場合には H1188 の規則を参照するよう指示がある。

■ ステップ 2

SHM の H1095，H1110，H1156，H1188，H1670，を確認する。まず H1095 には，以下のような説明がある。

　　原文：$v Concordances (H1670)　　Use under names of individual persons, individual works (author-title or title entries), and uniform titles of sacred works, and under individual literatures and literary forms.

訳：個人名，個人作品（著者名 - タイトル標目あるいはタイトル標目），聖典の統一タイトル，個々の文学や文学形式について使用する。

■ ステップ 3

H1110 には以下のような説明がある。

原文：$v Concordances（H1670） Use as a form subdivision for indexes to the principal words found in the writings of the person.

訳：特定の個人が執筆した文章中の主要な用語を索引化したもの（要語索引）に対して形式件名細目として使用する。

■ ステップ 4

同じく H1156 には，以下のような説明がある。

原文：$v Concordances

The following free-floating subdivisions may also be used under period subdivisions from sec. I, or author groups subdivisions from sec. II with the noted exceptions.

訳：個々の文学もしくは文学形式に続けて付与できる。注記にある特例を除いて，必要であれば Section I の時代件名細目[11]もしくは Section II の著者グループ[12]に付与できる。

■ ステップ 5

Concordances の使用規則（Usage Guidelines in SHM）として汎用件名細目：アルファベット索引に記載がある H1670 の規則を参照する。

H1670 自体は，索引（Index）に関する規則を網羅するが，Concordances に関しては，3. Specific types of indexes の f. の項が該当する。

原文：Use, under appropriate headings, the subdivision -- Concordances rather than – Indexes for indexes to the principal words found within the writings of one author, one named work, or a group of literary works. See H1188 for specific subdivisions for concordances that are used under individual sacred works and are qualified by language and, in the case of the Bible and its parts, further subdivided by version.

訳：適用される標目のもと，一人の作家，一著作，文学作品のグループを対象とした主要な用語の索引に対しては，索引（Indexes）ではなく要語索引（Concordances）を件名細目として使用する。個々の聖典を対象とする要語集もしくは特定の言語に限定した聖典に適応する件名細目に関しては，H1188 を参照する。特に聖書又は聖書の一部分を対象とした要語集はさらにヴァージョン（翻訳語）[13]の名称で細目化する（H1188 例：Bible -- Concordances, English -- Authorized）。

## 3.3.2　実例2 Dictionaries（辞典）

■ ステップ 1

汎用件名細目：アルファベット索引には表4－2の情報がある。

表4-2　Dictionaries の例

| SUBDIVISION（件名細目） | SUBFIELD CODES（S）（MARCサブフィールドコード） | FREE-FLOATING LIST IN SHM（SHM収録の汎用件名細目のリスト） | CATEGORY（カテゴリ） | USER GUIDELINES IN SHM（SHMの使用ガイドライン） |
|---|---|---|---|---|
| --Dictionaries | v | H 1095 | See:SHM | H 1540 |
|  |  | H 1154 | Languages | H 1540 |

※表は元本である『汎用件名細目：アルファベット索引』に準じた形にした。

■ ステップ 2

SHM の H1095 Free-floating subdivisions を参照すると以下のような説明がある。

　$v Dictionaries（H1540）

　　Use under subjects.（主題のもとに使用する） [15]

　　See also -- Encyclopedias（百科事典をも見よ）

■ ステップ 3

同じく H1540 を参照すると以下のような説明がある。

　原文：Background: Although the free-floating subdivision -- Dictionaries is the standard subdivision for the concept of dictionaries, the following subdivisions are used to designate special categories of dictionaries or dictionary-like materials:

　訳：背景： -- Dictionaries は通常辞書・事典の意味するところの形式細目として使用される汎用件名細目である。特殊な形式の事典や辞書に類似した情報資源の場合は以下のような件名細目を使用する：

　　・Concordances（要語索引）
　　・Dictionaries, Juvenile（辞典，こどもの）
　　・Directories（ディレクトリ）
　　・Encyclopedias（百科辞典）
　　・Encyclopedias, Juvenile（百科事典，こどもの）
　　・Gazetteers（地名辞典）
　　・Glossaries, vocabularies, etc.（用語集，語彙など）
　　・Language -- Glossaries, etc.（言語 -- 用語集，など）
　　・Nomenclature（学名）

・Registers（名簿）

・Terminology（専門用語）

・Terms and phrases（用語と熟語）注：言語名の後のみに使用できる件名細目

原文：Except as noted in the procedures below, the provisions of this instruction sheet are generally applicable only to the subdivision -- Dictionaries, not to the Special subdivisions listed above.（途中省略）

訳：特に上記規則で明示された場合を除きこのマニュアル（H1540のこと）は -- Dictionaries に関する使用を規定するものである。

原文：1．Language dictionaries. Use the subdivision -- Dictionaries as a form subdivision under names of languages for comprehensive, alphabetical lists of works in those languages, usually with definitions.（以下省略）

訳：1．語学辞典。 -- Dictionaries は主標目となる言語名の後に形式件名細目として使用することができる。ここでいう，辞典は，アルファベット順に記載された網羅的なリストで，通常は用語の意味を伴うものである。

解説：H1540には，さらに使用する際の詳しい注意事項の記載がある。

　　例：対訳辞典の場合は

　　　　［最初の言語］ -- Dictionaries -- ［2番目の言語］

　　　　［2番目の言語］ -- Dictionaries -- ［最初の言語］

　　　多言語辞典の場合は，一つの言語を他の複数の言語で表現されているものには

　　　　［言語名］ -- Dictionaries -- Polyglot と付与する

　　　複数言語が互いに複数の言語で表現されているものには

　　　　Dictionaries, Polyglot と付与する

2．主題事典の場合

　主題事典と百科事典（Encyclopedia）の違いと特徴についての説明に加えて，

　単一言語の主題事典の場合は，

　　　［主題］ -- ［必要であれば地名件名細目］ -- Dictionaries -- ［言語名］

　2言語の主題事典の場合はつぎの2つの件名を付与する，

　　　［主題］ -- ［必要であれば地名件名細目］ -- Dictionaries -- ［最初の言語名］

　　　［最初の言語名］ -- Dictionaries -- ［2番目の言語名］

　2言語の主題事典が対訳になっている場合には，上記に加えてさらに次の2つの件名を付与する，

　　　［主題］ -- ［必要であれば地名件名細目］ -- Dictionaries -- ［2番目の言語名］

　　　［2番目の言語名］ -- Dictionaries -- ［最初の言語名］

3．児童辞典には -- Dictionary, Juvenile を付与するよう指示がある。

4．絵辞典図典には，Picture dictionaries, ［言語名］を標目として付与ように指示が

## 3.3.3　実例3 Catalogs（目録）の場合

■ ステップ1

汎用件名細目：アルファベット索引には表4−3の情報がある。

**表4-3　Catalogs の例**

| SUBDIVISION<br>（件名細目） | SUBFIELD<br>CODES (S)<br>（MARCサブ<br>フィールドコード） | FREE-<br>FLOATING<br>LIST IN SHM<br>（SHM収録の<br>汎用件名細目<br>のリスト） | CATEGORY<br>（カテゴリ） | USER<br>GUIDELINES<br>IN SHM[16]<br>（SHMの<br>使用ガイドライン） |
|---|---|---|---|---|
| --Catalogs | v | H 1095 | See:SHM | H 1360　H 1361 |
|  |  | H 1105 | Corp bodies | H 1360　H 1361 |
|  |  | H 1110 | Indiv pers | H 1360　H 1361 |
|  |  | H 1148 | Art | H 1360 |

※表は元本である『汎用件名細目：アルファベット索引』に準じた形にした。

■ ステップ2

SHM の H1095 Free-floating subdivisions を参照すると以下のような説明がある。

原文：Use under types of objects, including types of merchandise, art objects, products, publications, collectors' items, technical equipment, etc., for listings of those objects that have been produced, that are available or located at particular places, or that occur on a particular market, often systematically arranged with descriptive details, prices, etc. accompanying each entry.  Use -- Catalogs under the heading Excavations (Archaeology) as well as under headings for individual archaeological sites for works listing objects found. Use -- Catalogs under names of individual corporate bodies and types of organizations for works listing objects, art works, products, etc., produced by, located in, or available from those organizations. Also use -- Catalogs under names of individual artists, craftspersons, and corporate bodies for works listing their art works or crafts which are available or located in particular institutions or places.  Also under persons doing business as sellers under their own names. See also -- Audiotape catalogs; -- CD-ROM catalogs; -- Compact disc catalogs; -- Data tapes catalogs; -- Discography; -- Exhibitions; -- Film catalogs ; -- Microform catalogs ; -- Video catalogs.

訳：コレクターズ・アイテム，出版物，製品，美術品，商品などの有形物に対するリストに対して形式件名細目として使用できる。この場合，特定の場所で提供されて

いるという意味で使用される場合と特定の場所に所蔵があるという意味で使用される場合とがある。個々の対象物に関連して，名称，説明書き，値段などの情報が伴う。Excavations（Archaeology）標目の後や遺跡の発掘場所の名称の後にもそこで発掘された品物の物品票に対して細目として使用できる。 -- Catalog は個々の団体名もしくは団体の種類名のもと，その組織が生産したものあるいは所有している物体，芸術作品，製品などをリスト化したものに対して使用できる。同じように，工芸家・芸術家・団体が生産した芸術作品などで特定の場所で提供もしくは所蔵されているもののリストに対しても使用できる。自分の名前のもと製品の販売をおこなっているセールスマンの名前に対しても使用できる。次の件名細目を参照：-- Audio catalogs;-- CD-ROM catalogs; -- Compact disc catalogs; -- Data tapes catalogs; -- Discography; -- Exhibitions; -- Film catalogs; -- Microform catalogs; -- video catalogs.

■ ステップ３

同じく H1360 Catalogs を参照すると以下のような説明がある。

原文：General rule. Use the subdivision -- Catalogs as a free-floating subdivision under type of objects, including types of merchandise, art objects, collectors' items, technical equipment, etc., for listings of those objects that have been produced, that are available or are located at particular places, or that occur on a particular market ...Use -- Catalogs under artists or crafts persons for works listing their art works or crafts that are located in, or available for purchase at, particular institutions or places. ...Also use -- Catalogs under types of organizations and names of individual corporate bodies for works listing object, art works, products, etc., located in or available from those organizations.

H1360 では，H1095 の説明とほぼ同じだが実例などの提示と詳しい説明が続く。

## 3.4　実際の作業例

汎用件名細目の Catalog を図書館の目録として使用したい場合，SHM　H1361 Catalogs of Library Materials の規則を要約すると……

　　１．印刷媒体の図書館資料には，

　　　　［主題］-- $v Bibliography -- $v Catalogs.

　　これがすべて定期刊行物であれば：

　　　　［主題］-- $x Periodicals -- $v Bibliography -- $v Catalogs.

　　　　［機関名］--　$v Catalogs.

　　　　［コレクションの名称］-- $v Catalogs.

2．特に1つの主題に特化した目録ではない場合は，
　　　［機関名］-- $v Catalogs. を使用する
3．特に特徴のある情報資源（貴重書など）は
　　　例えば，　Early printed books -- $v Catalogs.
4．主題に特化したAV資料など特殊な形態のものは
　　　例えば，［主題］-- $x Audio-visual aids -- $v Catalogs.
など特別な指示がある。

## 4　よく使用される汎用件名細目とその他の件名細目

ここでは，よく使用されそうなものを本著者があらかじめリストアップした。

### 4.1　よく使用される汎用形式件名細目

汎用件名細目は，H1095-H1200の中で使用説明があるものと，別途規則が設けられているものがある。これらは，特殊な主題や形式の情報資源を対象としている。特殊規則があるものに関しては，文頭に太文字を表示した。表4-4の適用方針に関しては，一般規則の範囲で記述する。詳しい適用方針に関してはこれら特殊規則を参照するとよい。

**表4-4　よく使われる汎用形式件名細目**

|  | 使用可能な標目 | SHM／適用方針 |
| --- | --- | --- |
| Abstracts<br>抄録 | 国名，市町村名など・人のグループ名（社会的・階級的・職業別・年齢別などによるグループの名称のことをいう），民族名，トピカル標目・個人名・団体名 | H1205<br>for works that list publication on the subject and provide full bibliographical information together with substantive summaries of the facts, ideas, or opinions presented in each publication listed.<br>これら主題を扱った出版物のリストで，書誌事項と共に取り上げられた事実，アイディア，意見などの要約が伴うもの<br>H1095; H1100; H1103; H1105; H1110; H1140 |
| Atlases<br>地図帳 | 科学や技術に関するトピカル標目 | H1935<br>for works consisting of comprehensive, often systematically arranged collections of illustrative plates, charts, etc., usually with explanatory captions.<br>科学や技術のトピックを包括的に扱った作品で，説明書などが伴うイラストや表など図録が規則的に収録されたもの<br>H1095 |

|  | 使用可能な標目 | SHM／適用方針 |
|---|---|---|
| Bibliography<br>書誌 | 主題標目[17] | H1361<br>for works consisting of bibliographies about the subject.<br>主題に関する書誌<br>H1095; H1105; H1110; H1156; H1160 |
| Bibliography --<br>Catalogs<br>書誌 -- 目録 | 主題標目 | for lists of publications about the subject that provide information about their location, availability, etc.<br>主題に関する出版物のリストで，所在，入手先情報などが記されているもの<br>H1095 |
| Biography<br>伝記 | 国名，市町村名など，個々の団体，聖典の統一タイトル，人のグループ名（社会的・階級的・職業別・年齢別などによるグループの名称のことをいう），民族名，個々の動物,動物のグループ，歴史的出来事 | H1330; H1720; H1845<br>for works of collective or individual biography<br>複数または個人伝記の作品<br>H1095; H1100; H1103; H1140; H1147; H1151; H1188; H1200 |
| Biography --<br>Dictionaries<br>伝記 -- 事典 | 国名，市町村名など，個々の団体名，人のグループ名，民族名，歴史的出来事 | H1098; H1100; H1103; H1105; H1140 |
| Case studies<br>ケーススタディ | 個々の団体，人のグループ名,民族名，とトピカル標目 | H1350<br>H1095; H1100; H1103; H1105 |
| Catalogs<br>目録 | 商品，芸術作品，コレクターズ・アイテム，技術機械など何らかの物体の目録もしくはリストに対して用いられる。 | H1360; H1361<br>for listing of those objects that have been produced, that are available or are located at particular places, or that occur on a particular market... ...Use under artists or craftspersons for works listing their art works or crafts that are located in, or available for purchase at, particular institutions or places. ...<br>Also use under types of organizations and names of individual corporate bodies for works listing object, art works, products, etc., located in or |

| | | |
|---|---|---|
| | | available from those organizations. -under the heading Excavations (archaeology) as well as under headings for individual archaeological sites for works listing objects found.<br>これらの物体は特定の場所に所蔵があるか，提供されている場合を含む<br>―芸術家や職人による作品の目録<br>―特定の団体のタイプや個々の団体名に対してそれらが所蔵している芸術作品や製品などのリスト・目録<br>このほか，遺跡から発掘されたもののリストなど（詳しくはSHM 参照）<br>H1095; H1105; H1110; H1120; H1148 |
| Charts, diagrams, etc.<br>図表など | トピカル標目 | for works consisting of miscellaneous charts or diagrams illustrating those topics<br>［トピックについて］解説するために種々雑多な表や図などを用いた作品<br>H1095 |
| Chronology<br>年表 | 個人名，文学者のグループ，聖典の統一タイトル，芸術，音楽，文学，個々の戦争，トピカル標目 | H1367<br>that are inherently historical for lists of dates of events pertinent to the subject in order of their occurrence.<br>［これらトピックを］歴史的に取り上げており，その主題に関連する出来事を時系列にリストしているもの<br>H1095; H1110; 1148; 1155.2; H1156; H1188; H1200 |
| Congresses<br>会議 | 主題標目 | H1460<br>for proceedings or reports of proceedings of conferences or congresses on those subjects<br>その主題に関する会議の記録もしくはレポート<br>H1095 |
| Cross-cultural studies<br>比較文化 | トピカル標目 | H1510<br>for works that report the results of cross-cultural studies on those topics<br>トピカル標目が表している内容を比較文化的視点でまとめたもの<br>H1095 |
| Databases<br>データベース | 主題標目 | H1520<br>for databases on those subjects<br>主題標目が表する主題を扱ったデータベース<br>H1095 |
| Dictionaries<br>辞典 | 主題標目 | H1540<br>H1095; H1105; H1110; H1154 |

| | 使用可能な標目 | SHM／適用方針 |
|---|---|---|
| Dictionaries--French [Italian, etc.]<br>辞典 -- フランス語［イタリア語，ほか］ | 主題標目 | H1540<br>H1095; H1154 |
| Directories<br>ディレクトリ | 国名，市町村名など，個々の団体名，家名，人のグループ名，民族名，キリスト教派，団体の種類の名称，トピカル標目 | H1558<br>for individual directories containing names, addresses, and other identifying data.<br>個々のディレクトリで名称，住所，その他識別するための情報を記載しているもの<br>H1095; H1100; H1103; H1105; H1120; H1140 |
| Encyclopedias<br>百科事典 | 主題標目 | H1540<br>Use under subjects<br>H1095 |
| Glossaries, vocabularies, etc.<br>用語集 | 個々の言語，言語グループ | for incomplete lists of the words of a language which may or may not be alphabetically arranged, with or without definitions.<br>辞書のように完全な用語集ではなく，必ずしもアルファベット順やあいうえを順に並んでいなかったり，意味の記述がなかったりするもの<br>H1154 |
| Guidebooks<br>ガイドブック | 国名，市町村名など，個々の団体名，公園などの名称とトピカル標目 | H1645<br>H1095; H1105; H1140 |
| Indexes<br>索引 | 主題標目 | H1670<br>H1095; H1100; H1103; H1105; H1110 |
| Maps<br>地図 | 国名，市町村名など，個々の団体名，トピカル標目 | H1865<br>for individual maps or collection of maps on those subjects.<br>一枚ものまたは複数の地図<br>H1095; H1103; H1105; H1140 |
| Outlines, syllabi, etc.<br>アウトライン，シラバスなど | 個人名，聖典の統一タイトル，人のグループ名，民族名，トピカル標目 | for brief statements of the principal elements of a subject to be studied, usually arranged by headings and subheadings.<br>［これらトピックに］関する勉強に必要な要素を簡単に説明したもの<br>H1095; H1100; H1103;　H1110; H1188 |

| | | |
|---|---|---|
| Periodicals<br>定期刊行物 | 主題標目 | H1927<br>for periodicals on those subjects<br>［主題を扱った］定期刊行物<br>H1095 |
| Periodicals --<br>Indexes<br>定期刊行物 --<br>索引 | 主題標目 | H1670<br>Use this subdivision combination for indexes to periodicals on those subjects<br>［主題を扱った］定期刊行物の索引<br>H1095 |
| Software<br>ソフトウエア | トピカル標目 | H2070<br>for computer programs that are tools to perform tasks, for example, system software, utilities, or applications programs.<br>［トピックに関連する］作業をこなすために道具となるコンピュータプログラム，例えば，システムソフト，ユーティリティ，アプリケーションなど |
| Statistics<br>統計 | 国名，市町村名など，個々の団体名，人のグループ名，民族名，トピカル主標目 | H2095<br>for works consisting of statistics about those subjects.<br>これら主題に関連した統計的資料<br>H1095; H1100; H1103; H1105; H1140 |
| Study guides<br>学習対策 | 特定の試験や特定の試験のタイプ | for guides in preparation for those examinations<br>これら試験の準備のためのガイド<br>H1095 |
| Tables<br>表 | トピカル標目 | H2160<br>for works in tabular form.<br>表形式にまとめられたもの<br>H1095 |
| Terminology<br>専門用語 | 聖典の統一タイトル，人のグループ名，キリスト教派，トピカル標目 | H2184<br>for works that list or discuss words and expressions found in those works or used in those fields.<br>これら分野で使用されている言葉や表現について説明のある著作<br>H1095; H1100; H1105; H1188 |
| Terms and phrases<br>用語と熟語 | 個々の言語名と言語群の名称 | H1540<br>for lists of expressions, phrases, etc., found in a particular language.<br>特定の言語の表現やなどをリスト化したもの<br>H1154 |

|  | 使用可能な標目 | SHM／適用方針 |
|---|---|---|
| Textbooks<br>教科書 | 個人名，団体名，聖典の統一タイトル，トピカル標目 | H1690 H2187<br>for textbooks on those topics.<br>これら分野に関する教科書に使用する。ただし，教科書であることが当該情報資源に明示されている場合に限る。（教科書自体が主題になっている場合にはトピカル件名細目としても使用可）<br>H1095; H1154; H1188 |
| Textbooks for foreign speakers<br>外国語話者のための教科書 | 特定の言語もしくは言語群 | H1154 |
| Translations<br>翻訳 | 個々の文学者，書名記入の個々の文学作品[18]，個々の文学，出版物の種類[19] | H2220<br>Do not use for single translations.　for collections of translated works.<br>個々の翻訳には使用しない。翻訳集に使用<br>H1095; H1110; H1155.8; H1156 |

## 4.2　よく使用される汎用トピカル件名細目

　この項目にはH1095の汎用件名細目のものと，特別な主題のもと付与できる汎用件名細目のものとが含まれる。

表4-5　よく使われるトピカル件名細目

|  | 使用可能な標目 | SHM／適用方針 |
|---|---|---|
| Criticism and interpretation<br>批評と解釈 | 美術，文学，音楽，表現芸術の分野で活躍している人物名 | for works consisting of critical analysis or Interpretation of the person's literary or artistic works or endeavors without biographical details.<br>個人の文学的・芸術的作品または活動に対する批評・分析・解釈で伝記的記述の含まれないもの<br>H1110 |
| Economic aspects<br>（地理細目可）<br>経済面 | トピカル標目 | H1095 |
| Economic conditions<br>経済状況 | 国名，市町村名など，人のグループ名，民俗名 | H1100; H1103; H1140; H1149.5 |

| | | |
|---|---|---|
| Electronic information resources 電子情報資源 | 主題標目 | for works about electronic information resources on those subjects.<br>［主題に関する］電子情報資源に関する作品<br>H1095 |
| Environmental aspects（地理細目可）環境面 | 軍事に関わる機関, 行事, 戦争, 各種産業, プロセス, 機械, 施設, 建設, 化学薬品, 資材や行事など | for environmental issues associated with their operation, creation, use, or planning and execution. Also use under individual diseases for environmental aspects of their causation or development.<br>［その主題］関連した運営や生産，利用もしくは計画や実行に伴う環境的側面に関する作品<br>個々の病気の要因や発生を環境的側面から扱っているもの<br>H1095; H1149; H1150; H1153; H1158; H1159; H1195; H1200 |
| Health aspects（地理細目可）健康面 | （地理細目可）トピカル標目 | H1095; H1153; H1200 |
| History 歴史 | 国名, 市町村名など, 個々の団体名, 聖典の統一タイトル, 人のグループ名, 民族名とトピカル標目 | **H1647; H1845**<br>H1095; H1100; H1103; H1105; H1140; H1149.5; H1154; H1159; H1187; H1188 |
| History and criticism 歴史と批評 | 文学, 音楽, 映画, テレビ番組, ビデオ録画の形式標目 | **H1647**<br>H1095; H1156; H1160 |
| Information resources 情報資源 | 主題標目 | for sources of information on those subjects<br>［主題］の情報資源に関するもの<br>H1095 |
| Moral and ethical aspects（地理細目可）道徳と倫理面 | 個々の戦争と本来宗教的・道徳的主題ではないトピック | **H1998**<br>H1095; H1200 |
| Physiological aspects | 人間が行う各種行動・活動（Sleeping, Eating, Exercising）や精神状態と個人の肉体的・生理学的機能との関係を扱っているもの | for works on the relationship between an individual's activity, mental state, etc., and his physiology.<br>個人の活動や精神状態と肉体的・生理学的機能との関係に関するもの<br>H1095 |

|  | 使用可能な標目 | SHM／適用方針 |
|---|---|---|
| Political aspects<br>（地理細目可）<br>政治面 | 個々の宗教・宗派、トピカル標目 | H1942<br>for works on the political dimensions of nonpolitical topics. 政治以外の主題の政治的側面に関するもの<br>H1095; H1185 |
| Psychological aspects<br>（地理細目可） | 宗教的主題を除くトピカル標目 | for works on the influence of conditions, activities objects, etc., on the mental condition or personality of individuals.<br>［その主題に］関するもので、その状態・活動・物体がひとに及ぼす精神的影響に関するもの<br>H1095; H1147; H1150; H1200 |
| Social aspects<br>（地理細目可）<br>社会面 | トピカル標目 | for works on the effect of the item, activity, discipline, etc., and society on each other.<br>その実体、活動、学問などと現代社会が相互に及ぼす影響に関するもの<br>H1095; H1153; H1154; H1200 |
| Sociological aspects<br>社会学的側面 | 機関の種類の名称 | H2055<br>for works discussing the impact of the inherent nature of the institution in question on groups interaction within the institution and vice versa.<br>その機関とそこに属する人々との間の相互の関わりや影響に関するもの<br>H1095; 1151.5 |
| Study and teaching<br>（地理細目可）<br>学習と指導法 | 主題標目 | H2110<br>for works on methods of study and teaching on those subjects.<br>その主題の学習法・教育法に関するもの<br>H1095; H1100; H1103; H1140; H1154; H1188 |

# 5　SHMのH1095汎用件名細目のリストでよく使われる表現

汎用件名細目は，その使用の範囲と適用指示を示すために独特の表現が使用されている。多くの表現が，件名細目の種類とその使用範囲を示している。例えば，"Use as a topical subdivision under names of countries, cities, etc. classes of persons, and ethnic groups（国名，市区町村名など，人のグループ名，民族名のもとにトピカル件名細目として使用する）"がその一例である。表4-6はこの他典型的な例を著者がいくつか拾い出したものである。

表4-6　件名細目のリストでよく使用される表現

| 原文 | 日本語訳 |
| --- | --- |
| 1．Use as a topical subdivision under topical headings | トピカル標目に続けてトピカル件名細目として使用 |
| 2．Use as a form subdivision under topical headings | トピカル標目に続けて形式件名細目として使用 |
| 3．Use as a form subdivision under subjects | 主題標目に続けて形式件名細目として使用 |
| 4．Use as a topical subdivision under names of individual corporate bodies and types of corporate bodies and industries | 個々の団体名，団体のタイプの名称あるいは産業のタイプの名称に続けてトピカル件名細目として使用 |
| 5．Use as a form subdivision under individual languages and groups of languages | 個々の言語あるいは言語群に続けて使用 |
| 6．Use as a topical subdivision under names of countries, cities, etc. | 個々の国名，市町村名などに続けてトピカル件名細目として使用 |
| 7．Use as a topical subdivision under technical topics | 技術的なトピックに続けてトピカル件名細目として使用 |
| 8．Use as a topical subdivisions under individual persons | 個人名に続けてトピカル件名細目として使用 |
| 9．Use as a form subdivision under classes of persons | 社会的,職業的,年齢などによる人のグループの名称に続けて形式件名細目として使用 |
| 10．Use as a topical subdivision under individual literary authors | 文学作家名[20]に続けてトピカル件名細目として使用 |

「Use under topical headings」と「Use under subjects」の違いは次の通りである。前者は典拠レコードの標目コードが150（Topical）のもののみに使用可能で，後者はすべての標目に対して使用できるという意味になる。「subjects」には，地名，人名，団体名，統一タイトル，トピカル標目（形式標目以外）すべてが含まれる。ただし形式標目もそれ自体が「主題」として表現されているものはSubjectに成りうる。例えば，Abstracts（抄

録），Encyclopedias and dictionaries（百科事典と辞書）などである。

## 6 LC 典拠の利用について

　LC 典拠[21]は Web からアクセスが可能であり，冊子体の LCSH の情報より頻繁に更新されるため，こちらを優先する。この他 Linked Data 形式で LCSH を含む各種典拠データが公開されている『Library of Congress Authorities and Vocabularies』[22]のサイトからも LCSH 典拠レコードを参照することが 2009 年（5 月）から可能になっているが，本稿では，LC 典拠を中心に解説する。

### 6.1　LC 典拠レコードの主な MARC21 タグ

　LC 典拠をフルに活用するためには典拠 Authorities 形式の MARC21 タグの理解が必要である[23]。特に，新しくレコード作成を NACO（the name authority component of the PCC）や SACO（the subject authority component of the PCC）[24]に対して提案するような場合には重要になる。LCSH を付与する際に最低必要な部分を抜粋すると以下が挙げられる。

**表 4-7　Authorities 形式の MARC21 タグ**

| 標目形 | 件名細目 | 参照・出典 |
|---|---|---|
| 100　個人名 | 180　トピカル件名細目 | 260　〜を見よ |
| 110　団体名 | 181　地名件名細目 | 360　〜をも見よ |
| 111　会議名 | 182　時代件名細目 | 670　出典 |
| 130　統一タイトル | 185　形式件名細目 | |
| 150　トピカル件名標目 | | 固定長 |
| 151　地名件名標目 | | 008$ d は Direct 地理細目 |
| 155　形式件名標目 | | $i は Indirect 地理細目[25] |

### 6.2　LC 典拠を利用する際知っておくと便利なポイント

#### 6.2.1　LCSH 本表にはない LC 典拠の重要な特徴
　典拠レコードを作成した際の出典（Source data found）の情報が含まれており，どのような情報資源にその件名が付与されたのかを参照できる[26]。

#### 6.2.2　LC 典拠にはない LCSH 本表の重要な特徴
　冊子体の LCSH の一番の利点は，目当ての件名標目に関連のありそうな標目がブラウ

ズできることにある。LC典拠は検索結果をアルファベット順に画面上でスクロールすることはできるが，やはり使い難い。また，『ClassificationWeb』に搭載されているLC件名標目（LC Subject Headings）は，目当ての件名標目を「Browse」検索を使って検索すれば，前後の件名標目を容易に一覧できるためLC典拠よりは使いやすいが，有料である。

冊子体のLCSHの二つ目の利点は，地理件名細目が付与可能かどうかの指示（May Subd Geog）が一見してわかることである。『LC Authorities（LC典拠）』ではMARC21の固定長の008/06（6 byte目）のコードを読み，iかdがついていれば地理件名細目が付与できることがわかる。

---

**参考文献・引用文献・注**

1　College of Library and Information Science, University of Kentucky.
2　Cataloging Service Bulletin（URL: http://www.loc.gov/cds/PDFdownloads/csb/index.html）参照。
3　印刷資料として単体で発行されるのは23版をもって終了したが，在庫がある間は継続して販売される。
4　3章1．3参照。
5　PCCはProgram for Cooperative Catalogingの略（URL: http://www.loc.gov/catdir/pcc/saco/saco.html）。
6　RLINとは，1978年に設立したアメリカの研究図書館グループ（Research Libraries Group:RLG）の書誌ユーティリティー，Research Libraries Information Networkの略で，2007年10月1日にOCLCのWorldCatに統合された。
7　1993年から2007年までは，LCSHで作成された中国語・日本語・韓国語（CJK）の情報資源の書誌データはResearch Libraries Groupの書誌ユーティリティRLIN上で行われていた。2007年RLINがOCLCに統合したことで，LCでは，自館でCJK書誌レコードを作成維持することになった。
8　愛知淑徳大学図書館編；鹿島みづき他著．パスファインダー・LCSH・メタデータの理解と実践．3章3．5「LCSHの列挙順序」を参照。
9　BGN（U.S. Board on Geographic Names）から出版されている地名辞典（Gazetteers）を参考にするとよい。
10　使用ガイドラインがないものもあるが，それらについては，「SHM収録の汎用件名細目のリスト」の下にあるマニュアルを参照すればよい。
11　時代件名細目には，Early modern, 1500-1700, 18th century, 19 centuryなどがある。
12　著者グループには，Arab authors, Black authors, Catholic authors, Japanese authorsなどがある。
13　ヴァージョン（Version）とは，厳密に狭義の翻訳をさす。英米目録規則日本語訳参照。AACR2 25.18A11 Version（訳）。
14　使用ガイドラインがないものもある。
15　Under Subjectsと指示があるものはすべての種類の標目（地名，人名，団体名，タイトル，トピカル）に使用できることを意味する。つまり「主題（Subject）」となり得るすべての標目を指す。
16　使用ガイドラインがないものもある。
17　主題標目（"Use under subjects"）と指示があった場合には，地名・個人名・団体名・タイトル・トピカルすべての種類の件名標目に使用できる，という意味になる。
18　著者が不明の作品。
19　定期刊行物，政府刊行物などのこと。

20 小説家,詩人,脚色家など文学作品の作家のことをいう。
21 Library of Congress Authorities (URL: http://authorities.loc.gov/) 参照。
22 Library of Congress Authorities and Vocabularies. URL: http://id.loc.gov/, (access 2013-01-20).
23 MARC21 タグを読むための,早引きサイトとして便利な Web 資源。
　・Cataloguer's tool box (URL: http://staff.library.mun.ca/staff/toolbox/index.html)
　　MARC21 のみならず,洋書目録作業に必要なツールやマニュアル類がまとめられている。
　・Cataloger's reference shelf (URL: http://www.itsmarc.com/crs/crs.htm)
　　TLC (アメリカにある目録のアウトソーシングの会社) が提供しているサイト。
24 NACO, SACO についてはコラム 4 参照。
25 地名件名細目付与の詳細に関しては第 3 部 7 章 7. の項を参照のこと。地名件名細目付与の詳細に関しては第 3 部 7 章 7. の項を参照。
26 ただし,Library of Congress Authorities (URL: http://authorities.loc.gov/) 典拠レコードからは直接書誌レコードへのリンクがないために,この件名標目がどの書誌に付与されているのかを知るためには,Library of Congress Online Catalog (URL: http://catalog.loc.gov/) に対して件名に限定した検索を別途する必要がある。

# 第5章　主題分析とLCSH一般利用規定

　第2章で述べたように，件名付与作業の前提となる主題分析では，情報資源が扱う内容，つまり主題を正確につかむことが重要になる。さらに，情報資源の形式，そこに掲載された情報の形式も明確にする。

## 1　主題分析の実際

　情報資源が扱う主題（Subject）は，あらゆるものが対象になり得る。
　主題分析では，どれくらい細かく情報資源の内容を把握すべきか，全体を要約するだけでよいのか，などの点を考慮しなければならない。その方針は，図書館に限らず件名を付与し利用する個々の組織のニーズが反映されることになるが，書誌ユーティリティなどの共同事業では，参加館に共通の基準や方針を設定することになる。LCSHに関しては，米国議会図書館の適用方針が原則となるが，この方針は本章2．件名付与の方法の項で詳しく触れる。
　情報資源の主題分析には，大きく次の3つのプロセスがある[1]。

1. 全体的にどのような内容なのかをつかむ（Determining the overall content of the item being cataloged）
2. 複数の主題に加えて／または，それぞれの主題の側面とそれらの相互関係が何かをつかむ（Identifying multiple subjects and/or subject aspects and inter-relationship）
3. 以上の情報を統制語彙の言語に置き換える（Representing both in the language of the controlled vocabulary）

### 1.1　情報資源の主題をつかむ

　情報資源の主題（内容）を的確に把握する場合，サブジェクトライブラリアンのように，その主題の専門知識があることが理想である。しかし，日本の平均的な図書館の現状[2]では，十分にスタッフを揃えることが難しい。そこで，日本で主題分析作業を行う場合の指針を作成した（表5-1）[3]。情報資源の分析作業の際に，1～7の順に吟味することで，ある程度の水準を保つことを目的としたものである。もちろん主題が容易に把握できる場

合には，この指針のように細かく点検する必要はない。

**表 5-1　主題分析作業指針**

1．タイトルとサブタイトル

　タイトルやサブタイトルが内容を表現する場合は多い。

　例えば，『言語学入門』というタイトルから，中心となる主題は文字通り「言語学」とすればよいと思われる。しかしタイトルから内容がわからないものや，タイトルから複数の意味が読み取れる場合もある。『言語学入門』と銘打っていても，その内容が，文法のみに焦点を合わせ，しかも英語のみを対象としているとわかった場合は，別の主題，つまり，「英語の文法」としてとらえるべきであろう。

2．目次

　タイトルだけでは的確な主題がつかめない，または主題のうちどの側面に重点が置かれているのかがわからないものもある。その場合は，目次によって主題をつかむことを試みる。複数の著者による論文集などにあてはまる例である。

3．前書きと序文

　前書きや序文には，その情報資源の中心となる主題の視点や側面が書かれており，件名付与の際の件名細目の選択に役立つことも多い。中心となる主題を把握できたら，LCSHを参照し，その主題の件名細目にどのようなものがあるのかを確認することで，主題の側面を絞り込むヒントが見つかる場合がある。

4．イラストやそのキャプション

　1～3や本文だけではなく，写真やイラスト，さらにそのキャプションが内容の把握に役に立つ場合がある。特に芸術や建築などの分野があてはまる。

5．カバー(ジャケット)や帯などの説明文

　印刷資料の場合，資料のカバーや帯に書かれた文は，その内容を端的に記している場合が多い。このほか販売広告のちらしなども利用価値がある。

6．参考文献や引用文献：

　主題を1つに絞ることが難しく，さらに複数の主題があてはまってどれを最優先にするべきかが定かでない場合もありうる。この場合，参考文献や引用文献の並び順，どの分野の文献が多いかをチェックすることが，主題を絞り込むヒントになる。

7．索引

　その情報資源の主要な概念を表現する用語は，必ず索引語となる。索引でより多くのページ（またはスペース）を割いて説明がある用語や概念を拾うことで，重要な主題やその側面を見つけることができる。

## 1.2 分析する際の留意点

主題分析においては，次の点を，特に留意する。

1. 主題を表す用語には，どのような単語や表現があるのか
2. 情報資源は，どのような目的で刊行されたか（例えば，教科書として等）
3. 特定の地域や国などに限定された内容か（地理的要素の明確化）
4. 特定の人物または団体などが重点的に扱われているか
5. 特定の時代が重要な意味を持つ内容か（時代的要素の明確化）
6. 情報資源全体が特定の書誌的形式のもの，もしくは含まれる主な情報が特殊な形式か（例えば，写真・地図・楽譜・統計・マンガ・手紙など）（形式的要素の明確化）
7. 特定の読者を想定した内容か（例えば，年齢別，特定の職業，障害者など）

## 1.3 要約 Summarization

情報資源の主題分析の結果は，一文にまとめることを奨励する。これは「要約」（Summarization）と呼ばれる主題分析の1つの方法である。文章化することで，中心となる主題[4]とその側面を明確にできる（SHM: H180）。

**書名**
ユングと学ぶ名画と名曲

▼

**要約文**
ユングの心理分析理論を使って，
芸術はどう分析できるかという内容で，
「ユングに芸術が影響を及ぼしたか」
ではない。

## 1.4　統制語彙への翻訳（変換）

次に，要約した一文を LCSH で表現する。情報資源が複数の主題を扱う場合には，扱われている範囲によって，主題をどう表現するのかが問題になる（SHM: H180）。

　　要約：ユングの心理分析理論を使って芸術をどう分析できるか
　　LCSH 付与：1．Psychoanalysis and art.　2．Jung, C.G.（Carl Gustav），1875-1961.

## 1.5　形式

一方，情報資源の形式も多次元で，多様である。例えば，もともと印刷資料を対象とした辞書（Dictionaries）や百科事典（Encyclopedias）などの書誌的形式に加えて，掲載されている情報の形式である楽譜（scores），地図（maps）などが件名標目になり得る。

2004 年ごろ以降に普及した，ブログ，ツイッター（Twitter），フェイスブック（Facebook）などは，新しい情報発信[5]の形式として扱うことができ，そこの情報は，単なる文字情報に留まらず多様である。

こうした Web 上に発信される情報資源を検索するには，その主題とともに形式が重要になる。したがって，主題分析では情報資源の主題だけではなく，形式的特徴も意識することが不可欠である。

米国議会図書館では，ジャンル・形式の用語を LCSH から独立させ，別の統制語彙「Library of Congress Genre/Form Terms for Library and Archival Materials（LCGFT）」にすることを 2011 年に実現した[6,7]。2012 年 5 月現在，動画，録音，地図資料，法律に関連するジャンル・形式用語ができているが，いずれは，音楽[8]，文学，宗教などに関連する語彙も追加される[9,10]。件名形式細目は，今のところ LCGFT に収録される予定はないため，今後形式やジャンルを表現する場合，LCSH と LCGFT の両方を使うことが必要になるであろう。

## 2 件名付与の方法

　LCSHの適用方針は，SHM（件名標目マニュアル）に記されている。一般方針については，SHM: H180で説明されている[11]。
　ここでは，SHM: H180の内容を著者の解説・注記を加えて補足する。

### 2.1 件名標目の与え方とその構成 [12]

　件名標目の与え方とその構成の基本は，一般方針SHM: H180がカバーする。しかし主題特有の規則などは，SHMの該当規則を適宜参照して確認する必要がある。ここではSHM: H180の概略と補足説明に止める。

**（1）一般規則**
　情報資源の内容を最も的確に要約する件名標目を1つまたは複数選ぶ。これにより，情報資源の最も重要なトピックにアクセスする手段を提供する。
　LCの慣用では，内容が情報資源の20％以上を占めるトピックのみに対して件名標目を付与する。
　情報資源が複数の部分，例えば，テキストと大部の参考文献リストからなるものや，本にCDなど付属資料が含まれる場合，それぞれに含まれる内容が全体の20％以上を占める場合には，その部分も主題の分析を行って件名標目を付与する。
　一方，LCでは，一般的な内容の雑誌や，エッセイ集といった特にテーマ性がない情報資源には件名を付与していない。また，LCの慣用として件名標目を付与しないものは，聖典のテキスト，個々の文学作品で特にテーマ性が読みとれない作品，特徴的な文学形式ではない作品である。

**（2）記述目録上の扱い**
① 付与される件名は情報資源全体の内容を表現するものでなければならない。定期刊行物，モノグラフシリーズ，セットものなど，全体を1つのセットとして記述目録で扱う作品は，セット全体の内容を表現する件名標目を与える。セットの一部を分出し，つまり情報資源の一部を独立させて，別書誌レコードを作成する場合には，分出した[13]内容に対して件名標目が与えられる。
　補足：これは，例えば，「心理学全集」を全集として1つの書誌にまとめて記述する際には，心理学が件名標目になるが，全集に属する個々の巻をそれぞれ別の書誌に起こす場合には，それぞれの内容に応じた件名を付与しなければならいことを意味する。例

えば，認知心理学，教育心理学，記憶，などである。
② 原著のテキストとそれに対する評論などが掲載されている作品では，原著を主として扱うか，評論を主として扱うか，記述目録上の判断によって，付与される件名も異なる。
　　補足：例えば，『源氏物語』の場合，写本として記述された場合には，件名標目は源氏物語の「テーマ」を表現する件名標目，例えば，Japan -- Court and courtiers -- Fiction と付与することができるが，「評釈」として記述されたのであれば，内容は作品についてなので，作品名の源氏物語が件名標目として選ばれる。ただし，後者の場合は，標目の形は「著者＋タイトル」つまり，Murasaki Shikibu, b.978? Genji monogatari に続けて，件名細目に，「 -- Criticism and interpretation（批評と解釈）」を付与する。
③ 件名標目は，作品の内容の分析結果を反映して付与される。記述目録上の注記に件名標目の根拠がなくてもよい。

## （3）標目の数
① 作品によって必要とされる標目の数は異なる。1つの標目で十分な作品もあるが，最大6つまでとするのが適当である。特別な状況によっては，それ以上必要な作品もある。LC には，1つの著作に 11 以上の標目を付与してはならないという慣用がある。
② 2つ以上の標目がある場合，内容の重み付けによって付与する順番を決める（件名の順番は SHM: H80 を参照）。

## （4）特定性
① 作品の主題には，特定的な標目を付与する。特定性とは，標目が扱う主題の特徴を指しているのではなく，作品の内容と標目との関係を反映する相対的概念を指している。例えば，心理学のようにカバーする範囲が広い標目であっても，作品自体が心理学の入門書であれば，心理学という標目はその作品にとって特定的な標目になる。
　特定的な標目を付与できるかどうかは，標目の特性にもよる。多くの場合，1つの語もしくは熟語からなる標目で作品の主題が特定できる。場合によっては，主標目に件名細目を付加することにより特定できる。
　　補足：例えば，心理学の歴史であれば，Psychology -- History のように表現できる。
② 件名典拠ファイルの階層をたどり，作品の主題にできるだけぴったり合う標目を LCSH から探しだす。分析の結果，適切な標目が見つからない，もしくは汎用件名細目を用いても表せない場合には，新しい標目を SHM: H187 の指示に沿って提案する。
　作品の主題を特定する適当な標目がない場合や，内容をカバーするために規則よりも多くの標目を付与しなければならない場合，SHM に特に明示された主題の場合などには，より広い，もしくは，一般的な標目を1つ付与する。
　　補足：多くの場合，思いついたことばから LCSH にあたることでそれに近い件名標

目を見つけることができるが，その標目の NT や RT，標目表上にある件名細目や塾語形の標目などにも目を通すことでより適切な LC 件名を見つけ出すことができる。

## （5）インデクシングの深さ

作品に付与された件名標目は，LCSH に示された階層によっては，そのサブトピック（副次的主題）の標目を包含する。作品全体の内容に一番適した標目を付与する。その標目に含まれる下位の標目は付与しない。例えば，《体操（Gymnastics）》の代わりとして，あるいは，体操に加えて《平行棒（Parallel bars）》《平均台（Balance beam）》《あん馬（Vaulting horse）》などを付与しない。

## （6）一般的トピックとサブトピック；原則 vs 特定のケース

ある作品が一般的な主題について論じるとともに，特定のサブトピックを強調したり，ある原理を説明する際に特定のケースや例を使用している場合などには，一般的な主題またはその原理と，サブトピックまたは特殊なケースの両方に件名標目を付与する。ただし，その場合，後者が作品全体の 20％以上となるときに限る。

　補足：例えば，マーケティングの手法全般について取り上げている内容の作品で，20％以上のページがブランディングに特化した形で掲載されている場合には，Marketing に加えて 2 番目の件名標目として Branding（Marketing）も付与することができる。

## （7）2つもしくは3つの関連した標目

ある作品において論じられている 2 つもしくは 3 つの主題について，それらを代表するような標目が 1 つある，もしくは 1 つ設けることができる場合で，かつ，その標目の範囲にそれ以外の主題が含まれていなければ，2 つもしくは 3 つの狭義の標目の代わりにその 1 つの標目を付与する。

## （8）3つの規則

① 一般的な主題がその範囲に 4 つ以上のサブトピックを含み，目録作成の対象となる作品に含まれるサブトピックがその中の 3 つ以下である場合には，広義の標目を付与せず，適切な 2 つから 3 つのサブトピックに相当する標目を複数付与する。

　補足：例えば，内容が山梨県のくだものついて書かれている作品が，実際には，〈ぶどう〉と〈桃〉についてのみ取り上げている場合には，
《くだもの》ではなく，《ぶどう》と《桃》2 つの標目を付与する。
　つまり，Fruits -- Japan -- Yamanashi-ken ではなく，Grapes -- Japan -- Yamanashi-ken, Peaches -- Japan -- Yamanashi-ken のように付与する。

② ただし，4 つ以上のサブトピックについて論じられている場合には，以下の「4 つの

規則」に従い，広義の標目を付与する。

## （9）4つの規則

① 広い概念を表す標目を1つ付与するのではなく，その中に含まれるサブトピックに対して標目を付与する方が好ましい場合がある。標目がカバーする範囲が広く，その中に含まれるサブトピックが全体のごく一部である場合には4つのサブトピックを付与する。例えば，アメリカ文学の作家についての作品の場合，扱う作家が4人までであれば，個々の作家の名前を件名標目として付与する。

　ただし，LCの慣用では，いかなる場合にも4つのサブトピックを超えてはならない。

　補足：作品の内容が山梨県のくだものについてであり，具体的には《ぶどう》《桃》《梨》《びわ》《いちじく》など5つ以上のくだものについて扱った著作であれば，それぞれに対して件名を付与するのではなく，総称して《くだもの》と付与する。具体的には，Fruits -- Japan -- Yamanashi-ken となる。

　補足：SHMに特に指示がない限り，主題を特定できる件名がある場合には，その件名の上位概念にあたる件名を付与してはいけない。（例えば，《Algebra》（代数）について書かれた作品には，《Mathematics》（数学）を付与しない。同じように一般的な概念を扱った作品に付与された件名の下位にあたる関連の件名を付与しない。

## （10）複数の要素を持つ主題

　ある作品が，複雑あるいは複合的な主題を扱っており，それを表現できる単一の標目が存在しないか，または件名細目によって組み立てることが実際的ではなく，さらに新しく設けることも出来ない場合には，それぞれの主題の側面を表現できるように複数の標目を付与する。

　件名典拠ファイルの指示によって，主題に相当する標目を複数付与して，作品の内容に一致するように指示しているものもある。

　　例：タイトルが，デンマーク醸造業作業員における癌の病理と死亡率について，という作品に対しては次の4種類の件名標目を付与することでその内容を表現する。

　　　Cancer -- Denmark

　　　Cancer -- Mortality -- Denmark

　　　Brewery workers -- Diseases -- Denmark

　　　Brewery workers -- Mortality -- Denmark

　　解説：この例では，デンマークにおける癌の病理や死亡率をそれぞれ表現し，それが，特定の作業員のグループ，つまり醸造業で働く作業員を対象としてることを1つの件名標目では表現することができないために，別件名を付与し複合主題を表現している。

(11) 追加の側面
　作品に件名標目を付与する際，その作品にとって重要な要素であると判断されたその他の側面があれば，それも付与することができる。例えば，特定の場所や時代に限定されたもの，固有名を持つ実体（個人・家族・団体など）に焦点を合わせたもの，特定の形式で表現されたものなどである。こうした側面は，特定の標目で表現できるものと，形容詞を伴う標目の形のもの，件名細目を付加することで表現できるものとがある。件名細目を伴った標目の指示については，(16) に詳しく記す。

- a．*場所*．地理や法域は，作品における場所，背景，原点などの側面を表すときに，重要な役割を果たす場合がある。地名標目と地名件名細目は SCM: H690-H910，国名で形容される標目は SHM: H320 と H350 を参照する。
- b．*時間*．作品にとって重要な時代的要素は，その時代を表現する細目を標目に対して付与する。時代標目と時代件名細目は SHM: H620 を参照する。
- c．*名称を持つ実体*．作品にとって重要な人物，家名，団体，プロジェクト，出来事，建造物，固有名を持つ製品，統一タイトルなどは，名称典拠ファイルまたは件名典拠ファイルに記録された典拠レコードに準じて標目を付与する。
　これらについては，作品の内容が 20％以下であっても，件名として付与できる。固有名標目は SHM: H430，実体がどの典拠ファイルに記録されているかあいまいなものについては SHM: H405 の規則を参照する。
- d．*形式*．作品自体の形式，作品が含むデータが特殊な形式，特殊な編集法を用いたものかなどを表現できる形式標目または形式件名細目がある場合には，それを用いて件名を付与する。SHM を参照し，特定の形式について解説があるものはそれらを参照する。例えば，辞書（Dictionaries）H1540，家系図（Genealogy）H1631，イラスト（Illustrations）H1659，児童資料（Juvenile materials）H1690，ソフトウエア（Software）H2070，叢書（Treaties）H2227 である。

(12) タイトルに含まれる概念
　タイトルやサブタイトルは，著者もしくは出版者によって，作品の主題を表現していることがあり重要である。タイトルやサブタイトルにトピックを表す用語があり，検索に有効であれば，採用する。ただし，有効かどうかの判断材料として次の点に配慮する。
- ・タイトルが誤解を招きやすい婉曲的な，またはわかりにくい表現である場合は，使用しない。
- ・件名標目の方針では表現できないトピックについては，その側面を件名標目で表現しない。例えば，ある村落の限られた時期の歴史に対しては，その時期をあえて表

現するのではなく，一般の汎用件名細目として使用できる「世紀」を使用する（SHM: H620,sec.3.d.（1）参照）。
- タイトル自体は一般的だが，実際は著作の内容はより狭いトピックを扱ったものであれば，そのトピックを特定するような標目を付与する。
- 標題紙に目次のような形で多数のトピックの一覧が示されていた場合には，それは目次として扱う。

### （13）付加的標目

　トピックの中には，本質的に複雑な性格を持つものがある。それらに対しては特別な慣行があり，付加的標目が必要になる場合がある。これらの取り扱いは，SHMの該当する規則または件名典拠レコードに記されたスコープノートを参考にする。例えば，外交問題（Foreign Relations）H1629, 民話（Folklore）H1627, 世論（Public Opinion）H1955, 伝記（Biography）H1330, 地方史や系図資料（Local History and Genealogical Source Materials）H1845, この他にも特殊なトピックがある。

### （14）客観性

　件名標目にはカタロガーの個人的な価値観を反映させない。作品の中で何が重要かについては，必然的にカタロガーの主題に対する知識や判断に左右されるが，そこに個人的な意見などが反映されてはならない。著者または出版者の意図をくみ，それをもとに件名を付与するが，その際カタロガーの評価を加えてはならない。著者または出版者が意図する読者，視聴者層や内容信憑性などに配慮する。

### （15）標目の組み立て

　件名標目は語，句，または名前の形で，単独または件名細目を付加した形で表現される。
　　例：
- 単純な名詞：Children; Dogs; Libraries
- 複合名詞：Bioengineering; Electrometallurgy
- 括弧書きが伴う名詞：Seals（Animals）; Crack（Drug）
- 形容詞が伴う名詞：Gifted children; Wild dogs; Academic libraries; Sculpture, American; Science, Ancient
- 前置詞を伴う句：Teachers of gifted children; Photography of dogs; Photocopying services in libraries
- 複合句：Names carved on trees; Infants switched at birth; Monkeys as aids for people with disabilities
- 件名細目が伴うトピカル標目，固有名標目，形式・ジャンル標目：Taxation

-- Effect of inflation on; United States -- Civilization -- African American influences; Woodwind trios (Bassoon, clarinet, flute) -- Scores and parts

複合的なトピックに含まれる要素はさまざまな方法で件名標目として表現される。しかし件名の特徴である事前結合の標目を作成するための一般規則はない[14]。新しい標目は特定の知識分野や学問において確立された慣例や実例を踏まえて組み立てられている。それらの特定の標目に関連する規則は SHM: H290-H360 を参照。

### (16) 件名標目は件名細目を付与し完成させる

作品に付与される件名標目は規定に従った，一対の完全な件名標目列挙ストリングとして形成するが，その一部に対してのみ件名典拠レコードは作成されている[15]。そのため，件名典拠ファイルにある件名標目のみでは，作品を表現することが不十分な場合がある。そうした場合は，必要に応じて，サブトピック，地理的要素，時間的要素，形式などの要素を，件名細目として適宜付加する。その際，SHM: H1075 を参照する。基本的な標目に続けて，その作品の内容を表現する件名細目を必要なだけ付与する。

---

参考文献・引用文献・注

1　Chan, Lois Mai. Cataloging and classification : an introduction. 3rd ed. Lanham, Md. : Scarecrow Press, 2007. p.208-209.
2　鹿島みづき著；愛知淑徳大学図書館編．レファレンスサービスのための主題・主題分析・統制語彙．東京：勉誠出版, 2009. p.94.
3　Chan, Lois Mai.（Cataloging and classification : an introduction. 3rd ed. Lanham, Md. : Scarecrows, 2007.），Taylor, Arlene G.（The organization of information. 2nd ed. Westport, Conn. : Libraries Unlimited, 2004.）らの考え方を補足して作成した指針が表 5 - 1 である。
4　情報資源によっては，中心的主題が複数あり得る。
5　情報資源の形式は情報発信の形と同義でもある。例えば，「新聞」「雑誌」などもその典型である。
6　Library of Congress to reissue Genre/Form Authority Records（Revised May 9，2011）. URL: http://www.loc.gov/catdir/cpso/gf_lccn.html,（access 2013-01-20）.
7　2011 年 5 月には，LCSH からジャンル・形式を表現する標目をすべて取り除くことを決定し，MARC21 のコードも LCSH とは別のものが付与されることになった。このことによって，従来 LCSH で表現していた各種形式・ジャンルは独立したファセットとして LCGFT として表現することができるようになる。
8　音楽のジャンル・形式については，2012 年 2 月現在，LC と音楽図書館協会（Music Library Association）が協力し LCGFT に収録する標目のリストを検討中であることが報告されている（URL: http://www.loc.gov/catdir/cpso/genremusic.html）。
9　LCGFT は LCSH 本表の付録に収録されているほか，『ClassificationWeb』にも搭載されている。なお，LC の Authorities and Vocabularies（URL: http://id.loc.gov/）では，LCSH のみにならず，名称典拠ファイルや LC　Genre/Form ファイルを検索でき，リンクデータとして閲覧できるインターフェイスが設

けられた。
10  2012 年 5 月現在 Authorities and Vocabularies のサイトから公開されている統制語彙には，LCSH，LC Name Authority file, LC Subject Headings for Children, LC Genre/Form Terms, Thesaurus for Graphic materials などがある。この他，MARC の固定長のコードで使用されている各種コードのリストも提供されている。著作の創造に関わりのある人物の「役割」を示す MARC Relators や，著作の出版国を示す MARC countries などがそうである。
11  このほかチャンによる『Library of Congress subject headings : principles of structure and policies for application（構造の原則と適用の方針）』の第 2 部にも方針がまとめられているが，米国議会図書館の適用方針がその後大幅に変更のあった「法律」などの件名があるので SHM の最新版を定期的に参照することが奨励される。
12  Subject Headings Manual H180;  Chan, Lois Mai. Library of Congress subject headings : principles of structure and policies for application. Washington, D.C. : Cataloging Distribution Service, Library of Congress, 1990. p.33-42.
13  独立させた部分。
14  ［著者補足］：標目を作成するための一般規則がないのは，主題はその特徴が多様で，いくつかの法則に絞って説明することが難しいことが考えられる。
15  つまり，すべての件名標目ストリングの組み合わせに対して典拠レコードが作成されているわけではない。モデル標目などを参考にして形成する件名ストリングに対しても典拠レコードが作成されていない確率は高い。

# 第Ⅲ部

# LCSH概論Ⅱ：
# 固有名件名

件名と深い関わりのある固有名標目の扱いと，
AACR2との関係ならびに基本規則を整理する。
新目録規則RDA規則番号への参照もある。

---

第6章　標目の形と典拠コントロール

▶コラム3　典拠ファイルのネットワークと典拠レコードの可能性

第7章　固有名件名とAACR2

▶コラム4　NACO・SACOとファンネル・プロジェクト（Funnel Project）

# 第6章　標目の形と典拠コントロール

　LCSHで使用される固有名件名は，その多くがLCの名称典拠レコード（Name Authority Record）に基づく（3章2.3）。そして名称典拠レコードとして構築されている個人名，団体名，地名（主に国名などの法域名），統一タイトル，家名[1]は書誌記述上のアクセスポイントである。特に個人名，団体名，地名は，作品の創造に何らかの形で関わりのある可能性が高い。そして，それらが作品の主題となる場合には件名標目として利用される。名称典拠レコードの情報がそのまま件名標目として活用されることで，知的創造者として，あるいは著作の主題として，同じ人物や団体が同じ形で記述され識別できる。そして，より適合性の高い検索結果を得ることができる。名称典拠と件名典拠の2つの典拠レコードの維持やメンテナンスにも効率化が図れる。

　本章では，目録の各種アクセスポイントと，それら標目の形に関する規則であるAACR2（英米目録規則第2版）との関係を整理する。さらに典拠コントロールとの関わりについても説明する。

　なお，AACR2の後継とされるRDA（Resource Description and Access＝リソースの記述とアクセス）は2010年6月に出版され，米国議会図書館（LC）での導入は，2013年3月を目標にしているという報告が2012年2月に発表された[2]。RDA導入による変更が気になるところだが，名称典拠レコードの標目の中心的な記述要素には大きな変更はないため，当面AACR2の方向性を押さえておけばよい。詳しいAACR2の規則については第7章で取り上げるが，RDAとの照合から，典拠標目に関する多くのAACR2の規則はそのままRDAに移行されていることが確認できる[3]。

## 1　目録のアクセスポイントと典拠レコード

表6-1[4]　目録の3大要素

| 目録の3大要素 |
|---|
| 1．アクセスポイント |
| 2．書誌記述 |
| 3．所在又は（最近では）文献そのもの |

　マイケル・ゴーマン（Michael Gorman）によれば，アクセスポイントは，目録の3大要素の1つである（表6-1）。情報資源の発見だけではなく，同様の特徴を持つ書誌レ

コードを束ねる役割[5]がある。つまり，同じ著者による作品，同じ作品について取り上げている作品，同じテーマ（主題）を扱った作品，同じジャンルや形式で表現されている作品などを束ねることができるということである。特に固有名についていえば，作品に何らかの関わりのある特定の人物，団体，地名，作品の名称で束ねる役割を担う。

　そのような役割を考慮すれば，同一の人物によって作品を束ねる場合には，同姓同名の作者が存在する可能性を考えなければならない。したがって，その人物の記述は同姓同名が識別できる形にされており，それがどの書誌レコードでも統一されていることが重要である。しかも，書誌レコードが対象とする作品は，ネット上に発信されるものも含め，世界中の情報資源が対象となりうる。

　そして言語に応じてさまざまな文字が表記のために必要になる。ピカソの例（2章1.1典拠ファイル）のように，ベストセラーや古典的作品は多くの言語に翻訳もされている。ハリーポッターシリーズの第一巻は日本では『ハリーポッターと賢者の石』というタイトルだが，著者の住むイギリスでは『Harry Potter and the philosophers's stone』であるのに対して，同じ英語でもアメリカ版は，『Harry Potter and the sorcerer's stone』である。ほかにもスペイン語が『Harry Potter y la piedra filosofal』，イタリア語が『Harry Potter e la pietra filosofale』，ベンガル語が『Hyāri Paṭā ayānda dya gabaleṭa aba phāyāra』，ラテン語が『Harrius Potter et philosophi lapis』など，翻訳された言語によって表記されるタイトルは異なる。利用者はもちろん，レファレンスサービスのなかで目録を検索するときにも，これらを同一作品として識別する必要がある。個人名同様，固有の作品も他の類似作品と混同しないように確実に識別できるように工夫することが求められる。

　従来図書館では，このような問題を解決するしくみとして典拠コントロールを活用してきた。

　典拠コントロールは，目録のアクセスポイントとなる個々の実体（この例ではタイトル）に対して，さまざまな標目の形を統一し，統一された標目の形によって，ユニーク（排他的）に識別できることを目的とする。具体的には，各実体に対応する典拠レコードを作成して典拠ファイルを構築することで達成できる。典拠レコードの情報は，書誌データ作成の「典拠」となり，アクセスポイントとなる実体の記述を，目録において統一する。典拠コントロールとは，質の良い目録に欠かせないしくみで，つまり，利用者にとって便利なしくみである。

## 1.1　典拠レコードの構成要素と活用のメリット

　典拠レコードには通常，(1)典拠形標目，(2)識別番号（書誌レコードとのリンク等に使用），(3)参照形標目，(4)標目を制定した根拠または出典となった情報資源の二次情報[6]が，記録される[7]。

例えば,「イチロー」のLCの名称典拠レコードは次のようになっている。カッコ内はMARC21のタグコードである。

 (1) 典拠形標目　(MARC100)　Suzuki, Ichirō, 1973-
 (2) 識別番号　　(MARC010)　nr2001048995
 (3) 参照形標目　(MARC400)　Ichirō, 1973-
           イチロー，1973-
           鈴木イチロー，1973-
           鈴木イチロ－，1973-
           鈴木一郎，1973-
           鈴木一朗，1973-
 (4) 出典　　　　(MARC670)　Web site, ESPN.com, player index (Suzuki, Ichirō; b.10
           -22-77; baseball player; commonly known as: Ichirō)

イチローに関するLCの典拠レコードの出典となった情報資源は,『ESPN.com（アメリカの大手スポーツ専門チャンネル）』のWebページであることが, MARC670のフィールドからわかる。「典拠形標目」は, ローマ字表記（7章11.④を参照）だが,「参照形標目」には, 漢字形, カタカナ形を含む日本の文字での表記を5つ収録している。

LC典拠の「典拠形標目」には, その実体が一般的に一番よく知られている形の名称で, 出版物または参考資料により多く使用されているものを採用する。その際, ローマ字（アルファベット）以外の文字が使用されている名称の場合には, ローマ字で記述することが求められる。そのため, AACR2では, 主としてローマ字表記となる[8]。そのほかに異なった形や異なった文字によるものがあれば,「参照形標目」として必要なだけ記録される。同姓同名の識別には, その他のデータとして, 個人名であれば生年, 敬称, 職務上の肩書き, などが適宜記録される（「同一名を区別するための付記事項」AACR2　22章該当規則22.17-22.19参照）。

2章ですでに述べたように, 典拠ファイルの一番のメリットは, 検索の適合性を徹底できることにある。適合性が高くなるのは, 同じ実体に対して常に同じ1つの標目が対応するからであり, さらに, 同一の実体の名称に, 違う形（文字）や同義語がある場合には, それら異なる名称からも検索できるしくみを備えるからである。このような検索は, 整備された典拠レコードを活用してこそ実現できる。つまり, 典拠コントロールされた目録もしくは, 典拠レコードにリンクされた情報資源だけが可能にできるしくみなのである。

また, 名称典拠レコードには, 同一または類似の名称を持つ実体を識別するための情報を記録することができるので, 作品の著者性や知的財産に関わる責任においても重要な意味を持つ。そのため, 情報資源に対して書誌レコードを作成する際に, 典拠レコードがない人物や団体については, 必ず新しく典拠レコードを作成する。それが典拠ファイルを維持する上で必須の条件となる。

ここでピカソの例を思い出してほしい。ピカソの典拠レコードには，ヘブライ文字・日本文字・ローマ字表記のアラビア語や・中国語などの「参照形標目」が整備されている。そのため，LC の目録を検索する際に，いずれの文字や言語による検索でも「ピカソ」に関連する多言語の情報資源について確実に検索ができる。
　これこそが，典拠コントロール[9]されたデータベースの強みである。ピカソに関わるすべての情報資源を漏れなく検索し，秩序ある形で表示させることができる。秩序ある形とは，例えば「作品」，「作品の評論・解釈」，「作品の派生作品」の順，またはこれらの特徴で絞り込むしくみを指す。
　少なくとも，1つの国の中で共有できる典拠レコード情報が一般公開されていれば，カタロガーやメタデータ作成者に限らず，利用者にも有益である。ネットワーク情報資源として出典へアクセスできれば，ますます便利である。なぜならば，典拠レコードに含まれる情報は，その標目が「誰？」なのか「何？」なのかを明確にすることを手助けし，検索されたものが利用者にとって有用かどうか判断するよりどころとなるからである。例えば，情報資源に記された著者に関する情報からではわからなくても，典拠レコードを作成した際に利用した参考文献を参照することで，もっと詳しい情報を得ることができる。出典元となったその参考文献から，Web を介して本文にリンクが張られていれば，さらに便利になることはいうまでもない。
　日本では，2012 年に国立国会図書館が件名典拠ファイル（国立国会図書館件名標目表）の情報を含む典拠ファイルを Web 上に提供し，書誌データとのリンクを電子的に可能にする条件が現実となった。書誌データ，典拠データをパブリックドメインで利用できる Linked Data 形式を開始したドイツ国立図書館の前例[10]が示すように，次のステップは，これを活用できる図書館システムの開発である。そうなれば件名作業も大幅に軽減されるはずである。なぜならば，Web 上での典拠レコードのやりとりが技術的に可能になったことで，全国の図書館のみならず知識情報資源を扱うすべての機関で共有できる環境が整い，相互に共有し提供できる有用な情報が増えることを意味するからである。
　これらすべては，そもそもメンテナンスされた国の典拠レコードがあればこそ期待できるメリットなのである。

## 2　標目の形と目録規則

　目録もしくは書誌レコードのアクセスポイントとして記述される標目は 8 種類ある。表 6-2 によって，標目の種類と，対応する AACR2 の規則，LC 典拠レコードの種類を整理した。

表6-2 標目の種類／AACR2／LC典拠レコードの種類

| 標目の種類 | AACR2／SHM | LC典拠レコードの種類 ||||
|---|---|---|---|---|---|
| ^ | ^ | Name Authority（名称典拠） | Name/Title Authority（名称／タイトル典拠） | Title Authority（タイトル典拠） | Subject Authority（件名典拠） |
| 1．個人名 | 22章／SHM | ★ | | | ★ |
| 2．団体名 | 24章 | ★ | | | |
| 3．地名 | 23章／SHM | ★ | | | ★ |
| 4．タイトル | 1章[11] | ― | ― | ― | ― |
| 5．統一タイトル | 25章 | | | ★ | |
| 6．シリーズタイトル | 1章[12] | | | ★ | |
| 7．著者名＋書名 | 22章, 24章, 21.30G1 | | ★ | | |
| 8．件名 | なし[13]／SHM | | | | ★ |

　LC名称典拠レコードの標目の形を決める規則は，AACR2に基づいている（2012年11月現在）。AACR2の概略と規則を把握すれば，LCSHでの日本の人名，団体名，地名の表記方法がわかる。LC典拠に典拠レコードがない場合，この原則に沿った形で記述すればよい。

　基本的にAACR2が規定するのは，表6-2のように，個人名，団体名，地名，タイトル，シリーズタイトル，統一タイトル，著者名＋タイトルである。

　8つのうちシリーズを除いて[14]，これらの典拠レコードは、AACR2とLCの適用方針に準拠して，NACOの参加館が作成している。NACOはName Authority Cooperative（名前典拠ファイル共同作成事業）の略称で、LC典拠の名称典拠レコードを共同で作成する事業のことである[15]。

　特殊なケースとして，個人名や地名のなかには件名典拠レコードにも存在するものがある。以下，詳しい内容を説明する。

## 3　固有名の種類

### 3.1　個人名

　個人名は，原則として名称典拠レコードが名称典拠ファイルに作成される。架空の人物の名前などでは件名典拠レコードが件名典拠ファイルに作られる。

表6-3　個人名の種類と作成される典拠レコードの種類

| | |
|---|---|
| 本名（Real name） | 名称典拠ファイルに典拠レコードが作成される |
| ペンネーム（筆名）(Pseudonym) | |
| ニックネーム（Nickname） | |
| 芸名 | |
| 架空の人物名<br>（小説に登場する人物，伝説上の人物名，漫画のキャラクターなど） | SHMに従い件名典拠ファイルに典拠レコードが作成される（AACR2を参考にするものもある） |

## 3.2　団体名

　団体名とは，「特定の名称によって識別され，かつ1つの実体として活動するか，または行動することのありうる組織体もしくは個人の集合体。」とAACR2では定義されてる。詳しくはAACR2　21章の21.1B1団体名の定義を参照。なお，団体には他の団体に従属しているものがある（7章の13.参照）。

表6-4　団体の種類

| 団体の種類 |
|---|
| 企業（Business firms） |
| 協会（Associations） |
| 組織（Organizations） |
| 会社（Companies） |
| 非営利事業（Nonprofit enterprises） |
| プロジェクトや事業（Projects and programmes） |
| 教会団体（Church groups） |
| 宗教団体[16]（Religious bodies） |
| 学会（Academic associations） |
| 政府（Governments） |
| 政府機関（Government agencies） |
| 自治体（Local organization） |
| 展覧会（Exhibition） |
| 会議，など（Conferences, etc.） |

## 3.3　地名

　地名は，AACR2では「地理的実体の名称は，同一名称の団体を区別するためや，他の団体への付記事項として，また通常，政府に対する標目として用いる。」[17]と説明されて

おり，「政府が支配権を有する地域（国，州，都道府県，市町村などの自治体）の地名」である。こうした地名は政府など行政機関に対する付記事項として使用され，名称典拠レコードが作成される。それ以外の地名に対してはSHMの規定により件名典拠レコードが作成される。要するに，記述目録上のアクセスポイントになりえない地名[18]が件名典拠レコードとして作成されるのである（SHM: H810）。

表6-5　地名の種類と作成される典拠レコードの種類

| 国名 | 名称典拠レコードが作成される |
| 市・町・村名 |  |
| --- | --- |
| その他行政名以外の地名 | 件名典拠レコードが作成される |

## 3.4　タイトル

　タイトルは，基本的に当該情報資源の主たる情報源から，そのままの形で記述する。ただし，大文字使用と句読法に関しては，その限りではない。詳細はAACR2 1.1B1を参照。
　また、その情報資源が翻訳されたもので，主たる情報源に原著タイトルが記載されていない場合でも，原著タイトルは注記として記述できる。したがって，原著タイトルもアクセスポイントにできる。

## 3.5　統一タイトル

　同じ1つの作品が①さまざまな形のタイトルをもつ，②複数回改訂されている，③翻訳されている，こうした場合がある。統一タイトルは，それらを1つの検索キーで検索できるようにしたり，同名のタイトルを持つ異なった作品を区別するためのものである。古典として広く知られている作品は多言語に翻訳されていることも多く，そのためさまざまな形で表現される。また，雑誌名などにはまったく同じタイトルを持つものが少なくない[19]。さらに，作者不明の作品や，法律・法令集，音楽作品などでも使われる。
　統一タイトルを設けることで，『Snow White』『Snow White and the seven dwarfs』『白雪姫（Shirayukihime）』を，同じ標目のもとに表示させることができる。統一タイトルは，同じ作品つまり同じ知的所産[20]を統一された標目に集中させるので，検索の再現率に効果的である。

## 3.6　シリーズタイトル

　シリーズとは，図書の場合，次のようなものをいう。本来逐次的に刊行される出版物で，

個々の情報資源が特有のタイトルを持ち，それ以外に共通の総称を持つ。全集のような多巻ものあるいはセットもの（Multi-volume set）で個々に独立した本タイトルがあるものも含まれる。この場合，全巻に共通した総称タイトルをシリーズタイトルとして扱うことになる。

シリーズタイトルはタイトルと同様に、当該情報資源そのままの形で記述するが，すでに『Series Authority File（シリーズ典拠ファイル）』に典拠レコードがある場合は，その形がアクセスポイントとして採用される。2008年6月以降 LC は，シリーズ典拠レコードの作成を中止している[21]。その主な理由は，LC の目録作成におけるコストを抑えることにある。目録のコスト削減のために，作業の省力化を検討した結果である。この決定を受け，OCLC は引き続きシリーズ典拠を維持することを2006年に決定している[22]。

## 3.7　著者名＋タイトル

これは，特定の作品について書かれた作品（例えば，特定の文学作品の批評）であることを明確にするためや、音楽資料などで特定の作品について書かれているものの場合に，それらの標目をアクセスポイントとして記述する方法である。個人名とタイトルを組み合わせた標目で，例えば，シェイクスピアのマクベスやベートーヴェンの第9交響曲である。

内容注記に記載されている個々の作品をアクセスポイントとして設ける場合も、この形の標目が多く使用される。作者が不明の作品に関しては，タイトルをアクセスポイントとして設ける。

以上，AACR2 と LC 典拠レコードとの関わりを簡単に整理した。LCSH における運用では，すべての固有名件名標目が AACR2 の規則によるわけではなく，一部 SHM にゆだねられているものもある。この点で，複雑であることは否めない。したがって，より詳細に全体を把握するには，まず，ある程度大枠をとらえてから個々の規則にあたるか，あるいは，標目の種類別に規則にあたる方法が効果的であろう。第7章では，地名，個人名，団体名を例に，具体的な規則に踏み込んで検証する。

### ▶コラム3：典拠ファイルのネットワークと典拠レコードの可能性

　　　　LCSHで使用される固有名の標目の形は AACR2 に基づいている。LC 典拠は改めていうまでもなくアメリカ独自の典拠ファイルである。それに対して日本独自の典拠ファイルを維持することは，書誌コントロールを機能させるために，当然必要である。

そこで重要なことは，国（国語）の典拠という見方である。典拠形標目として選ばれる語句には，その国で，広く知られ，国内の情報資源により多く記載されたものを採用する。そして参照形標目はその他のすべての同義語が対象となる。

国内で生産される知的所産を国が把握することは，納本制度，特許制度など当然の義務である[23]。そのような情報を把握し国のインフラとするには，国レベルの機関が維持することがのぞましい。特に地名には，国の管轄にある市区町村名など法域名に相当するものが多い。団体名などの固有名も対象になる。

現在日本でまとまった典拠ファイルをもっているのは，国立国会図書館，国立情報学研究所，図書館流通センターである。また件名については，BSH，NDLSH，TRC 件名標目という3つの件名標目表が存在している。

国レベルの機関が維持する国の典拠が存在し，商用，非商用を問わず，公開して利用を広げることができれば，さらに各国の件名標目表や典拠情報へもリンクさせ，各国語による参照形標目も対象にして，検索の選択肢を広げることができる。この点に関連する画期的な動きとして，2012年1月6日に「国立国会図書館典拠データ検索・提供サービス（Web NDL Authorities）」[24]が本格的に開始された[25]。このことは，情報をになう図書館を含む各種組織間で典拠情報を共有できる環境の整備が一歩前進したことを意味する。

2000年に提唱されたバーチャル国際典拠ファイル（Virtual International Authority File）[26]では，LCを中心に，ドイツ，カナダ，フランス，オーストラリアなどの18の国立図書館等が21の典拠ファイルを提供している。2012年4月4日には，VIAFはOCLCに移管され[27]，日本の国立国会図書館もVIAFへの参加を決定した[28]。日本の名称典拠がVIAFを通して提供されたことによって，その典拠情報をそのまま利用できるだけではなく，LCSHの固有名標目も把握できる。目録作成の作業効率は確実に上がり，LCSHを活用する際にも選択肢が広がる[29]。

### 参考文献・引用文献・注

1 家名（Family name）も固有名なので名称典拠として作成したいところだが，記述目録上のアクセスポイントになり得ないために，件名典拠レコードとして作成される。標目の形を制定する規則はSHM：H1631に従う。AACR2には家名に対する規則がないが，RDAにはある。

2 "LC（LC）等によるRDA導入は，諸条件が満たされた場合に2013年1月以降に"．カレントアウェアネス・ポータル（URL: http://current.ndl.go.jp/node/18424）。2013年3月31日を導入目標としたことは，2012年2月12日LCの収集書誌アクセス部長（Director for Acquisitions & Bibliographic Access）Beacher Wigginsによる発表で明らかにされた（URL: http://www.loc.gov/catdir/cpso/news_rda_implementation_date.html）。

3 これは，個人名，団体名，地名の標目に関わる規則についてである。

4 Gorman, Michael. "Authority control in the context of bibliographic control in the electronic

environment". Cataloging & classification quarterly. Vol.38, No.3/4, 2004. p.12.
5 同上，p.12
6 個人名・団体名の場合，関わった著作が出典になるケースが多い。
7 Taylor, Arlene G. Introduction to cataloging and classification. 10th ed. Westport, Conn. : Libraries Unlimited, 2006. p.290. なお，典拠レコードに必要な基準は IFLA から 1971 年に発表があった Guidelines for Authority Records and References. 2nd ed. München : G.K. Saur, 2001 を参照。
8 この点に関して RDA では，記述の元となった情報資源に記載されている名称をそこで表示されている言語と文字の形をそのまま選ぶように指示がある。ただし，ローマ字以外の文字で表示されている場合には翻字できる選択規則がある。
9 典拠コントロールとは，典拠ファイルを維持し，それぞれの典拠レコードを管理して、参照するしくみのことをさす。例えば，クラック（Clack）は Authority control : principles, applications, and instructions（Clack, Doris Hargrett. Chicago : American Library Association, 1990. p.2）の中で「典拠コントロールとは，目録上でアクセスポイントとなる名前，統一タイトル，シリーズ，または主題として使用される標目の 1 つひとつがユニークに保たれ，その識別上目録に存在する他の標目とかち合わないように維持するプロセスのことである。参照のネットワークによってそのしくみは維持される。」と説明している。
10 "ドイツ国立図書館（DNB），書誌データをパブリックドメインライセンス（CC 0）の Linked Data 形式で公開開始". カレントアウェアネス・ポータル. URL: http://current.ndl.go.jp/node/20043, （参照 2013-01-20）. ドイツ国立図書館では，すでに公開済みの典拠データを含め，自由にこれら情報にリンクを張れることを一般利用者にも可能にした。これらのデータは RDF/XML 形式でダウンロード可能になり，Web 上での各種データのリンクを可能にする重要な動きである。
11 タイトルを記述する際の基本規則は AACR2 の 1 章で取り上げられている。また当該情報資源の形態によって，2 章から 12 章には特別なケース，例えば記述をする際に何を情報源とするのか，というような規則がカバーされている。
12 シリーズに関する規則は，12 章の継続資料以外，すべて 1 章でとりあげられている。その他特別な形態の情報資源からは 1 章の規則に参照がある。ただし 4 章の手稿・手稿集はシリーズを記述しない。
13 現状では AACR2 には件名標目に関する規則はないが，RDA ではいずれすべての種類の標目に対する記述規則ができる予定である。例えば「概念」に関連する規則は 2012 年 11 月現在まだない。
14 LC は，それまで作成していたシリーズ典拠レコードの構築を廃止することを 2006 年 6 月 1 日に発表している（URL: http://www.loc.gov/catdir/cpso/series.html）。一方，OCLC は，2006 年 6 月 2 1 日にシリーズ典拠レコードの構築を継続する判断を表明している（URL: http://www.oclc.org/news/announcements/announcement191.htm（2012 年 9 月現在リンク切れ））。
15 典拠レコードを作成するのは，作成できる権限をもった図書館に限られる。NACO に関しては，三浦敬子，松井幸子. "欧米における著者名典拠ファイルの共同作成の動向". 日本図書館情報学会誌. Vol.47, No.1. p.29-32 を参照。
16 教会の名称で知られる宗教団体。
17 AACR2 日本語版第 23 章「23.1. 緒言」参照。
18 記述目録（Descriptive cataloging）のアクセスポイントになりうる対象とは，記述対象となる情報資源の知的・芸術的創造に何らかの関わりのある実体である。例えば，図書であれば，その著者や編者，イラストレーターなどに相当する。したがって地名であると同時に何らかの団体（例えば，国，市町村などの名称）を表しているものがこれに相当する。知的・芸術的創造に関わることがありえない地理的名称（例えば，濃尾平野）などの地名は，SHM（H690）の規則に従い，件名典拠ファイルに収録される。
19 ただし，AACR2 には，統一タイトルについての雑誌に特化した規則はない。CONSER（Cooperative Online Serials project）は，逐次刊行物の書誌レコードを構築している 1976 年に始まった目録共同プロジ

ェクト（URL: http://www.loc.gov/acq/conser/）で，2012年現在はOCLCがデータベースを管理しており，共同目録作成事業 Program for Cooperative Cataloging (PCC) を通してLCが，質の管理を行っている。(Taylor, Arlene G. Introduction to cataloging and classification. 10th ed. Westport, Conn. : Libraries Unlimited, 2006. p.473) 逐次刊行物の統一タイトルに対する規則は，LCのCataloging service bulletin, 108: p.99-114に詳しく記されている（Taylor, 2006. p.262）。

20　場合によっては，芸術的所産にもなり得る。

21　LCでは，目録のコスト削減のために，作業の省力化を検討した結果である。

22　Patton, Glenn. "OCLC's response to the Library of Congress Decision on Controlled Series Access June 5, 2006". URL: http://listserv.oclc.org/scripts/wa.exe?A2=ind0606b&L=oclc-cjk&H=1&F=P&P=71, (access 2013-01-20).

23　だからこそ，例えば，「納本制度」などがわが国NDLでも実施されている。

24　"Web NDL Authoritiesについて．"．国立国会図書館．URL: http://iss.ndl.go.jp/ndla/about/, （参照 2013-01-20）．

25　"国立国会図書館典拠データ検索・提供サービス（Web NDL Authorities）」の本格サービスを開始しました"．国立国会図書館．URL: http://iss.ndl.go.jp/ndla/2012/01/06_release/, （参照 2013-01-20）．

26　VIAF（URL: http://viaf.org）。VIAFについては，2006年8月に行われた第4回国際目録規則に関するIFLA専門家会議（IME ICC4）でティレットがVIAF設立の背景と目的，設立に至る経緯と，応用の可能性についてわかりやすく説明している。Tillett, Barbara B. "Virtual International Authority File". IME ICC4. Seoul, Korea : August, 16, 2006. URL: http://www.nl.go.kr/icc/down/060813_3.pdf, （access 2013-01-20）．；日本語訳．鹿島みづき．"バーチャル国際典拠ファイル"．URL: http://www.nl.go.kr/icc/down/070502_11_jap.pdf, （参照 2013-01-20）．

27　"Virtual International Authority File service transitions to OCLC; contributing institutions continues to shape direction through VIAF Council". URL: http://www.oclc.org/news/releases/2012/201224.htm, (access 2013-01-20).

28　計画が発表されたのは，2004年だった（坂本博．国立国会図書館の「国の名称典拠コントロール計画」2004年12月9日．URL: http://www.sousei.gscc.osaka-cu.ac.jp/ws/wspdf/media/m041209.pdf）が，2012年11月21日に実現したことが報告されている。（"国立国会図書館，バーチャル国際典拠ファイル（VIAF）へ参加"．カレントアウェアネス・ポータル．URL: http://current.ndl.go.jp/print/22359, （参照 2013-01-20）．

29　例えば，一般件名はLCSHを採用して，日本の個人名や地名に関しては，「NDL典拠形」を利用者インターフェイスで利用するなど。

# 第7章　固有名件名とAACR2

　LCSHで使用される固有名の多くは『Name Authority File（名称典拠ファイル）』を典拠としている。典拠レコードがすでに作成されていれば，その情報をそのまま利用できるため，件名付与のみならず目録作業全般の効率化となる。名称典拠ファイル自体は米国議会図書館のためのファイルであるため，アメリカにおいて使いやすいように収録範囲に偏りがある。そのため，日本の固有名，特に人名は国立国会図書館ほど網羅的に登録されてはいない[1]。

　これまでの章で説明したようにLCSHの有用さは明らかである。したがって固有名についてもLCSHの方針とAACR2で規定されている主な規則の理解は，カタロガー（メタデータ作成者）の予備知識として重要である。本章では，主に，地名・個人名・団体名に関わるLCSHの方針とAACR2を中心に解説するが，該当するRDA（Resource Description and Access）の規則番号も適宜記した。

　なお，SHM，AACR2は2012年9月現在『Cataloger's Desktop』に収録された最新版[2]を参考にした。


## 1　地名件名標目概略

　地名は件名標目としてだけではなく，記述目録の標目としても広く使用される情報である。件名として使用される場合には，主標目として，あるいは，地理細目や付記事項として使用されている。地名に関する規則はSHM: H690-H1055にかけて詳しい。

　主標目として使用される地名件名は2種類ある。法域名（行政区分名）と非法域名（非行政区分名）である。法域名に対する標目の形はAACR2と『米国議会図書館規定解釈集』[3]によって規定され，名称典拠ファイルに蓄積されている。非法域名を含むこの他の地名件名はLCSHに収録され，件名典拠として構築されている（後者については6章の3.3参照）。

## 2　地名件名標目の種類

法域名（Names of Political Jurisdictions）
非法域名（Non-jurisdictional geographic names）

### 2.1　法域名

　AACR2（24.3E）の定義によると，政府[4]の慣用名は，「政府が支配権を有する地域（国，州，県，自治体など）の地名」[5]である。政府の慣用名は多くの場合，地名＝法域名としてとらえることができる。例えば，「日本」という名称は，政府としての「国名」であると同時に，「地名」であり「法域名」でもある。ただし，すぐ次で説明するようにLCSHでは「Japan」を使用する。また，フランスのように，公式名がRépublique françaiseであっても，慣用名がFranceであれば，慣用名を採用する。ただし，Greater London Council（London（England）ではなく）のように，公式名が通常使用されている場合には，その限りではなく，政府名＝地名＝法域名とはならない。

　　例：
　　　国名：　Japan；Great Britain
　　　県名，州名：　Aichi-ken（Japan）；Ontario；Victoria
　　　准州名：　Northern Territory；Yukon Territory
　　　郡名：　Orange County（Calif.）；Aichi-gun（Japan）
　　　市・町・村名：　Vienna（Austria）；Victoria（B.C.）
　　　区名など：　Minato-ku（Tokyo, Japan）；Queens（New York, N.Y.）

#### 2.1.1　法域名の言語
　多くのLCSHのトピカル標目と同様に，地名に関しても，基本は英語形が優先される。AACR2によって法域の名称を決めるからである[6]。
　・法域の名称の言語は，AACR2と『米国議会図書館規定解釈集』によって定められる。
　・英語の名称が良く知られている場合は，英語形が優先される。
　・英語形がない場合は，原語形を採用する。
　　　例：
　　　　Vienna（Austria）　×Wien（ドイツ語）ではない【英語形】
　　　　Florence（Italy）　×Firenze（イタリア語）ではない【英語形】
　　　　Rio de Janeiro（Brazil）【原語形】

　　　　　　　Kyoto（Japan）× Kyoto-shi（Japan）ではない【英語形】
　これら英語形については，原語やその他の名称が確認できたものは，参照形として典拠レコードに記録される。

## 2.2　非法域の名称（SHM: H690　Background（背景））

　非法域の名称に対する標目は，地域の名称，自然にできた地形の名称が伴う名称，人工的建造物の名称なども対象となる。これらはLCSH本表に収録されている。

### 2.2.1　非法域名の種類（SHM: H690　Background（背景））
　例：
　　考古学発掘跡，史跡，古代市名：　Toro Site（Shizuoka-shi, Japan）　登呂遺跡
　　広域名：　Africa, Southern
　　運河：　Suez Canal（Egypt）
　　市街の一地域：　Harlem（New York, N.Y.）
　　ダム：　Aswan, Dam（Egypt）
　　廃墟化した都市：　Pompeii（Extinct City）
　　牧場，庭園：　Okayama Kōrakuen（Okayama-shi, Japan）　岡山後楽園
　　森林，牧草地：　Finger Lakes National Forest（N.Y.）
　　公園，遊園地，保護地区など：　Nikko Kokuritsu Kōen（Japan）　日光国立公園
　　貯水池：　Sagami Chosuiike（Japan）　相模貯水池
　　道路：　Tōmei Kōsoku Dōro（Japan）　東名高速道路
　　渓谷：　Grand Canyon（Ariz.）

### 2.2.2　非法域名称の言語（SHM: H690 3.b.English vs. vernacular form（英語形対原語形））
・非法域の名称は，できるだけ英語形を優先する。
・英語形がない場合には，原語形で表現する。
・米国議会図書館は米国の地名に関しては，米国地名委員会（U. S. Board of Geographic Names（BGN））が管理しているGeographic Names Information System（GNIS）を，それ以外の地名についてはNational Geospatial-Intelligence Agencyが管理しているGEOnet Names Server（GNS）の情報を典拠とする。
・非英語圏（国）での地理的名称が、英語圏で一般的に知られている場合には，原語形の名称を使用する。

　以上の規定が前提にあるが，私たち日本人にとって，どの原語形の名称が一般的に英語

圏の人々に知られているのかを判断するのは難しい。米国地名委員会など，各国の地名を管理している機関[7]を典拠として参考にする。

　　例：
　　　Rio　Grande
　　　　×Grande River ではない【原語形が知られている非英語圏地名】
　　　Blanc, Mont（France and Italy）
　　　　×Blanc, Mount ではない【原語形が知られている非英語圏地名】

　英語圏の利用者にとって，原語形の方が知名度のある場合には、それを使用する。また米国地名委員会情報を参照したときに、英語形と原語形の両方が提示されている場合には，英語形を選ぶように SHM: H690 3. a. の項に指示がある。

　　例：
　　　Japanese Alps
　　　　×Nihon arupusu ではない【英語形が知られている非英語圏地名】
　　　Rhine River
　　　　×Rhein ではない【英語形が知られている非英語圏地名】

　原語の名称がアルファベット以外の文字で表現されている場合は，その名称はアルファベットで記述する。その際，『ALA romanization table』[8]を利用する。

　　例：
　　　Peking（China）
　　　　×Beijing（China）ではない

　日本語名の場合，ヨミをヘボン式のローマ字表記とする。ただし一般名詞を伴うものは，その名詞を英語形に変えるという規則がある。

　例えば，富士山は，英語形では Mount Fuji になるが，英語形の名称の最初の要素が一般名詞になる場合には，転置形にする（SHM: 690 4 b.）。したがって，Fuji, Mount（Japan）になる。これに関しては本章２．２．４と２．２．５で説明する。

## ２．２．３　非法域名の記入要素（SHM: H690 4.Arrangement of elements appearing in the name（名称の要素の構成））

　非法域名の最初の要素が冠詞からはじまる場合は，転置形にして名詞を最初の要素とする。一方，非英語圏の地名で原語形における冠詞ではじまるものは転置形ではなく，冠詞を除外する。ただし，The ではじまるものはその限りではない（H690 6. Initial article（最初の冠詞））。

　日本の場合は，冠詞を通常使用しないので，この規則は該当しない。

　　例：

　　　　Mall, The（Washington, D. C.）
　　　　　【英語圏で冠詞を転置形にする例】
　　　　Haag（Netherlands）　× Den Haag ではない
　　　　　【非英語圏の地名で冠詞で始まるもの；冠詞 Den を除外】
　　　　Sound, The（Denmark and Sweden）
　　　　　【非英語圏の地名で冠詞 the で始まるもの】

## 2.2.4　一般名詞を伴う名称 その1（SHM: H690 4.Arrangement of elements appearing in the name（名称の要素の構成））

　地形を表現する一般名詞で始まる地名は転置形にし，より地名にふさわしい部分を最初に記述する。日本の地名にはこの形は少ないと思われる。
　　例：
　　　　Dover, Strait of【一般名詞で始まる地名】
　　　　Mexico, Gulf of【一般名詞で始まる地名】
　　　　Japan, Sea of【一般名詞で始まる地名】
　　　　Naruto Strait（Japan）鳴門海峡【一般名詞で始まらない日本の地名】

　同様に，単純に方向などを表現する一般名詞を伴う地名についても，より地名にふさわしい部分が最初の要素になるように転置形で表現する。日本にも，「北日本」「東日本」などの広域名があるが，LC 典拠レコードとしては 2012 年 11 月現在作成例がない。米国議会図書館が受け入れた情報資源の中に，このような標目を必要とするものが無かったことが理由として考えられる。
　　例：
　　　　Africa, East
　　　　California, Southern
　　　　Asia, Central
　　　　Japan, Northern[9]

## 2.2.5　一般名詞を伴う名称 その2（SHM: H690 4.b. Names in foreign languages（非英語の名称））

　地形を表現する一般名詞を伴う非英語形の地名は，可能な限り一般名詞を英語に置き換える。日本の地名には，この規則に該当するものがかなりあると思われる。
　　例：
　　　　Oze Lake（Japan）尾瀬沼【英語名称に置き換える地名；沼→ Lake】
　　　　Oze Marsh（Japan）尾瀬ヶ原【英語名称に置き換える地名】
　　　　Biwa Lake（Japan）琵琶湖

Iriomote Island (Japan) 西表島

## 3 地名に付与される付記事項 (SHM: H810)[10]

通常，その地名が，ある一国の領土地に含まれる場合は，識別のために「国名」を付記事項として付加される。ただし，特例として，オーストラリア，カナダ，イギリス，マレーシア，アメリカの地名には，第1行政区分を付記事項とする（表7-1）。

表7-1 付記事項特例

| 国 | 第一行政区分[11] |
|---|---|
| オーストラリア | 州　（Vic. ; N.S.W. など） |
| カナダ | 州　（Ont. ; B.C. など） |
| イギリス | 諸国名　（England ; Scotland など） |
| マレーシア | 州　（Johar ; Kedah など） |
| アメリカ | 州　（Ariz. ; Calif.） |

例：

　　Great Barrier Reef (Qld.)

　　Nōbi Plane (Japan)　濃尾平野

　　Aso Kokuritsu Kōen (Japan)

記述目録上のアクセスポイントになる可能性がない[12]多くの地名にも，法域名と同様に，AACR2の規則が基本的に適用される。

### 3.1 同名の地名を区別するための付記事項

同名の地名を区別する場合は，次の3種類の付記事項を必要に応じて適宜使用する（SHM: H810 2.b.）。

表7-2 付記事項の種類

| 付記事項の種類 | 例 |
|---|---|
| (1) 一般名詞 | Strait ; Island ; Lake |
| (2) 地名 | Athens, Ga. ; Brooklyn, N. Y. ; Clayton, Vic. |
| (3) 法域の種類の名称 | New York (State) ; Quebec (Province) ; Malacca (State) |

#### 3.1.1 一般名詞

例えば，芝公園のように，まったく違う種類の実体の公園名と町名が同じ名称の場合がある。国名（または，特例の第一行政区分）を付記として区別できないときは，一般名詞

を付記事項として丸括弧中に記述する。
　　例：
　　　Grand Island（N. Y. : Island）【ニューヨーク州の島】
　　　Grand Island（N. Y. : Town）【ニューヨーク州の町名】
　　　　同じニューヨーク州にある地名であるが，島の名称と町名を，一般名詞の「Island」「Town」を付加して区別する。

### 3.1.2　地名
　付記事項に用いた，国名（特例の第一行政区分名）では，同名の地名を区別できない場合は，識別する適切なレベル（1つ下位）の法域名をさらに加える。
　つまり，日本を例にすると，同名の地名が複数の県に存在する場合には，県の名称をJapan に加えて付加する。
　　例：
　　　Fuchū-shi（Tokyo, Japan）
　　　Fuchū-shi（Hiroshima-ken, Japan）
このほか特殊な例としては，以下のような規則がある。
- 2つの法域にわたる地名には，2つの法域名を，丸括弧内に「and」で繋いで付与する（SHM: H810 3.）。
　　例：
　　　Everest, Mountain（China and Nepal）
- 3つ以上の法域にわたる地名には，通常付記事項は付与しないが，同一の名称の識別に必要な場合はその限りではない（SHM: H810 4.）。
　　例：
　　　Mediterranean Sea
　　　Amazon River
- 市内に位置する実体（地物）には市名を付記事項とする。これらの実体には，建物，公園，道，遺跡，橋，記念碑などが含まれる（SHM: H810 2.c.）。
　　例：
　　　Times Square（New York, N. Y.）【市の中に位置する地物名】
　　　Golden Gate Bridge（San Francisco, Calif.）【市の中に位置する地物名】
- この他の特殊な例は，SHM に掲載されている。

### 3.1.3　法域の種類の名称
　同一名の法域があった場合，それらを区別するために，法域の種類を表す一般名称をAACR2 に従い記す（SHM: H810 2.（2）b.）。[13]

例：
  Quebec（Province）【ケベック州】
  Quebec（Quebec）【ケベック市】

この例の「Quebec（Quebec）」は，「ケベック州の中にあるケベック市」を表している。カナダの州である Quebec は，特例である第1行政区分の地名であるため，本来同名の地名がなければ単独で使用できる標目になる。

日本にも同じ様なケースとして「京都」があり，京都府は「Kyoto（Japan : Prefecture）」であり，京都市は「Kyoto（Japan）」である[14]。

## 4 付記事項を付与しない地理的実体

付記事項を必要としない地理的実体には次のようなものがある。
- 海峡など国際領域に位置する実体（SHM: H810 4.）
- 3つ以上の法域にかかる地理的実体（SHM: H810 4.）
  例：
   English Channel【国際領域に位置する実体】
   Mississippi River【3つ以上の法域に位置する実体】

## 5 特殊な扱いを必要とする地名

SHM は，地名について特殊な扱いを必要とする指示が多数ある。

その中には，市に関連する地域の名称（SHM: H720）の様に特殊な法域に関すること，川，渓谷，分水界など（SHM: H800）のような特殊な地形に関すること，中国と台湾（SHM: H925），ユーゴスラビア（SHM: H1055）など特定の国に関することなどさまざまである。

特に，国は，地名として重要でありながら歴史的な状況に左右され，法域そのものが影響を受ける可能性が高いために，最新版の SHM で確認しておくことが肝要である。

以下では，特殊な扱いを必要とする地名の中から市に関連するものについて解説する。
- （1）市に関連する地域の名称
- （2）市に関連する実体

### 5.1 市に関連する地域の名称（SHM: H790）

市名は単独として使うほか，その中心部は Metropolitan area，その郊外は Suburban

Area, 市を中心とした広域の地域は Region と区別して表7－3のように表現できる（6.1も参照）。

表7-3 市に関連する名称

| 標目の種類 | 例 |
| --- | --- |
| 1. 市名 | Tokyo（Japan） |
| 2.［市名］Metropolitan area | Tokyo Metropolitan area（Japan） |
| 3.［市名］Suburban Area | Tokyo Suburban Area（Japan） |
| 4.［市名］Region | Tokyo Region（Japan） |

これらの標目の付記事項は、市名と同じものを使用する。日本の場合は「（Japan）」が付与される。

## 5.2 市に関連する実体（SHM: H720）

市内にある建造物，町並み名，公園，橋，記念碑等の名称は原語で記述し，市名＋付記事項を付与する。

例：

Fontana di Trevi（Rome, Italy）

Okayama Kōrakuen（Okayama-shi, Japan）

# 6 汎用句標目

汎用句標目（free-floating phrase headings）は、地名と組み合わせることによって地名だけでは表現できない広域の名称や地名を含んだ概念を表現できる便利な標目である。

## 6.1 エリア Region（SHM: H760）

公園，道路，鉱山等の地形（島，河川，渓谷，河口を除く）には「～ Region」と付与して，ひろいエリアを表現できる。ただし，そのエリアの別の名称の典拠レコードがある場合には，その限りではない。

例：

Himalaya Mountain → Himalaya Mountain Region.

Japanese Alps（Japan）→ Japanese Alps Region（Japan）

Kansai Region（Japan）[15]

Aso Mountain Region（Japan）

## 6.2　美術・文学・映画などのテーマとしての場所（地名）（SHM: H910）

　美術・文学・映画などの作品に深く関わりを持つ場所は，特定の場所が研究の対象となることがある。そうした場合には以下3つの汎用件名細目を使用する。

　この他，地名に対して汎用的に使用できる件名細目に -- In mass media（マスメディアにおける）と -- In popular culture（大衆文化における）がある（H1140）。ここでは，美術，文学，映画を代表として説明する。

### （1）美術における～（ -- In art ）
　特定の場所をテーマとした美術作品を扱ったもの（例えば画集）には地名を主標目とし，「-- In art」を汎用形式件名細目[16]として付与する。
　　例：
　　　　Long Island（N. Y.） -- In art
　　　　Kyoto（Japan） -- In art
　　　　Fuji, Mount（Japan） -- In art
　特定の場所をテーマとした美術作品について書いた作品（例えば，批評や鑑賞法など）は，特定の場所（地名）を主標目とし，-- In art を汎用トピカル件名細目[17]として付与する。
　　例：
　　　　Venice（Italy） -- In art

### （2）文学における～（ -- In literature）
　文学ジャンルの一形式または文学ジャンル全般で描かれた，特定の場所について書いた作品には，場所（地名）を主標目とし，-- In literature を汎用トピカル件名細目[18]として付与する。
　　例：
　　　　Paris（France） -- In literature

### （3）映画における～（ -- In motion pictures）
　映画作品における，特定の場所ついて書いた作品には，場所（地名）を主標目とし，-- In motion pictures を汎用トピカル件名細目として付与する。

# 7 地名件名細目 Geographic subdivision（SHM: H830）

## 7.1 概要

　地名件名細目は，主標目もしくはトピカル件名細目で表現している主題を，地理的側面に限定するときに使用する。主標目もしくはトピカル件名細目の後に「(May Subd Geog)」とあるものは地名件名細目をつけてもよい。LC件名典拠レコードではMARCフィールド008の7番目の固定長の値が"d"もしくは"i"が付いている。アメリカ，イギリス，カナダ以外の国では，国名を最初の件名細目とした後に，その国の同一領土内にある下位の地域名を付与する。アメリカは州名，イギリスは諸国名，カナダは州名を国名の代わりに使用する。

- Agriculture -- Alberta -- Edmonton【カナダの例】
- Agriculture -- England -- Briton【英国の例】
- Agriculture -- France -- Britanny【フランスの例】
- Agriculture -- Japan -- Aichi-ken【日本の例】

下位の地域（Localities）とは：

- 行政的に下位にある，都道府県，州，郡，市区町村など
- 歴史上の王国や自治体
- 地形の名称，山地や山脈，水域，湖水，河口，都市部など
- その国の領土内の島々

表7-4　SHM: H830 一般規定（General provision）

---

- 件名細目として使用する国名は『Name Authority File（名称典拠ファイル）』を参照する。
- 歴史上，存在した地名は，その場所が現代の国家に含まれる場合であれば，現代の国名を件名細目とする。
  　例：Nobility -- Japan -- Yamatai
- 1つの主標目に対して，地名件名細目は2つまでとする。
- 通常，件名細目として使用する地名は市名より下位の地域名は付与しない。そうした場所の地名を表現したい場合には，それ自体を主標目として，さらに件名をたてる。
  　例：1．Education -- Japan -- Tokyo
  　　　2．Minato-ku（Tokyo, Japan）
  　　　　×Education -- Japan -- Minato-ku（Tokyo）ではない[19]

---

## 7.2　地名件名標目に付与できる汎用件名細目（SHM: H1140）

　場所の名称（Place names），地名に付与する汎用件名細目は，主に，トピカル件名細目と形式件名細目からなり，このほか時代細目として，16th［17th, 18th, 19th, 20th］

表7-5　地名標目の下使用される汎用件名細目（抜粋）

| 件名細目 | 日本語訳 | 使用範囲 | 細目の種類 |
| --- | --- | --- | --- |
| Abstracts | 抄録 | | $v（形式） |
| Aerial views | 航空映像地図 | | $v |
| Antiquities | 古代 | 古代都市（現存しない）には使用不可 | $x（トピカル） |
| Armed forces（May Subd Geog） | 軍 | 国、または国より広域の地域 | $x |
| Biography | 伝記 | 特定の場所に関連する伝記のみ使用 | $v |
| Buildings, structures, etc. | 建物・建造物、他 | 市、または市の区域のみ | $x |
| Capital and capitol | 首都と州都 | 市には使用不可 | $x |
| Commercial policy | | 国、または国より広域の地域 | $x |
| Description and travel | 解説と旅行 | | $x |
| Directories | ディレクトリ | | $v |
| Economic conditions | 経済状況 | | $x |
| Foreign relations | 外交 | 国、または国より広域の地域 | $x |
| Geography | 地理 | | $x |
| History | 歴史 | | $x |
| Kings and rulers | 王と支配者 | 地域または国 | $x |
| Languages | 言語 | | $x |
| Library resources | 図書館資料 | | $x |
| Maps | 地図 | | $v |
| Newspapers | 新聞 | 特定の場所で発行されている新聞、もしくは、特定の場所について取り上げているものに付加 | $v |
| Politics and government | 政治と政府 | | $x |
| Religion | 宗教 | | $x |
| Social conditions | 社会状況 | | $x |
| Statistics | 統計 | | $v |
| Tours | ツアー | | $v |

century を -- Civilization, -- Economic conditions, -- History などの件名細目に続いて汎用的に使用できる工夫もある。

　これらを付与できる場所の名称や地名には，次のものがある。
- 大陸
- 地域
- 島
- 国
- 州とその他同格の法域
- 郡や市より広域の地方行政
- 市の中心部の名称，複数の市からなる地域
- 古代都市
- 市内の区域
- 特定の呼称のある地形や指定区域（公園，保護区，植物園，道や街道，避難キャンプなどを含む）

　これら汎用件名細目は，地名が主題となった場合に，どのような「側面」があるのかを示すものである。この中には特定の種類の地名（例えば，国名）のみに使用できるものもあるため，スコープノート，さらに必要なら特定のマニュアル番号への参照があるため，厳密な使用法を示している。

　よく使われるもの，注意すべきものを抜粋したのが表7-5である。

# 8　AACR2 規則　地名標目　23章

　地名については，AACR2の主に23章に関連規則がある。地名は団体名にも関わりが深いため，24章も参照する必要がある。2．地名件名標目ですでに説明した部分も含めて基本的な規則をまとめる。

　AACR2の規則は簡潔であるが，LCRI[20]を参照するとかなりの量の特例がある。したがって，実際運用する際には，LCRIとの併用は必須である。ただし，日本の地名に関連する特例は比較的少ない。

## 8．1　主な規則

### （1）序文 23.1A（RDA: 16.0）

　AACR2では，地名を「地理的実体の名称」(Names of geographic entities)としているが，本章では常に地名と表記する。

なお，AACR2では地理的実体（Geographic entities）を「場所（Places）」と呼ぶ。地名は，以下のように使われる。
- 同一名称を持つ団体を区別するために使用される（24.4C）（RDA: 11.13.1.3）。
- その他の団体名の付記事項として使用される（例えば会議名，24.7B4参照）（RDA: 11.13.1.8；11.3）。
- 通常，政府に対し（24.3E参照），また非政府の共同体（コミュニティ）に対する標目として使用される（RDA: 12.2.2.5.4）。

## （2）基本規則 23.2
### ■ 英語形 23.2A（RDA: 16.2.2.6）[21]
- 一般的に使用されている英語形の地名があれば，それを使用する。
- 英語使用国の地名辞典や参考資料からそれを判断する。判断に迷った場合には，原語形を採用する。

 例：
  Austria × Österreich ではない
  Osaka × Osaka-shi ではない

### ■ 原語形 23.2B（RDA: 16.2.2.6）
- 英語形の地名がない場合は，その国の公用語で使用されている地名を採用する。
- 公用語が2つ以上ある国に関しては英語で出版されている参考資料に一番多く使用されている形を採用する。

## （3）名称変更 23.3（RDA: 16.2.2.7）
23.3A 地名が変更された場合は，以下のいずれかの規則に準じて必要なだけ作成する。
 1．政府の名称に関する規則（24.3E）
 2．団体に対して付与される付記事項と会議の名称（24.7B4）に関する規則（24.4C4）
 3．その他24章の関連のある規則

## （4）付記事項 23.4（RDA: 16.2.2.4）
### ■ 句読法 23.4A1
- 記入要素となる地名への付記事項（24.3E）は，すべて丸括弧に入れる。
- 地名自体が付記事項として使用される場合は，より広い地域名をコンマの後に続けて記述する

 例：
  Tokyo（Japan）【丸括弧】
  Hibiya Kōen（Tokyo, Japan）【より広い地域名であるJapanを続けて記入】

■ 基本規則 23.4B

場所には，23.4C-23.4F に従い，より広い場所の名称を付加する（RDA: 16.2.2.9-16.2.2.13）。

■ オーストリア，カナダ，マレーシア，米国，ソビエト連邦，ユーゴスラビアの場所 23.4C

- オーストリア，カナダ，マレーシア，米国，ソビエト連邦，ユーゴスラビアの地域の州，県，地域名などに対しては，付記事項を記載する必要はない。
- この地域の州，県，准域（territory）に位置する地名に関しては，州，県，准域名を，その付記事項として記述する。

    例：

    Ontario【付記事項なし】

    Northern Territory【付記事項なし】

    Toronto（Ontario）【州，県，准域名を付記】

    Darwin（N. T.）【州，県，准域名を付記】

■ イギリスの場所 23.4D（RDA: 16.2.2.10.1; 16.2.2.10.2）

イングランド，アイルランド，北アイルランド，スコットランド，ウェールズ，マン島，チャンネル諸島

- これらのイギリスの諸島名には，付記事項は記述しない 23.4D1。
- これらの地域内に位置する場所には，該当する上位の地名を付記事項として記述する 23.4D2。

    例：

    Dorset（England）

    Ramsey（Isle of Man）

    Brighton（England）

    Melrose（Scotland）

■ その他の場所 23.4E（RDA: 16.2.2.11）

23.4C-23.4D 以外の地名に対しては，地名に対して国名を付記事項として記述する（23.4E1）。

日本の地名には，この規則が適用されるため，すべての日本の地名には「(Japan)」が付与される。

■ その他の付記事項 23. 4F（RDA: 16.2.2.12）

同一地名の識別　23.4F1

- 23.4C-23.4E の指示だけでは，複数の同一地名を識別するのに十分ではない場合は，区別するために通常使用される「語」または「熟語」を付加する。

    そのような語がない場合には，より狭い地名を，より広い地名の前に適宜付加する。

    例：

Minato-ku（Tokyo, Japan）
Minato-ku（Nagoya-shi, Japan）
Minato-ku（Osaka, Japan）

Friedberg（Bavaria, Germany）
Friedberg（Hesse, Germany）

Salem（Ark.）
Salem（Livingston County, Ky.）
Salem（Montgomery County, Ohio）

**（5）法域の種類をしめす用語 23.5（RDA: 16.2.2.8.1）**
・地名の最初の部分が法域（都道府県や市町村）の種類を示す用語で，かつ，その国の原語で出版された公的リスト類の中で，通常そのような用語以外の要素のもとにその場所が記入されている場合は，法域の種類を示す用語を省略する（23.5A）。
　例：
　Kerry（Ireland）
　　× County Kerry（Ireland）ではない。
・それ以外の場合は地域の種類を示す用語を含める。
　例：
　Mexico City（Mexico）【法域の種類を示す用語を含む】

# 9　個人名件名標目

## 9.1　個人名件名標目概要

個人名は，以下のような種類の作品に使用される件名標目である[22]。
・伝記
・追悼文集
・記念論文集
・批評
・個人書誌
・文学作品で取り上げられた人物について扱われているもの
・伝説や神話に登場する人物について書かれているもの
実在する人物（物故者も含む）の場合は名称典拠レコードの標目の形を採用し，文学作

品の登場人物など架空の（実在しない）人物に対しては件名典拠レコードにある標目の形を採用する。いずれの典拠ファイルにもない個人名は，標目の形を統一するために，基本的にAACR2に従って標目の形が決定される。

架空の人物名に関連するSHMの規則には，以下のものがある。

表7-6 架空の人物名：関連規則

| マニュアル番号 | 内容 |
| --- | --- |
| H1610 | Fictitious characters（架空の人物） |
| H1636 | Gods of Greek and Roman Mythology（ギリシャ神話・ローマ神話の神々） |
| H1795 | Legends and Romances（伝説とロマンス） |

この3つのマニュアルは，次のように要約できる。

- 小説などの登場人物名には（Fictitious character）を付記する。
- 伝説などの登場人物名には（Legendary character）を付記する。
- 神話に出てくる神々の名前には（人種・宗教の名称 + deity）の形を付する。

　　例：

　　　Robin Hood（Legendary character）【伝説の人物】

　　　King Author（Legendary character）【伝説の人物】

　　　Bond, James（Fictitious character）【小説の登場人物】

　　　Pokemon（Fictitious characters）【アニメの登場人物】

　　　Apollo（Greek deity）【神話の人物】

　　　Amaterasu Ōmikami（Shintō deity）【神話の人物】

実在する人物に関わる側面を表現するために，個人名に対して付与できる汎用件名細目（H1110）がある。この約240件の件名細目は，分野を問わず特定の人物が作品の主題となった場合に使用できる。

## 10　個人名標目 AACR2　22章の主な規則

ここでは，個人名に関するAACR2の規則について，日本人の氏名に関係する部分を中心に抜き出し必要なところは解説を加えた。詳しくはAACR2R 2002年版　2005年更新付き（Anglo-American Cataloguing Rules. 2nd ed.（2002 Revision with 2005 update））の22章を参照されたい。

(1) 通則 22.1 A-C（RDA: 9.2.2.3）

　　・個人標目の基本は，本名，ペンネーム，あだ名，イニシャル，その他の呼び名で，

よく知られている名前を選択する。
- よく知られている名前は，本人が用いる言語で刊行された、本人の作品の主情報源から決定する。画家や彫刻家のように，言語によらない活動をする人物や執筆活動が知られていない人物に対しては，主な活動で用いる言語または活動する国で発行された参考情報源から判断する。
- 通常，氏名とともに表示される貴族の称号（や敬称または語句）は次の場合に付与される。①姓を含まない名前，②姓だけの名前，③その夫のなまえが継承のみで識別される既婚女性の名前，④同姓同名を区別する必要がある名前。例外は22.15A, 21.15B1, 22.6 と 22.12 を参照。

## （2）種々の名前からの選択 22.2（22.2C1-3 も参照）（RDA: 9.2.2.6）

個人が2以上の氏名で知られている場合，最も知られている氏名があればその氏名を選択する。ない時は以下の優先順位で選ぶ。
1. その個人の著作に最も頻繁に表示されている
2. 参考情報源に最も頻繁に表示されている
3. 最新の名前

## （3）同一氏名の種々の形からの選択 22.3（22.3B1, B4 も参照）

- 出版物に示された個人の氏名が詳細さで異なる[23]場合，最も頻繁に見る形を選択する。特にない場合は，最も完全な形を選択する（RDA: 9.2.2.5.1）。
- 2以上の言語を用いる個人の氏名が言語によって異なる場合は，その個人の作品に最も頻繁に使用される言語に対応する形を選択する（RDA: 9.2.2.5.2）。
- 2以上の言語を用いる個人でその氏名が言語によって異なる場合で22.3B1B1-22.3B3 が適応されない場合は，その個人が居住または活動している国の参考情報源に最も頻繁に現れる形を選択する。

## （4）ローマ字以外の文字で書かれている名前 22.3C1-2（日本人の名前に適用）（RDA: 9.2.2.5.3）

- 姓と名のうち名のもとに記入する個人で，ローマ字以外の文字で書かれる言語の氏名は，参考情報源で見られる英語形の氏名を選択する。
- 姓が記入の要素となる個人名がローマ字以外の文字で書かれている場合は，その名前をローマ字化する。

## （5）記入の要素 22.4（標目の最初に記述する名前の部分）

■ 通則 22.4（RDA: 9.2.2.9）

- 22.1-22.3に従って選択した個人名が，いくつかの部分から構成される場合（姓，名，ミドルネーム，称号，冠詞など）は，その個人の言語あるいはその個人が活動する国の典拠となる，アルファベット順名簿（ディレクトリや人名録など）に通常掲載される氏名の部分を，記入要素（個人に対する標目の最初の部分）として選ぶ。
- 本人が通常以外の方法を用いている場合は，この限りではない。

■ 記入要素の順序　22.4B（いくつかの部分からなる氏名の標目の記述の順序）
- 氏名の最初の部分が記入の要素である場合には，表示されているとおりの順序で記述する。
- 氏名の最初の要素が姓の場合は，そのあとをコンマで区切る。
  例えば，夏目漱石は夏目が姓なので，その後にコンマを打つ。日本人名はローマ字化するため，標目の形は以下のようになる。
  　例：
  　　　Natsume, Sōseki, 1867-1916.
- 氏名の最初の部分が記入の要素ではない場合は，その部分を記入の要素となる部分の後に移動し，その間をコンマで区切る。

　日本人の氏名は姓＋名の形のものが多いが，音楽家のキタローのようによく知られている名前が名または姓だけの場合もある。

## （6）同一名を区別するための付記事項

■ 年月日など　22.17（RDA: 9.19.1.3）
- まったく同じ標目の形の名前が複数存在する場合は，それらを区別するために，生没年などの年月日を，標目の最後の要素として付け加える。
- その際，年月日は西暦で記す（AACR2 日本語版，p. 419 参照）

■ 区別語 22.19（RDA: 9.19.1.6）
- 名が記入の要素となる名前 22.19A
  名（Given name）が記入の要素になる（注：その個人が一番知られている呼称が『姓・名』の形ではなく名だけだった場合）同一名を区別するには適切で簡潔な語句（常識的なもの）を作り，丸括弧に入れて付記する
  　例：
  　　　Thomas（Anglo-Norman poet）
- 姓が記入の最初の要素となる氏名の区別語 22.19B（RDA: 9.2.2.9.5[24]）
  姓を記入の要素とする2以上の同一名を区別する必要があるが年月日など判明しない場合がある。そのときは，個人の著作や参考資料において氏名とともに表示されている敬称，地位または職務の肩書き，学位のイニシャル，組織の一員であることをしめすイニシャルなどを付記する。

例：
　　Captain, Rev., Jr.
■ 区別のつかない名前　22.20（RDA: 8.11.1.3）
　同一名を区別するための生年や敬称，肩書きなどが不明の場合には，それらの同一名は区別せずにそのままの形で使用する。
　これは，同じ標目が複数の個人に対して付与されることを許容していることを意味する。

## 11　団体名件名標目 概要

　団体名に対する標目も，実在の個人の氏名に対する標目と同様，標目の形は AACR2 によって規定される。AACR2 の団体の定義は，一般的な団体と相当に異なる場合があることに留意すべきである。

### 11.1　団体の定義：21.1B1 による

- 特定の名称によって識別され，かつ1つの実体として活動するか，または行動する組織体もしくは組織の集合体である。
- 団体を指す名称が一般的な呼称（例：「農業共同組合」，「同好会」）ではなく，特定の呼称である場合には，その団体が団体名を持っているとみなす。
- 典型的な団体としては，各種協会，機関，組織，会社，非営利団体・組織，政府，政府機関，事業や計画，宗教団体，会議などがある。
- 通常団体ではないものを団体として扱う例として，体育競技会，展覧会，探検隊，乗り物などがある（21.1B1 参照）。

### 11.2　団体名件名標目が付与される情報資源のタイプ

　団体名件名標目が付与される情報資源は，当然であるが，団体について以下のような内容が書かれたものである[25]。
　　1．団体の由来に関するもの
　　2．団体の発展に関するもの
　　3．団体の活動に関するもの
　　4．団体の役割に関するもの
　団体の Web サイトなどは，その団体名が件名標目になる。

## 12　団体名標目24章の主な規則

### （1）通則 24.1
■ **基本規則** 24.1A.
団体は，通常その団体を識別するのに使用される名称をそのままの形であらわす。

例：

Organisation des National Unies pour l'education, la scieance et la culture ではなく，Unesco を使用する。

- ただし，以下の規則で上部組織または関連団体名のもとに記入，もしくは，政府名のもとに記入する場合を除く。
- 団体名の形は，通常その団体が発行している情報資源で使用されている言語から判断する。団体が発行する情報資源がない場合には，参考情報源から判断する。
- 団体名がイニシャルを使用している場合には，団体が主として用いる慣行に基づいて，ピリオドなど句読符号を省略したり，つけたりする。判断できない場合には，句読符号は省略する。句読符号と文字の間はスペースをあけない。ピリオドを付さない場合も文字の間にスペースをあけない。

例：

KDDI Kabushiki Kaisha

TBS Buritanika, Kabushiki Kaisha

### （2）ローマ字 24.1B（RDA: 11.2.2.12）
団体名がアルファベット以外の文字による場合は，目録作成機関が採用しているその言語の翻字表によって，ローマ字化する。必要に応じて他のローマ字形から参照する。

例：

国立国語研究所　→　Kokuritsu Kokugo Kenkyūjo

国立劇場　→　Kokuritsu　Gekijō

### （3）団体名の変更 24.1C（RDA: 11.2.2.6）
団体名が変更された場合，新名称で発行された情報資源には，新名称の標目を作成する。この場合，新名称から旧名称，旧名称から新名称へ参照を作成する。

例：

Gakujutsu Jōhō Sentā（Japan）　→　Kokuritsu Jōhōgaku Kenkyūjo

### （4）異なる形の団体名　通則 24. 2（RDA: 11.2.2.5）

- 団体が刊行している情報資源に異なる形の名称が使用されている場合は，主たる情報源（1.0A）に記された形を用いる（24. 2B）。
- 主たる情報源に異なった形の名称がある場合には，正式な形と推定される形を選ぶ。選定できない場合は，一番目立つものを選ぶ（24. 2D）。

■ 異なる形の名称　特殊規則　24.3（RDA: 11.2.2.5.2）

① 名称が複数の異なる言語で表示されている場合は，その団体の公用語の形を用いる。

例：

24. 3A1（RDA: 11.2.2.5.2）National Institute of Informatics や NII ではない。【×】
Kokuritsu Jōhōgaku Kenkyūjo【正しい標目形】

② その団体の公用語が複数あり，その１つが英語の場合は，英語形を採用する。

例：

Bibliothèque Nationale du Canada ではない。【×】

National Library of Canada

【正しい標目形（カナダは英語とフランス語が公用語である）】

この２つ以外の場合は，その団体の刊行物で主に用いられた言語の形を選ぶ。それでも区別がつかない場合は，フランス語形，ドイツ語形，スペイン語形，ロシア語形の順に選ぶ。

③ 国際機関の場合は，その英語形を用いる。

例：

Kaigai Gyogyō Kyōryoku Zaidan は

Overseas Fishery Cooperation Foundation of Japan

【「海外漁業協力財団」に対する標目の形】

④ 政府には慣用名を用いる。ただし通常，公式名が用いられている場合には，この限りではない。政府の慣用名とは，政府が支配権を有する地域（国，州，都道府県，自治体など）の地名である（23.1）。

### （5）付記事項，省略，ならびに修正　24.4（RDA: E.1.2.4）[26]

団体名の識別のために，各種付記事項を付加する場合がある。主なものを以下に記す。

■ 通則　24.4A

団体名には 24.4B-24.4C の指示に従い，付記事項を付加する。

- 政府機関や会議など特定の種類の団体への付記事項は，24.6-24.11 を参照する。すべての付記事項は，丸括弧に入れる。

① 団体らしくない名称　24. 4B（RDA: 11.13.1.2）

- 一見して団体名と思えないもの，一般に団体ではないが目録規則により団体として扱うものは，名称を説明する語を英語で付記する。

    例：

    Apollo11（Spaceship）

② 同一または類似の名称をもつ2以上の団体 24.4C（RDA: 11.13.1.3; 11.13.1.4）
- 2以上の団体が，同一，または混同を招くような類似の名称である場合は，24.C2-24.4C7の指示に従い，語または句を付記する[27]。
- 全国的，全州（県）的などの性格をもつ団体は，国名，州名などを付記する。

    例：

    Kokuritsu Kokugo Kenkyūjo（Japan）

    Kokuritsu Rekishi Minzoku Hakubutsukan（Japan）

- これら以外の団体は，団体の位置する地名，または一般にその団体と関係のある地名を付記する。

### ■ 省略 24.5

- 団体名の冒頭冠詞は文法上必要な場合を除いて，省略する（24.5A1（RDA: 11.2.2.8）[28]）。
- 法人を示す語句（Incorporated, Ltd., Kabushiki Kaisha 等）は省略する。ただし，団体名に不可欠であるか，団体名であることを表すために必要な場合には，その限りではない（24.5C1）。

    例：

    Marubeni Kabushiki Kaisha

    Marubeni Shōten

    Sumitomo Mitsui Baking Corporation

- 私的な団体であることを示す東洋の言語の冒頭の語句（例：Shiritsu）は省略するが，その団体名に不可分な場合はこの限りではない（24.5C3）。

    例：

    Shiritsu Daigaku Toshokan Kyōkai

    Shiritsu Akita-ken Kyōikukai

### ■ 政府 付記事項 24.6

- 同一名称の政府で，23.4の規則で区別できないものは，24.6B-24.6Dの指示に従う。また23.4C-23.4Jの指示により，広い地名を付記するが，これらの規則は国によって異なる（RDA: 11.7.1.5）。

    例：

    Kyoto（Japan） →京都市 [29]

    Fukui-shi（Japan） → 福井市

　　　　Fukui-ken（Japan）→　福井県
・市町村名以外の場合は，英語で法域の種類を付記する（RDA: 11.7.1.6）。
　　例：
　　　　Corc（Ireland：County）
　　　　New York（State）
　　　　Kyoto（Japan : Prefecture）
　　　　　→典拠レコードに，参照形としてKyoto-fu（Japan）も記述する。
・法域の種類では十分に区別できない場合は，適切な語句を付記する（RDA: 11.13.1.7）。
　　例：
　　　　Berlin（Germany : East）
　　　　Berlin（Germany : West）

■ 会議，大会，集会など 24. 7（RDA: 11.2.2.11）
〈付記事項 24. 7A-B4〉
・会議，大会，集会などの名称から，会議の回次，頻度，開催年を表す語句を省略する。
　会議などに関係する情報資源のタイトルなどには，こうした語句が省略されず混在していたり，またそのうちの一部のみが混ざってそれらの一部分が記されている事が多い。しかしこの規則のように，まずその団体名だけを最初の記入の要素とし，その他の情報は付記事項として記述する。
・付記事項として，その情報資源からわかる回次，開催年，開催地を付記する（RDA: 11.13.1.8）。
　　例：
　　　　Louisiana Cancer Conference（2nd : 1958 : New Orleans）
　　　　American Library Association Conference（119th : 2000 : Chicago）
　　　　International Conference on Dublin Core and Metadata for e-Communities
　　　　　（2002 : Florence, Italy）

（6）下部組織と関連団体 24. 12（RDA: 11.2.2.13）
　下の 24.13 の種別の団体に該当しないものは，直接その団体名を使用する。
■ 従属的に記入する下部組織と関連団体 24.13（RDA: 11.2.2.14）
　下記の種別に該当する団体は，それが所属する関連団体名の副標目として記入する。
① その団体がある団体の一部であることを明確に示す語句で，例えば Department（部），Division（課），Section（係），Branch（支部）等を含む団体名。
　　例：

Kokuritsu Kagaku Hakubutsukan（Japan）. Chigaku Kenkyūbu.

Kokuritsu Gekijō. Eigyōbu.

② 通常，行政的に下部に位置することを意味する語（例えば委員会など）を含む団体名で，上位の団体名がその下部組織の位置付けを理解するために必要なもの。

例：

Kokuritsu Kagaku Hakubutsukan（Japan）. Tsukuba Jikken Shokubutsuen.

③ その団体名が，一般的に地域，年代，数字もしくは文字によって親組織の下にある組織であることを明示している場合。

例：

Kokuritsu Kankyō Kenkyūjo. Kankyō Jōhō Sentā.

④ 団体名らしくない名称。

例：

British Library. Collection Development.

（Collection Development が団体名）

⑤ 単に特定の学問分野を表すだけの総合大学の学部，専門学部，単科大学，研究所，試験所などの団体名。

例：

Tōhoku Daigaku. Bungakubu.

⑥ 上位または関連団体名を含む団体名。

例：

Kokuritsu Daigaku Kyōkai. Jimukyoku.

Shiritsu Daigaku Toshokan Kyōkai. Nishi Chiku Bukai.

## ■ 直接または間接副標目 24. 14A（RDA: 11.2.2.15）

- 24.13 の種別に1つでも該当する団体名は，複数の階層がある場合に，それ自体で標目となる階層の団体名，つまり従属的に表示されない団体名の副標目として用いる。

　　組織の階層としては：American Library Association
　　　　　　　　　　　　　Public Library Association
　　　　　　　　　　　　　Audiovisual Committee[30]

American Library Association の下部組織として，Public Library Association があり，その下位にある Audiovisual Committee に対して作成する標目は，Public Library Association を主標目とし，その副標目として Audio Audiovisual Committee を記述する。Public Library Association は，ALA を主標目としなくても識別できる。

- ただし，組織階層の中間部門は省略できるが，標目としたい下部組織の団体名を同

一上位団体に属する別の組織が用いる可能性があり，識別が不可能な場合は，それを区別できる組織中の最下位要素名を中間に入れる。AACR2R 2002 版の例で解説すると以下のようになる。

　　例：
　　　American Library Association
　　　Resources and Technical Services Division
　　　Cataloging and Classification Section
　　　Policy and Research Committee

　上記の例では，標目の形が，「American Library Association. Cataloging and Classification Section. Policy and Research Committee.」になる。

　その理由は次のとおりである。「Policy and Research Committee」は一般的によく使われるので，この名称だけでは識別が不可能である。そのため上位組織名を付与することが必要である（しかも，この例自体が上記の団体の2番目のタイプの属するものと考える）。

　この最下位の組織を識別するには，American Library Association を使用する。中間の組織の名称も一般的で，他の団体が使用する可能性があるからである。これを主標目とし，さらに，Policy and Research Committee のすぐ上部にあたる Cataloging and Classification Section を記述することによってどの部分に属する組織なのかを明示できる。この例では，4階層すべて付与する必要はない。

　日本の例：三越銀座店は，三越株式会社の営業本部内の首都圏事業本部に位置する組織の4階層の一番下に位置している。三越銀座店に対する団体名標目の形は以下のようになる。

　　Mitsukoshi Kabushiki Kaisha. Ginzaten.

### （7）政府機関と官職　24. 17 – 24. 19（RDA: 11.2.2.18）

・政府が設立または管理する団体は，下の24.18の種別に1つでも該当しない限り，そのままの団体名を使用する（24. 17）。

　　例：東京大学に対する標目は
　　　Tokyo Daigaku. になる。【そのままの形で記述できる団体名】
　　　Japan. Tokyo Daigaku. とはならない。【従属的に記述しない】

■ **政府名のもと従属的な形で記述する政府機関　24. 18（RDA: 11.2.2.19）**

　政府機関は以下の種類に1つでも該当する場合は，政府の従属的な形を使用する。

① その機関がある機関の一部であることを示す語句，例えば Department（部），Division（課），Section（係），Branch（支部），このほか，英語以外の言語でこれらに相当する語を含む名称の機関。

例：
> Japan. Hōmushō.

② 政府の下位に従属することを示す語句〔例えば委員会〕を含み，その機関の特定に政府名を必要とする機関。
例：
> Japan. Hōritsu Torishirabe Iinkai.

③ その名称が一般的に地域，年代，数字もしくは文字によって政府の下部組織であること明示するもの，または，政府名の下に従属的に記される組織であった場合。
例：
> Japan. Rikujō Jieitai. Sokuryō Daitai, Dai 101.

④ その名称が，団体名とは思えないもので，政府の名称も含まないもの。
例：
> Japan. Hōmushō. Tōkeishitsu.

⑤ 省（Ministry）またはそれと同等の主要な行政機関（すなわち上位機構がない機関）で，当該政府の公的出版物でその存在が明確な機関。
例：
> Japan. Monbushō.

⑥ 立法機関
例：
> Japan. Kokkai.

⑦ 裁判所
例：
> Japan. Saikō Saibansho.

⑧ 政府の基幹的な軍隊
例：
> Japan. Kōkū Jieitai.

⑨ 政府の国家元首と政府首脳
例：
> Japan. Naikaku Sōri Daijin.

⑩ 大使館，領事館など
例：
> Japan. Taishikan (U.S.)

⑪ 国際機関や政府機関への代表
例：
> Japan. Delegation to the General Assembly of the United Nations.

24.18に列挙した種別に1つでも該当する機関は，政府に対する標目の直接の副標目としてその団体名を使用する。ただし，別の機関が同一政府名のもとで用いる可能性のある団体名は，識別するために組織の階層中の最下位の要素名を付記する（RDA: 11.2.2.20）。

直接の副標目の例：

United States
　　Department of Health, Education, and Welfare
　　　　Office of Human Development Services

Office of Human Development ServicesはUnited Statesの副標目として直接記述するので，United States. Office of Human Development Servicesになる。

日本の例：

Japan.
　　Zaimushō.
　　　　Kinyūchō.

Kinyūchōは，それ自体の名称で識別可能であるために，Japanの副標目として直接記述できるので標目の形は，Japan. Kinyūchōとなる。

識別のために階層中の最下位の要素名が必要な例：

United Kingdom. Department of Employment. Solicitors Office
Japan. Ōkurashō. Shuzeikyoku. Sōmuka.（財務局の旧称大蔵省主税局総務課）

# 13　AACR2標目の形—「規則概略のまとめ」

## 13.1　地名標目

- AACR2で規定される地名は，通常政府に対する標目として，非政府団体・集合体の名称として，使用される。また，同一名称をもつ団体の区別や，団体名の付記事項として使用される（23.1A）（RDA: 16.0）。
- 一般的に使用されている英語形の地名を使用する（23.2A1）（RDA: 16.2.2.6）
- 英語形がない場合は，その国の公用語で使用されている地名を採用する（23.2B1）（RDA: 16.2.2.6）。
- 国レベル以下の地名には，国名を付記事項とする。オーストラリア，カナダ，マレーシア，アメリカ，ソビエト連邦，ユーゴスラビアの州レベル以下の地名には州名を，イングランド，アイルランド，北スコットランド，スコットランド，ウェールズ，マン島，チャンネル諸島内の地名にはこれらの地名を付記事項とする（23.4A-E）

（RDA: 16.2.2.4; 16.2.2.9.1; 16.2.2.10.1）。
・同一の地名を区別するために，付記事項に関する規則がある（23.4F1-2）（RDA: 16.2.2.12）。
・件名標目として使用される地名のうち，非行政区分名（Non-jurisdictional geographic name）の標目形は LCSH に記載がある。まだないものは，『SHM（件名標目マニュアル）』に従って，記述する（SHM: H690, H810）。

## 13.2　個人名標目

・その個人が最もよく知られている氏名を選ぶ（22.1A）（RDA: 9.2.2.3）。
・個人が2以上の氏名で知られている場合は，最もよく知られている氏名を使う（22.2A1）（RDA: 9.2.2.6）。
・個人が2つ以上のジャンルで活躍しており，それぞれの分野で本名，ペンネームなどを使い分けている場合は，それぞれの分野に適したそれぞれの氏名を選ぶ（22.2B2）（RDA: 9.2.2.8）。
・主な情報資源に記載されている氏名を使う（22.1B）（RDA: 9.2.2.2）。
・非ローマ字言語の氏名は，ローマ字で表す（22.3C）（RDA: 9.2.2.5.3）。
・氏名のどの部分を最初の要素にするかを選ぶ（22.4A）（RDA: 9.2.2.4）。
・姓を含む氏名は，その姓のもとに記入する（22.5A1）（RDA: 9.2.2.9）。
・同一名を区別するため，付記事項を記す（22.17A）（RDA: 9.19.1.3; 9.19.1.4; 9.19.1.5）。

## 13.3　団体名標目

・団体の定義で定めているものに対して適用する。団体名らしくないもの（例えば，宇宙ロケット，会議等）に注意する（21.1B1）（RDA: 11.0）。
・特別な場合を除いて，団体名は主としてその団体を識別するのに使用される名称をそのまま使う。その際，非ローマ字言語の団体名はローマ字で表す（24.1A, 24.1B1）（RDA: 11.2.2.3; 11.2.2.12）。
・異なる形がある場合は，主情報源に正式に表示された形を選ぶ（24.2B）（RDA: 11.2.2.5）。
・複数の言語で団体名が表示されている場合は，団体の公用語の形を選ぶ（24.3A1）（RDA: 11.2.2.5.2）。
・識別に必要な場合は，付記事項を付け加える（24.4A1）（RDA: E.1.2.4）。
・ある団体の下位組織の団体標目は，場合によって直接的，もしくは副標目として記

入する（24.13A）（RDA: 11.2.2.14）。

## ▶コラム4：NACO・SACOとファンネル・プロジェクト（Funnel[31] Project）

　米国議会図書館（LC）が管理する書誌レコードはLCだけではなく『Program for Cooperative Cataloging（PCC）[32]』（共同目録プログラム）の参加館によって作成された書誌レコードも提供されている。したがって，書誌レコード作成に必要な新しい名称典拠レコードや件名典拠レコードの作成もまた，参加館にゆだねられている。

　件名典拠レコード，つまりLCSHは文献的根拠に基づく件名標目であるため，新しい概念等を示す情報資源が発見される度に，新しい件名標目の作成が検討される。

　そのためLCSHを使う組織では，NACO（Name Authority Cooperative）[33]やSACO（Subject Authority Cooperative）[34]を通して，新しい典拠レコードを提案できる体制が整えられていることが理想になる。新しい典拠レコードの提案は，PCCの活動の一部を担う事業である。

　これらの事業には，ファンネル・プロジェクト（Funnel Project）がある。これは，複数の図書館もしくは組織に関係なく，複数の司書がグループを形成し，一図書館もしくは一人のリーダー（コーディネーター）を介して，LCに対して新しい典拠レコードが提案できるしくみである。

　その中のSACOファンネルはPCCのメンバー図書館ではなくても，新規の件名典拠レコードを提案できるしくみとして，設立された[35]。名称典拠レコードを作成するしくみには，NACOファンネルがある[36]が，こちらへの参加は図書館単位となっている。

　言うまでもないが，新しい名称典拠レコードや件名典拠レコードを提案するには，AACR2やSHMに基づいて，オリジナルの標目を作成できる知識が必須であり，加えて，いわゆるNACO参加館としてやSACOのコーディネーターとして許可を受けるには，そこで定められた研修や基準をクリアすることも求められる。

---

**参考文献・引用文献・注**

1　2010年6月10日に国立国会図書館はOCLCへの書誌レコードの登録を発表し（URL: http://www.ndl.go.jp/jp/news/fy2010/1189296_1531.html），WorldCat.org（URL: http://www.worldcat.org/）でみるこ

とができるが，典拠レコードの扱いは定かではない。これとは別に2012年10月1日にVIAF構想に参加を実施した事（URL: http://www.ndl.go.jp/jp/library/data/viaf.html）で典拠レコード間の連携も可能になることが容易に予想できる。

2　最新版とは，2012年9月現在，Subject Headings Manual, 1st ed. の2012年第2回追加版（2012 1 2nd Update）までを含む。

3　Library of Congress rule interpretations（米国議会図書館規則解釈）．AACR2の適用に関するLCの方針が細かく記されておリ，2010年8月までは，年に3回発行されていたCataloging Service Bulletinに掲載されている。2006年から2010年8月分までは，LCのサイトからPDFで提供されている（URL: http://www.loc.gov/cds/PDFdownloads/lcri/index.html）。「List of current Library of Congress Rule Interpretations」（URL: http://www.loc.gov/catdir/cpso/currlcri.html）。

4　ある法域で権力を駆使している団体（行政，立法，司法）の総体の意味で用いられる。詳しくは，AACR2（24.3E）の注記9を参照。

5　国やそこに含まれる都道府県，市区町村など。

6　AACR2の後継として2010年6月に制定されたRDAは，英米に限らず全世界で使用されることを前提にしているため，優先する名称と表記は目録作成機関が優先する言語で書かれた地図帳やレファレンス情報源に表示された形，または地名が存在する法域で発行されている地図帳やレファレンス情報源で使用されている公用語による名称を優先させるよう指示がある（RDA: 16.2.2.2）。そのため，LCで使用する場合には，当然「英語形」が優先されることになる。

7　米国の連邦機関で米国に関する名称を管理している（URL: http://search.usgs.gov/）。米国以外の名称を調べるときには：URL: http://earth-info.nga.mil/gns/html/index.html アクセスできない時は：URL: http://www.loc.gov/catdir/cpso/geoname.html。この他，LCRIでは，カナダ，英国，ニュージーランドの地名についてそれぞれ別の参照先サイトが紹介されている。

8　Barry, Randall K. ALA-LC Romanization Tables : transliteration schemes for non-Roman scripts. 1997ed.（Washington, D.C. : Library of Congress, 1997.）では，日本語のローマ字表記は基本的に『研究社のJapanese-English dictionary 第3版』以降で使用されているヘボン式のローマ字表記を基準にしている。LCのサイトからも提供されている（URL: http://www.loc.gov/catdir/cpso/roman.html）。

9　この例は「北日本」を表現したものだが，実際には，LCSHには典拠レコードがない。

10　付記事項については，Chanのまとめがわかり易い（Chan.2005. p.72-82）。

11　オールトラリア，カナダ，米国の地名の付記事項については，省略形が用いられる。詳しくはAACR2もしくはH810参照。

12　つまり，記述対象となる「著作」の知的創造に何らかの形関わる可能性が無く，標目が立てられる可能性がないという意味。

13　規則には明示されてはいないが，このようなケースは同一国内の実体が対象になることを前提にしている。例えば，同名の市がフランスにあったとすれば，標目は「Quebec（France）」になり支障がない。

14　「京都府」と「京都市」がこのような形になったのは英語形の名称「Kyoto」が広く知られていることによる。

15　典拠レコードが「関西地区」に対してできている例である。

16　形式件名細目は，MARC21デリミターの $v がつく。

17　トピカル件名細目には，MARC21デリミターの $x がつく。

18　H830 1.General Provision（一般規定）．

19　この例は，仮に「東京港区における教育の現状」を扱った情報資源を対象にした場合を想定している。

20　Library of Congress Rule Interpretations（米国議会図書館規則解釈）の略。

21　RDAにおいては，表記に使用する言語は，「目録作成機関が優先する言語」を使用することが前提にあるため，LCが作成する典拠レコードの典拠形の標目は，英語形，もしくはローマ字に翻字したものが基

本となるが，例外的処置は AACR2/RDA 共同じ方針が適用されている。
22　Chan, Lois Mai. Library of Congress subject headings : principles and application. 4th ed. Westport Conn. : Libraries Unlimited, 2005. p.59.
23　例えば，西洋人名の場合やクリスチャン名を持つもので、真中の名前がイニシャルで表現されているのではなく、フルスペルで表現されているものの方をより詳細とする。
24　RDA では，この規則は，同一名を区別するためのものではなく，姓ではじまるすべての名前に対して適用される。
25　Chan, Lois Mai. Library of Congress Subject Headings : principles and application. 4th ed. Westport, Conn. : Libraries Unlimited, 2005. p.63.
26　団体名に対する付記事項と句読法は付録Eの1．2．4で一覧できる。
27　地名，団体の種類を示す名称など詳しくは24．4C2-24．4C7 参照。
28　RDA では，そのまま使用するかまたは別法として特殊な例を除いて省略できる。
29　Kyoto-shi（Japan）としたいところだが，京都は英語圏でも Kyoto として知られているのでこの形になる。
30　AACR2R 2002 年版の例（p.23-24）で解説する。
31　Funnel とは漏斗のことである。
32　Program for Cooperative Cataloging. URL: http://www.loc.gov/aba/pcc/, （access 2013-01-20）.
33　NACO（名称（名前ともいう）典拠レコード共同作成事業の略称）については次が参考になる. 牛崎進. NACO 事業—米国における典拠ファイル共同作成事業の現状. 情報の科学と技術. Vol.41, No. 2．p.100-106; 松井幸子. NACO activity : a literature survey. 内藤衛亮研究代表. 日本語，中国語，韓国語の名前典拠ワークショップ記録，2001 年 1 月 10 ～ 11 日 2001 年 3 月 28 ～ 29 日. 国立情報学研究所，2001. p.127-144（URL: http://www.nii.ac.jp/publications/CJK-WS/2-2Matui.pdf）；三浦敬子，松井幸子. 欧米における著者名典拠ファイルの共同作成の動向. 日本図書館情報学会. Vol.47, No. 1．2001. p.29-41.
34　SACO は件名典拠レコード共同作成事業の略称で，『LC Authorities（LC 典拠）』の件名典拠レコードの作成を担う事業である。
35　SACO Funnel 事業の詳細については，SACO Funnels のページを参照（URL: http://loc.gov/aba/pcc/saco/funnels.html）。
36　NACO Funnels.URL: http://www.loc.gov/aba/pcc/naco/funnels.html，（access 2013-01-20）.

# 第Ⅳ部

# 件名付与の実際

件名付与作業の実際を具体的に解説し,
事例を通してその理解を深める。
特殊な主題(法律,文学)の分析を紹介することで,
主題分析に欠かせない
主題を捉える視点の重要性と理解を深める。

第8章　件名付与作業

第9章　件名付与事例

▶コラム5　特殊な扱いを必要とする主題

# 第8章　件名付与作業

本章では，実際の件名付与作業の工程を確認していきたい。

## 1　前準備

　件名付与作業は専門の知識と経験が必要であり，簡単な作業ではないと誰しもが思うであろう。しかし，別の側面から見ると，件名作業は知的体操（Intellectual exercise）である。どのような体操も最初は何らかの苦痛が伴う。ただし，鍛えることによって徐々にそれは解消する。効果的に作業を行うためにはそれなりの準備も必要になる。

　件名標目表としてLCSHを使った件名付与作業を確実に行うためには，LCSHの概要とそのしくみの理解が第一歩になる（第3章）。

　そのためには，冊子体のLCSHを手にとること。そして，少し古い版でもかまわないので，そのしくみを体感することを勧めたい。「百聞は一見にしかず」であり，全体を一覧するためには冊子体がわかりやすいからである。

　LCSHのしくみを大方つかんだら，次なるステップは，Subject Headings Manual（SHM）の一連の規則がどのようにまとめられているのかを把握することである（第4章）。

　これほど詳細な件名標目表と，その利用規則を最初にすべて覚えることは不可能であり，あまり合理的な方法ではない。はじめは全体がどのように構成されているのか，大まかな主題ごとにどのような規則群があるのか，それらをつかんでおくことが重要になる。そうすれば，必要に応じて個々の規則にあたりやすい。コラム5はその試みの1つである。

　ただし，LC一般利用規定（第5章）に関してのみ，最初から詳細に覚えておく必要がある。さらに，汎用件名細目とそのしくみを理解することも必須の知識として身につけておきたい。人のグループの名称，個人名，団体名，地名，などのカテゴリで展開できる汎用件名細目とモデル標目の種類の把握とそれらのもと展開できる汎用件名細目にも留意する。

　作業をしていくなかでLCSHの理解を深めていくことが理想である。個々の規則に関して，ただ覚えるのではなく，なぜそのような規則になるのかを考えることが重要になる。それによって規則を形成する主題の特徴や特異性を把握することができるからだ。このように，事例を通して経験をつむことで規則の詳細は自然に身についていく。作業自体は日を追って楽になるはずである。どのようなスキルも長年の努力と積み重ねがあるからこそ磨きがかかる。件名付与作業も例外ではない。

## 2　件名付与の覚書

　情報資源の主題分析を行うことが，件名付与作業の中心である。主題分析によって情報資源の主題とそこに含まれる情報の形式もしくはそれ自体の形式[1]を把握する。その結果を受けて，件名付与作業を実際に行う。以下覚書は，著者が考えたスムーズに件名付与をするためのチェックリストである。

① 　より特定的（Specific）なことばを選ぶ。一般的ではなく，より具体的な標目を探す。特定的な件名は，主題分析の結果要約した内容（Summarization）によりぴったり添うものでなければならない。

　要約した内容とは別に，作品の内容の 20％以上を占める主題があれば，それについても件名を付与することができる。20％以下の場合でも特別に付与できる規則があることに留意する（H180 11.c. 並びに第 5 章 2.1 の 11. 参照）。

② 　主題分析の結果にぴったり合う件名標目が見つからない場合は，違う形の標目（すなわち転置形や熟語・句などの形のもの）もチェックする。
③ 　選んだ件名の RT（関連用語），NT（狭義の用語）の標目も一応チェックする。より特定的な件名標目を発見できる場合がある。
④ 　具体的な言葉が思いつかない，探し出せない場合は，上位概念の言葉から NT や RT をたどる（レファレンスツールなども利用する）。
⑤ 　スコープノートは，必ず読む。
⑥ 　モデル標目に該当するものは，適宜参考にする。
⑦ 　人名・団体名・地名などを件名標目として使用する場合は，名称典拠ファイルをチェックし，そこで使用されている標目形を件名標目として使用する。LC 典拠ファイルにない場合は，Web NDL Authorities, VIAF[2] の典拠レコード，参考資料などを参考にして AACR2 に基づき標目の形を決める。
⑧ 　必要に応じて，複数件名を与える。LC では 6 つ，上限は通常 10 までである。
⑨ 　汎用件名細目の使用に該当するかどうかを判断し適宜使用する。
⑩ 　特殊な主題や形式の情報資源は SHM（件名標目マニュアル）を必ず参照する。
⑪ 　使用法が不確かな件名標目は必ず件名典拠ファイルまたは SHM を参照する。
⑫ 　当該件名標目が付与されている書誌レコードを LC オンライン目録でチェックする。その際，出版年がより最新の情報資源を対象とした書誌レコードを参考にする。

## 3　ツールを使う手順

　件名付与作業の流れで使用するツールは次のような手順に沿う。
実際作業をする際には，『ClassificationWeb』搭載の Web 版の方がよいが全体を一覧するためには冊子体の方がわかりやすい。

■ ステップ 1

　件名を付与する情報資源の主題分析の結果から導き出された主題を表現することばからLCSH（冊子体）または『ClassificationWeb』にあたる。

　　注：どうしてもことばが思いつかない場合はLCオンライン目録でタイトルのキーワード検索をしてヒットした書誌レコードに付与されたLCSHを確認し，何らかの手がかりあるいはLCSHの候補を探す。『ClassificaionWeb』のLCSHで「Browse Subject Headings」を検索して，件名の候補が見つかる場合もある。

・モデル標目（詳細は 3 章 5．4 参照のこと）にあてはまる主題については SHM：H1146-1200 にあたる。

・特殊な主題のもの（例えば，宗教，法律，音楽，美術，文学など）（コラム：特別な扱いを必要とする主題を参照）はそれぞれをカバーする規則を SHM の指示に従い参照する。

■ ステップ 2

　付与する件名標目が固有名の場合は，LC 典拠で標目の形をチェックする。LC 典拠に掲載されてない場合は AACR2 22 章〜24 章に基づき記述する。

■ ステップ 3

　LCSH 本表にない件名細目は汎用件名細目：アルファベット索引（詳細は 4 章 2．を参照）を手がかりに，適宜 SHM を参照し使用する。

■ ステップ 4

　付与した件名標目によって LC オンライン目録を検索する。検索結果の情報資源についてなるべく新しい出版年のものと今付与した情報資源を比較して，その件名が妥当かどうかチェックする。

## 4　点検の際のチェックポイント（付与者・点検者共通）

　実際の作業では，スタッフが付与したものを別のスタッフがチェックすることが通常である。北米などでは，ベテランの仕事である。
　日本でLCSHを使用する場合，最初のうちは初心者同士でチェックせざるを得ない状

況となると思われる。チェックは，上記の覚書をふまえ，次のような手順が妥当であろう。

**表8-1　点検の際のチェックポイント**

---
(1) 作品の主題を主題分析の結果から一文で要約する。内容のとらえ方が違えば，当然件名標目が異なる。作品の内容のとらえ方にさかのぼって，付与者と点検者で食い違いがないことを確認する。具体的には「これは〇〇の△△という側面を扱う」のような文となる。
(2) 一文に関連したキーワードを書き出す。多岐にわたる場合には，必要と思う数だけ書き出す。
(3) キーワードからLCSHへあたる。
(4) 標目形のRT，NTをチェックし，場合によってはBTも確認する。熟語形や転置形が存在しないかどうかをチェックする。
(5) 主標目が確認できたら，次の要素がぬけていないかをチェックする。
・地理件名細目
・時代件名細目
・形式件名細目
・固有名（人物，団体，国，文学作品名などが関係していないか）
(6) どうしてもLCSHでは表現できない場合もありうる。その場合は，MARC653（Index term-Uncontrolled），NACSIS-CATではSH:，DC記述では修飾子なしのSubjectなど，記述の規則に従う。
(7) 不確かなものはLCオンライン目録を参照して確認する。ただし，LCオンライン目録の書誌レコードは，作成当時の規則によるものが含まれている。つまり，最新の適用方針が反映されていない書誌レコードも収録されているので注意が必要である。
(8) 主題標目としても形式標目としても使用できる標目の場合，どちらの意味で使用したかチェックする。MARC21のタグ付けが間違っていないかチェックする（これは件名細目のディリミターでも同じ）。
---

## 5　レファレンスツールの利用

　LCSHを付与する際に役立つ百科事典，辞書，地名辞典，人名辞典，シソーラスなど[3]レファレンスツールは，冊子体のものであれば作業場所の身近に置き，ネットワーク上からアクセス可能なものも積極的に活用し作業の能率化を図る。ただし，Web情報資源を利用する場合には，信頼性の高いものを選ぶことは言うまでもない。特に責任制や更新が頻繁でないものは，避けた方が無難である。

　主題分析をするためには，対象となる主題についてある程度概要がつかめていることが重要になる[4]。さらには，主題分析の結果を英語に置き換えられることが前提になるために辞書類も完備する必要がある。特に日本語で書かれた情報資源（例えば，和図書，和雑

第Ⅳ部　件名付与の実際　｜　159

表8-2　LCSH付与点検ワークシート

| LCSH付与点検ワークシート ||
|---|---|
| 情報資源のタイトル ||
| 標準番号（ISBN　URL など） ||
| 点検項目 | 記述 |
| ① 情報資源の主題分析<br>　（一文に要約する）<br><br>② 要約以外に<br>　全体の20%以上の<br>　内容を占める主題<br>　があれば記す ||
| ③ ①②から切り出した<br>　キーワード ||
| ④ LCSH[注1] [注2] ||
| ⑤ 地理的要素 | あり・なし |
| ⑥ 時代的要素 | あり・なし |
| ⑦ 形式的要素 | あり・なし |
| ⑧ 固有名[注3] | あり・なし |
| ⑨ LCSHにない概念[注4] ||
| ⑩ LC Online catalog<br>　WorldCat[注5] ||

注1　キーワードを参考に LCSH にあたる。
注2　最初に付与した件名は全体を要約するものであり，通常これを基準に請求記号が付与される。
注3　人物，団体，国，文学作品などが関係していないか。
注4　LCSH 以外の統制語彙であれば，その旨を記し，ない場合は，フリーワードとして記載する。その際，MARC21 で記述する場合には，653 のタグで記述する。
注5　参考にした書誌レコードがあれば，パーマリンク ID もしくは書誌レコード番号を記す。

誌）を分析する場合，最初の難関は，日本語でまとめた主題分析の結果を「英語」に置き換える作業がある。情報資源の中心となる「主題」を表現することばが容易に英語に置き換えられる場合は良いが，そうでない場合は辞書類が欠かせない。特殊な主題の場合には，ごく普通の和英辞典では不十分な場合も考えられる。

　勿論 Web 上に無料で使用できる辞典類も大いに活用するべきだが，「信頼性」に注意が必要である。情報を提供している団体がその主題に関連のある各種学会や専門団体であればより安心である。

　なお，有用な Web 情報資源のリンクは米国議会図書館サイト内の「件名典拠共同作業事業 Subject Authority Cooperative（SACO）」[5] で『Web Resources for SACO Proposals』[6] というページとして提供されている。Web 環境があれば，これら Web 上にあるツールは冊子体のものより簡易に利用でき，便利である。

---

**参考文献・引用文献・注**

1　例えば，地図，統計，書誌など特殊な形式を指す。
2　VIAF（URL: http://viaf.org/）は，バーチャル国際典拠ファイル（Virtual International Authority File）の略。
3　北米のカタロガーたちが利用しているレファレンスツールのリストが Chan の『Library of Congress subject headings : principles and application. 3rd ed. Westport, Conn. : Libraries Unlimited, 1995.』の p.475 に記載がある。Web 版があるものはそれらも利用する。
4　主題分析を行う難しさについて言及した Patrick Wilson の著書 Two kinds of power の 5 章 "Subject and the sense of position" を参照。簡単な要約は，鹿島の『レファレンスサービスのための主題・主題分析・統制語彙.（東京：勉誠出版, 2009）』．p.6-7。
5　SACO - Subject Authority Cooperative Program of the PCC. URL: http://www.loc.gov/aba/pcc/saco/,（access 2013-01-20）．
6　Web Resources for SACO Proposals. URL: http://www.loc.gov/aba/pcc/saco/resources.html,（access 2013-01-20）．

# 第9章　件名付与事例

本章では，LCSHが付与された事例を紹介することで，LCSH件名付与の実際を体感し，理解を深めることを目標としている。

## 1　事例について

### 1.1　付与された件名の違い

　件名を付与するためには，情報資源の主題分析を行うことになる。LCSHを用いる場合，情報資源の主題は，その内容の要約に件名を与える。このほか，全体の20%以上を占める主題には，件名を付加できる。しかし，分析するカタロガーの主題に対する知識・経験はもちろん[1]，個々の図書館のニーズとも関係があるため，数学の方程式を解くように，絶対的な回答があるわけではない。例えば「数学の歴史」というタイトルの本のように，タイトル，序文，あとがきから主題が明白なものの分析は早く終わる。「数学の歴史」に付与されるLCSHは《Mathematics -- History》である。

　主題分析やその後の件名付与で苦慮するのは，複数の主題が関わるものや，同じ主題でも複数の側面を取り上げていた複雑な内容の情報資源で，そうしたものは少なくない。その場合，カタロガーによって主題分析の結果に差が出ることがありうる。つまり，主題分析の内容によっては，まったく別の標目が付与される可能性があることに留意しなければならない。

　この章で紹介する事例は，著者が2003年から2004年にかけて慶應義塾大学メディアセンターの目録スタッフのために行った研修[2]と並行してスタッフが勉強会で分析した資料を参考にした。なお，本章の事例は2011年11月当時の書誌データによる。事例は主に社会科学の分野の図書であるが，LCSH付与の実際を体感するためには，十分有用と思う。さらに，各事例に米国議会図書館MARC21のLCSH，OCLC（WorldCat）のLCSHとNDLSH，さらには，国立国会図書館JAPAN/MARCのNDLSHも紹介した。付与された件名に違いがある場合は，情報資源の主題分析の違い，件名の違いから生じるものと考えられる。特にLCSHとNDLSHの違いを比べると，件名標目表の質と量，しくみの違いの差は大きい。

## 1.2 例示の目的

　実際の件名付与作業は，情報資源の現物を手に取るか，もしくは内容を閲覧できる状態で行う。しかしこの紙面で，読者に利用可能な事例を提供することには限界がある[3]。

　こうした制約を踏まえ，既存の本を主題分析した結果をLCSHで表現するとどのようになるのかを例示する。つまり，本章では，特定の情報資源の主題分析が正しいか否かを判断することが目的ではなく，主題分析の結果をLCSHで表現（翻訳）するとどうなるかという部分を読み取っていただきたい。

　各情報資源に対しては，著者・編者，書名，出版者，出版年，ISBNを記した。可能であれば，ぜひ現物にあたり確認してほしい。なお，件名細目の種類を分かりやすくするために，MARC21のデリミターを使用している[4]。また，件名付与と分類記号付与の関係であるが，複数件名が付与される場合には，通常最初の件名から分類が付与される。

## 2　件名事例分析

### 1．都市の少子社会：世代共生をめざして．金子勇．東京大学出版会，2003．
ISBN: 4130501526/9784130501521

| 付与機関/件名 | 件名 | 日本語訳 |
|---|---|---|
| KEIO/LCSH | ①Fertility, Human --$xSocial aspects --$zJapan.<br>②Demographic transition --$zJapan<br>③Japan --$xPopulation<br>④Japan --$xSocial conditions --$y1945- | ①受胎,人間の --トピ社会的側面 --地名日本<br>②人口推移 --地名日本<br>③日本 --トピ人口<br>④日本 --トピ社会状況 --時代1945- |
| OCLC/LCSH | ①Sociology, Urban --$zJapan.<br>②Fertility, Human --$xSocial aspects --$zJapan.<br>③Families --$z Japan. | ①社会学,都市 --地名日本<br>②受胎,人間の --トピ社会的側面 --地名日本<br>③家族 --地名日本 |
| LC/LCSH | ①Sociology, Urban --$zJapan.<br>②Fertility, Human --$xSocial aspects --$zJapan.<br>③Families --$zJapan. | ①社会学,都市 --地名日本<br>②受胎,人間の --トピ社会的側面 --地名日本<br>③家族 --地名日本 |

第Ⅳ部　件名付与の実際 | 163

| OCLC/NDLSH | ①日本 -- 人口<br>②出生率<br>③出産<br>④育児 | ― |
| --- | --- | --- |
| NDL/NDLSH | ①都市社会学<br>②出生率<br>③日本 -- 人口 | ― |

■ **この情報資源について**：

　前書きに，「本書は21世紀前半における日本社会の最大の内圧になる高齢社会の根源の1つである少子化をテーマとし，その現状を分析し，将来世代との社会をめぐるマクロ社会学的で，コミュニタリアンな考え方から生み出された対策を提示しようとする試み」であることと，「少子化をめぐる現状分析と対策方針に関する知の組換え」を目指していることが記されている。

■ **主題分析と件名付与（解説）**：

　主題分析の結果，少子化を示す指標である「出生率」を中心にとらえるのか，もしくは広く「日本における都市社会学」としてとらえるのか，最初の件名の選択でその違いがわかる。前書きによれば，少子化の原因や影響などの分析をもとに，その解決策を見出すことが目的ではあるが，「少子化」もタイトルの「少子社会」も件名にはない。そこで，その上位概念である「日本における人間の受胎（つまり出生率）を社会的側面から扱っている内容」として解したのが，KEIO/LCSH，OCLC/LCSH，LC/LCSH である。しかし，OCLC レコードに付与された最初の NDLSH がもっと広く「日本の人口」としているところ，NDL/NDLSH のレコードでは，《都市社会学》を最初の件名としているところが興味深い。

　主題分析によって，要約した内容をもとに主題を決める判断と，その場合に，何をその側面としてとらえるのかによって，最初に付与される件名に幅が出るのである。

## 2．政治家の本棚．早野透インタビュー．朝日新聞社，2002.
ISBN: 4022577460/9784022577467

| 付与機関／件名 | 件名 | 日本語訳 |
| --- | --- | --- |
| KEIO/LCSH | ①Statesmen --$xBooks and reading --$zJapan.<br>②Statesmen --$zJapan --$vInterviews. | ①政治家 --トピ 本と読書<br>②政治家 --地名 日本 --形式 インタビュー |
| OCLC/LCSH | ①Politicians --$xBooks and reading --$zJapan --$vInterviews. | ①政治家 --トピ 本と読書 --地名 日本 --形式 インタビュー |

| LC/LCSH | — | — |
| OCLC/NDLSH | ①読書<br>②政治家 | — |
| NDL/NDLSH | ①読書<br>②政治家 | — |

■ **この情報資源について：**

　執筆当時，朝日新聞社の編集委員・コラムニストであった早野透が同社の広報誌『一冊の本』に連載した43人の政治家のインタビューをまとめたものである。インタビューは年齢順に掲載されており，長老から若手までその歳の差はおよそ49歳で，「はじめに」において「世代の時代模様が感じられる」内容になったと記されている。

■ **主題分析と件名付与（解説）：**

　KEIO，OCLC によれば主題は《政治家》という一種の「人のグループ（Classes of Persons）」で，その側面の《読書（Books and reading）》についての本である。側面としての「読書」は「人のグループ」の名称すべてに共通して使用できる汎用件名細目であることが，SHM:H1100（Free-floating subdivisions under classes of persons）に記されている。

　「政治家」という用語について KEIO/LCSH では，《Statesmen》とし，OCLC/LCSH は《Politician》となっている。前者は首相や閣僚など重要なポストにある政治家で，後者は一般的総称である。ここに登場する政治家をどうとらえるのかによって件名が違ってくる。またこの本が「インタビュー形式」であることは，形式件名細目の《$vInterviews》で表現されている。

　なお OCLC/LCSH のように，1つにまとめることもできるが，政治家に対するインタビュー形式の情報であることを重要と見る場合には，KEIO/LCSH のように別立てにすることも有用である。目録（OPAC）で件名検索が可能であれば，どちらでもヒットする。

　一方，OCLC/NDLSH と NDL/NDLSH ではともに，最初の件名に《読書》，2番目に《政治家》が付与されている。「政治家の読書」という主題を，NDLSH では1つの件名によって表現できないのである。この2つを掛け合わせて検索すれば，結果を絞り込むことができるが，「政治家自身がする読書」という主題と，そのほかの例えば「政治家が書いた本の読書法」という主題を区別はできない。

　国立国会図書館の NDL/NDLSH は，件名の順序と目録に付与された NDC9 版の分類記号から，本書が「政治家」よりも「読書」に重みがあると判断している。《019.9》は「読書．読書法」の下位に位置する「書評．書評集」を表現する。LCSH では「政治家について書かれた本の書評集」に対して《Politicians -- Book reviews》を付与する。

## 3．エコ・デザイン・ハンドブック．アラステア・ファード＝ルーク．青木あきこ［ほか］翻訳．六耀社，2003．
ISBN: 4897374588/9784897374581

| 付与機関／件名 | 件名 | 日本語訳 |
|---|---|---|
| KEIO/LCSH | ①Green products --$vCatalogs.<br>②Design, Industrial --$xEnvironmental aspects --$v Catalogs. | ①グリーン商品 --形式目録<br>②デザイン,産業--トピ環境的側面 --形式目録 |
| OCLC/LCSH | 原著に付与されたもの：<br>①Design --$xEnvironmental aspects.<br>②Green products --$vDirectories.<br>③Green marketing. | ①デザイン --トピ環境的側面<br>②グリーン商品 --形式ディレクトリ<br>③グリーンマーケティング |
| LC/LCSH | ― | ― |
| OCLC/NDLSH | ①工業デザイン<br>②環境工学<br>③環境適合設計 | ― |
| NDL/NDLSH | ①工業デザイン<br>②環境工学<br>③環境適合設計 | ― |

■ **この情報資源について：**

　本書は「グリーンデザインの歴史，エコ・デザイン実現にむけての最初の取り組みと国際的な基準づくりについて紹介」し，環境にやさしい製品やさまざまな素材とその特徴などをカラー写真入りで紹介している。

■ **主題分析と件名付与（解説）：**

　KEIO/LCSH は，《Green Products -- Catalogs》が最初の件名であるが，LCSH を参照すると，《地球に優しい商品（Earth-Friendly products）》，《環境に安全な商品（Environmentally safe products）》が参照形の標目にある。

　形式件名細目として《Catalogs》を採用したが，OCLC/LCSH は，この本の原著に対して，《Directories》が付与されている。《Catalogs》は通常図書館の資料や展覧会の絵画，各種商品など何らかの物理的物体を対象とするが（4章の3．3．3を参照），《Directories》は，通常，個人または団体などを対象としたディレクトリ類に使用される。OCLC/LCSH の《Green products -- Directories》は，巻末の「デザイナー・デザイン会社」「製造元・販売元」「環境保護団体」などの住所録に対して付与された件名なのである。

　この例のように，情報資源全体に対して特徴的な形式を表現するほか，情報資源の一部分に特に有用と思われる形式のものには，それに対しての件名も別途与えられる。

　なお，KEIO/LCSH の 2 番目の主標目《Design, Industrial（デザイン，工業）》は，

2009年3月に直接形の《Industrial design（工業デザイン）》[5]に変更されている。

　OCLC/NDLSH，NDL/NDLSHは，両者とも最初の件名が《工業デザイン》で，そのほかも同じである。工業デザインの一部分であるエコ・デザインを導入した商品を表現しなかったのは，主題分析の内容に左右されたというよりは，対応する件名が作成時点でなかったと想像できる。NDL典拠では，《環境配慮製品》が2010年4月に作成されて，その同義語[6]にエコ商品，Green products[7]，エコプロダクツ他2つの同義語が設けられている。しかし，その一方，《工業デザイン》は《デザイン》の下位概念であるが，《エコ商品》・《グリーン商品》は《商品》の下位概念であるという点に注目すると，工業デザイン中心の主題分析の中からは，エコ商品などが出てこなかった可能性もある。

## 4．チャット依存症候群．渋井哲也．教育史料出版会，2003．
ISBN: 4876524351/9784876524358

| 付与機関／件名 | 件名 | 日本語訳 |
| --- | --- | --- |
| KEIO/LCSH | ①Internet addicts --$zJapan.<br>②Online chat groups --$zJapan. | ①インターネット依存症 --地名日本<br>②オンラインチャットグループ --地名日本 |
| OCLC/LCSH | ①Internet --$vPopular works. | ①インターネット --形式大衆向け作品 |
| LC/LCSH | — | — |
| OCLC/NDLSH | ①チャット<br>②インターネット<br>③青少年問題 | — |
| NDL/NDLSH | ①インターネット依存症 | — |

■ **この情報資源について**：
　インターネットのサービスのチャットに特定した依存症について，その典型的なタイプ別に事例を紹介し，その特徴についても触れている。

■ **主題分析と件名付与（解説）**：
　チャットに特化した依存症者には「チャット依存症者」という件名を使用したいが，2011年9月現在その件名はない。
　KEIO/LCSHのケースでは，広義の《インターネット依存症者》を使用し，日本に限定していることを地名件名細目の《$Japan》で表現している。
　《Online chat groups》はチャットの提供サービスに付与できる件名で，これも日本限定であることを地名件名細目で表現している。
　OCLC/LCSHでは，さらに広く《Internet》としている。《インターネット依存症》という件名が作業した時点で作成されていなかった可能性は高いと推測したいところだ

が，実際には 1997 年にすでに典拠レコードが作成されている。本著には，参考文献リストがない点など，あまり学術的ではないことが，件名細目の大衆向け作品《$vPopular works》からわかる。そのため，主標目自体を広義にとらえたことが想像できる。

OCLC/NDLSH にはこのほか《青少年問題》がある。これは，チャット依存症の中でも青少年を対象としたことを示し，特定の人のグループに絞って情報収集をしたい利用者には，重要な件名になる。

## 5．日米ボディートーク：身ぶり・表情・しぐさの辞典.
### 東山安子，ローラ・フォード編著. 三省堂，2003.
ISBN: 4385361215/9784385361215

| 付与機関 / 件名 | 件名 | 日本語訳 |
| --- | --- | --- |
| KEIO/LCSH | ①Body language --$zJapan.<br>②Body language --$zUnited States.<br>③Body language --$xCross-cultural studies. | ①ボディランゲージ -- 地名 日本<br>②ボディランゲージ -- 地名 米国<br>③ボディランゲージ -- トピ 比較文化研究 |
| OCLC/LCSH | ①Body language.<br>②Gesture --$xCross-cultural studies.<br>③Ethnopsychology. | ①ボディランゲージ<br>②ジェスチャ -- トピ 比較文化研究<br>③民族心理学 |
| LC/LCSH | ― | ― |
| OCLC/NDLSH | ①身振語<br>②日本人<br>③アメリカ人 | ― |
| NDL/NDLSH | ①身振語 | ― |

■ **この情報資源について：**

本書は，副標題にもあるように，コミュニケーションにおける身ぶり，しぐさ，顔の表情について，日本人とアメリカ人それぞれに特徴的な動作を取り上げ解説している。各動作については，意味・使われ方・比較の項目のもと説明がある。

■ **主題分析と件名付与（解説）：**

個人対個人における非言語コミュニケーションで，感情や態度，社会的地位などを，アイコンタクト，表情，距離，ジェスチャー，立ち振る舞いなどで表現する手段について取り上げているものに対して《Body language》を付与できる。《Body language》の下位概念には《Gesture》，《アイコンタクト》，《表情》，《眼差し -- 心理的側面》，《抱擁》などがある。本書5章主題分析と LCSH 一般利用規定の7．8．9．（3つの規則，4つの規則等）を適用した結果，上位概念の《Body language》を付与したことがわかる。

特徴的なのは，KEIO/LCSH と OCLC/LCSH の3番目の LCSH である。前者は《ボデ

ィランゲージの比較文化研究》として言語学の一分野としてとらえているのに対して，後者は《民族心理学》として心理学の一分野としてとらえている。OCLC/LCSH の 3 つの件名によって，本書が多分野（Multidisciplinary）な研究であることが一目で理解できるだけではなく，民族心理学について調べたい利用者がこの本の存在を知ることができる。

## 6．隠居と定年：老いの民俗学的考察．
関沢まゆみ．臨川書店，2003．
ISBN: 4653039151/9784653039150

| 付与機関/件名 | 件名 | 日本語訳 |
| --- | --- | --- |
| KEIO/LCSH | ①Aged[8] --$zJapan --$xSocial life and customs.<br>②Aged --$zJapan --$xFolklore.<br>③Old age --$zJapan. | ①高齢者--地名日本--トピ社会生活と慣習<br>②高齢者--地名日本--トピ民間伝承<br>③高齢--地名日本 |
| OCLC/LCSH | ①Older people --$zJapan --$xSocial life and customs.<br>②Retirees --$zJapan --$xAttitudes.<br>③Quality of life --$zJapan. | ①高齢者--地名日本--トピ社会生活と慣習<br>②定年退職者--地名日本--トピ態度<br>③人生の質--地名日本 |
| LC/LCSH | ― | |
| OCLC/NDLSH | ①隠居<br>②老人 | ― |
| NDL/NDLSH | ①隠居<br>②高齢者 | ― |

■ **この情報資源について：**

前書きに「隠居と定年は，共に引退とか世代交代の意味の言葉でありながら，隠居には主体的引退という印象が，定年には強制的引退という印象がある。つまり，個人の自立的意思にもとづく「隠居という慣行」と，組織の活力維持のための「定年退職という制度」，という点が決定的に違うのである。隠居と定年を従来のように壮年世代の現役引退や世代交代という視点から位置づけるだけでなく，老いの慣行，老いの制度という視点からもとらえ直してみようというのが本書のねらいである。」とある。「村隠居」という近畿地方に未だ現代に残る慣行を中心に，隠居と定年についてフィールドリサーチから得たデータを交えて，民俗学的視点から考察している。「現代の定年後の老いの充実をはかる知恵を見出すこと」も本書の目的としている。

■ **主題分析と件名付与（解説）：**

中心となる主題が，《高齢者》，または老人であることは，いずれの例にも共通する結果となっている。ただし，高齢者に関するどの側面かは，OCLC/NDLSH と NDL/NDLSH

からはわからない。むしろ高齢者に関するすべてについて取り上げられている，という判断であればこのような件名になることが理解できる。

LCSHでは，「高齢者・老人・定年退職者」といった人のグループに対して相当数の件名細目を付与することができる。そのため，《社会生活と慣習（Social life and customs）》《民間伝承（Folklore）》《態度（Attitude）》などの側面を表現できる。

## 7．赤ちゃんは顔をよむ：視覚と心の発達学．山口真美．紀伊國屋書店，2003．
ISBN: 4314009381/9784314009386

| 付与機関／件名 | 件名 | 日本語訳 |
| --- | --- | --- |
| KEIO/LCSH | ①Face perception in infants. | ①乳児の顔認知 |
| OCLC/LCSH | ①Infants --$xDevelopment.<br>②Face perception.<br>③Cognition in infants.<br>④Mother and infant. | ①乳児 --トピ発達<br>②顔認知<br>③乳児の認知<br>④母と乳児 |
| LC/LCSH | — | — |
| OCLC/NDLSH | ①乳児<br>②認識<br>③発達心理学<br>④視覚<br>⑤顔 | — |
| NDL/NDLSH | ①発達心理学<br>②顔 | — |

■ **この情報資源について**：
　本書は乳児の認知発達の理解を深めるために，乳児がひとの顔をどう認識又は知覚しているかを中心に豊富な実験例を紹介し解明している。

■ **主題分析と件名付与（解説）**：
　KEIO/LCSHでは，《乳児の顔の認識（Face perception in infants）》を1つだけ本の中心概念として付与しているが，OCLC/LCSHでは，発達全般に関わる内容として《乳児の発達（Infants -- Development）》を最初に付与し，《顔認識》，《乳児の認知》，《母と子》などの件名を次に付与して他の主題もカバーしている。また同じNDLSHでも，OCLC/NDLSHとNDL/NDLSHでは，「中心の主題」と網羅性において違いがある。

　この例では，LCSHとNDLSHの主題表現の詳細さの違いによる件名付与の差が，鮮明に映し出されていることに注目したい。NDLSHの《乳児》や《顔》は大まかな主題表現であるが，LCSHは《乳児の顔認知》といった「主題とその側面」にピンポイントで表現できている。乳児には，多数の側面があり，〈顔〉も同様である。乳児と顔の2つの標目

を掛け合わせて検索した場合，検索結果に「乳児がどう他者の顔を見分けるのか」だけではなく，乳児の顔の描き方，乳児の顔の特徴・表情など「乳児の顔について」のあらゆる情報資源がヒットする。〈乳児の顔の認識〉という件名があれば，ノイズは最初から除外することができる。

## 8．参勤交代道中記：加賀藩資料を読む．
### 忠田敏男．平凡社，2003．
ISBN: 4582764630/9784582764635

| 付与機関／件名 | 件名 | 日本語訳 |
|---|---|---|
| KEIO/LCSH | ①Kaga-han（Japan）--$xHistory<br>②Daimyo --$zJapan --$zKaga-han.<br>③Japan --$xHistory --$yTokugawa period, 1600-1868. | ①加賀藩（日本）--トピ 歴史<br>②大名 --地名 日本 --地名 加賀藩<br>③日本 --トピ 歴史 --時代 徳川時代，1600-1868 |
| OCLC/LCSH | ①Kaga-han（Japan）--$xHistory.<br>②Daimyo --$zJapan --$zKaga-han.<br>③Japan --$xHistory--$yTokugawa period, 1600-1868.<br>④Sankin kōtai. | ①加賀藩（日本）--トピ 歴史<br>②大名 --地名 日本 --地名 加賀藩<br>③日本 --トピ 歴史 --時代 徳川時代，1600-1868<br>④参勤交代 |
| LC/LCSH | ①Kaga-han（Japan）--$xHistory.<br>②Daimyo --$zJapan --$z Kaga-han.<br>③Japan --$xHistory --$yTokugawa period, 1600-1868.<br>④Sankin kōtai. | ①加賀藩（日本）--トピ 歴史<br>②大名 --地名 日本 --地名 加賀藩<br>③日本 --トピ 歴史 --時代 徳川時代，1600-1868<br>④参勤交代 |
| OCLC/NDLSH | ①参勤交代 | — |
| NDL/NDLSH | ①加賀藩<br>②参勤交代 | — |

■ **この情報資源について**：
　本書は参勤交代とはどのような制度だったのか，その概要からはじまり，どのような季節に行われたか，大名行列の人数，編成，街道，宿場町，費用などについて取り上げている。

■ **主題分析と件名付与（解説）**：
　KEIO/LCSHは，特に加賀藩を中心とした内容であるため，《加賀藩の歴史（Kaga-han（Japan）-- History》を最初の件名としている。なお，加賀藩は団体名標目である。このほか大名，さらに広く徳川時代の日本の歴史もその他の件名で表現している。OCLC/LCSH，LCも同様である。KEIO/LCSHは，「参勤交代」という主題は表現されていない。

検索という視点からは，タイトル中に含まれるために，必要がないようにも思える。しかし，タイトル通りに中心となる内容が参勤交代についてであれば，主題を的確に絞るためにタイトルとは別の標目を設けることは重要な視点である。そうすれば，件名の項目でのみ検索が可能になる。

　これについては2003年の時点では，《Sankin kōtai（参勤交代）》という件名がなかったためKEIO/LCSHにはこれが付与されなかったことが推測できる。LC典拠によれば，この標目が作成されたのは，2008年3月である。

　OCLC/LCSHは，《Sankin kōtai（参勤交代）》を件名としているが，だが，NDL/NDLSHは《加賀藩》を最初の件名とし，2つ目の件名に《参勤交代》を付与しているのは対照的である。

## 9．子育ての比較文化．福田誠治．久山社，2000．
ISBN: 4906563848/9784906563845

| 付与機関／件名 | 件名 | 日本語訳 |
|---|---|---|
| KEIO/LCSH | ①Educational sociology. | ①教育社会学 |
| OCLC/LCSH | ①Child rearing --$xCross-cultural studies. | ①子育て --トピ比較文化研究 |
| LC/LCSH | — | — |
| OCLC/NDLSH | ①教育 | |
| NDL/NDLSH | ①教育と社会 | |

■ **この情報資源について**：

「はじめに」によれば，学級崩壊やこどもの犯罪など「どうして今のこどもはこんなことをするのか」「こどもたちに影響を及ぼす文化がどのようになっているのか」を，「比較文化の手法を使って考えてみること」が本書の目的である。日本の今と昔の比較，欧米社会との比較，資本主義，社会主義など社会体制による比較を通して，子育てを文化全体から考える方法をとっており，「子育ての具体的な方法を解説しているわけではない」と説明がある（「はじめに」から）。

■ **主題分析と件名付与（解説）**：

　KEIO/LCSHでは，「子育て」を社会現象の1つとし，さらには教育の視点からとらえていると判断し，《Educational sociology（教育社会学）》という件名を付与している。OCLC/LCSHでは，《子育て（Child rearing）》そのものを主題とし，その比較文化研究であることを《Cross-cultural studies》という件名細目で表現している。この違いは，社会に重きを置くのか，子育てに重きを置くのかという点である。一方，NDL/NDLSHも，子育てを教育の中に位置づけ，《教育と社会》ととらえている。実例としてはないがLCSHでは，《Child rearing -- Social aspects（子育て -- 社会的側面）》を付与する可能性

も十分ある。

## 10．宮大工と歩く千年の古寺：ここだけは見ておきたい古建築の美と技．松浦昭次．祥伝社，2002．
ISBN: 4396611730/9784396611736

| 付与機関／件名 | 件名 | 日本語訳 |
|---|---|---|
| KEIO/LCSH | ①Architecture, Buddhist --\$zJapan --\$xHistory. | ①建築, 仏教 --地名 日本 --トピ 歴史 |
| | ②Temples, Buddhist --\$zJapan --\$vGuidebooks. | ②寺, 仏教 --地名 日本 --形式 ガイドブック |
| | ③Architecture, Japanese --\$yTo 794 --\$vGuidebooks. | ③建築, 日本 --時代 794年まで --形式 ガイドブック |
| | ④Architecture, Japanese --\$yHeian period, 794-1185 --\$vGuidebooks. | ④建築, 日本 --時代 平安時代, 794-1185 --形式 ガイドブック |
| OCLC/LCSH | ①Buddhist temples --\$zJapan --\$xHistory. | ①仏教寺院 --時代 日本 --トピ 歴史 |
| | ②Shinto shrines --\$zJapan --\$xHistory. | ②神道寺院 --時代 日本 --トピ 歴史 |
| | ③Carpentry --\$zJapan-- \$xHistory. | ③大工職 --地名 日本 --トピ 歴史 |
| | ④Cultural property --\$xProtection --\$zJapan --\$xHistory. | ④文化財産 --トピ 保護 --時代 日本 --トピ 歴史 |
| LC/LCSH | — | — |
| OCLC/NDLSH | ①寺院建築<br>②寺院 -- 近畿地方<br>③寺院 -- 尾道市 | — |
| NDL/NDLSH | ①寺院建築 | — |

■ **この情報資源について**：
　著者は，宮大工であり，日本全国の国宝や重要文化財建造物の保護修理に50年以上たずさわってきた。本書は，数ある古建築の中から選りすぐりの建築を宮大工の視点，歴史的背景，建造物の特徴や様式などの解説を織りまぜながら，古寺巡りの鑑賞ポイントを解説している。

■ **主題分析と件名付与（解説）**：
　KEIO/LCSH では，最初の件名は《日本における仏教建築の歴史（Architecture, Buddhist -- Japan -- History)》としているのに対して，OCLC/LCSH では，《日本における仏教寺院の歴史（Buddhist temples -- Japan -- History)》としている。LC 典拠を参照すると，《Architecture, Buddhist（建築, 仏教）》は 2004 年に《Buddhist architecture

（仏教建築）》に改訂されていることがわかる。KEIO/LCSH で付与した際には，〈転置形〉[9] が標目形であった。《Religious architecture（宗教建築）》[10] の下位概念（NT）に《Buddhist architecture（仏教建築）》があり，《Buddhist architecture（仏教建築）》の下位概念に《Buddhist temples（仏教寺院）》があるため，KEIO/LCSH は OCLC/LCSH と比べて，内容をより広くとらえた上で，特に《仏教寺院》に絞った内容があることを2番目の《Buddhist temples》で表現している[11]。

　KEIO/LCSH の 3，4 番目の件名は，平安時代前後の建築を対象とした日本建築を示している。OCLC/LCSH では，日本における大工職の歴史や文化財の保護といった主題を重要な要素としてとらえている。

　一方，OCLC/NDLSH も NDL/NDLSH も全体として「寺院建築」もしくは寺院についてであること以外は，特化した主題がないと見なしているところが特徴的である。

## 11．出版と知のメディア論．長谷川一．みすず書房，2003．
ISBN: 4622070294/9784622070290

| 付与機関/件名 | 件名 | 日本語訳 |
|---|---|---|
| KEIO/LCSH | ①Publishers and publishing.<br>②Knowledge, Theory of.<br>③Scholarly publishing. | ①出版社と出版<br>②知識,の理論<br>③学術出版 |
| OCLC/LCSH | ①Publishers and publishing --$xHistory.<br>②Book industries and trade --$xHistory. | ①出版者と出版 --トピ 歴史<br><br>②書籍産業と商業 --トピ 歴史 |
| LC/LCSH | — | — |
| OCLC/NDLSH | ①出版 | — |
| NDL/NDLSH | ①出版 | — |

■ **この情報資源について**：
　序章に，「出版を対象として取り扱うものの，出版に固有の研究領域や研究体系を確立することには特別の関心を持っていない。これはメディア論による出版研究の試みである。出版の変容に焦点を当てると共に，それが基層において知の再編といかに連動しているのかを問うていく。（序章から）」とあるように，単なる出版の本ではなく，知の再編との関わり，問題点などを取り上げている。

■ **主題分析と件名付与（解説）**：
　KEIO/LCSH では，最初の件名に出版社と出版を付与し，2番目に「知識論」を付与して，筆者の意図を表現している。知識論についての内容が付与する根拠となる[12]。
　一方，OCLC/LCSH では最初の件名を出版者と出版の歴史とし，歴史的側面を強調し

た内容であると判断している．さらに，2番目の件名で，書籍産業と商業の歴史であることを表現している．LCSHでは，「出版者と出版」は「書籍産業」の下位概念に位置づけられ，「製本産業」や「書籍販売者と書籍販売」「学術出版」などと同じ階層にある．一般方針の「6．一般トピックとサブトピック」[13]の考え方を適用して，より狭義の件名と広義の件名を2つ付与したのである．

　OCLC/NDLSHとNDL/NDLSH両者とも「出版」を件名として付与しているが，WebNDL Authoritiesを参照すると，同義語として，出版社，出版取次業，出版業，Publishers and publishing【LCSH】があるように，かなり大きな領域を1つの件名でカバーしている．複数の概念を1つの件名で表現しているため，その中の特定の概念にピンポイントで検索したい利用者には，検索結果から選ぶ手間が生じる．

## 12．漱石と仏教：則天去私への道．水川隆夫．平凡社，2002．
ISBN: 4582831192/9784582831191

| 付与機関／件名 | 件名 | 日本語訳 |
|---|---|---|
| KEIO/LCSH | ①Soseki, Natsume, 1867-1916 -- $xViews on Buddhism.<br>②Natsume, Soseki, 1867-1916 -- $xCriticism and interpretation.<br>③Buddhism in literature. | ①夏目漱石, 1867-1916 -[トピ]<br>仏教への姿勢<br>②夏目漱石, 1867-1916 -[トピ]<br>批評と解釈<br>③文学における仏教 |
| OCLC/LCSH | ①Natsume, Sōseki, 1867-1916 -- $xCriticism and interpretation.<br>②Buddhism in literature. | ①夏目漱石, 1867-1916 -[トピ]<br>批評と解釈<br>②文学における仏教 |
| LC/LCSH | — | — |
| OCLC/NDLSH | ①真宗<br>②禅 | — |
| NDL/NDLSH | ①夏目, 漱石 (1867-1916)<br>②真宗 | — |

■ **この情報資源について**：

　前書きに，「夏目漱石の人と作品に及ぼした仏教の影響について考察したものである……．漱石と浄土教，特に浄土真宗との関係をおおむね彼の生涯に沿って検討している．」とある．漱石と禅との関係の研究は多数存在するが，これは浄土真宗との関係に焦点をあてた研究である．

■ **主題分析と件名付与（解説）**：

　KEIO/LCSH，OCLC/LCSHの最初の主標目で，本書の中心的主題は，《夏目漱石》自身であることを表現している．KEIO/LCSHは漱石と仏教との関わりについて，件名細目として《仏教への姿勢（Views on Buddhism）》を付与している．《批評と解釈（Criticism and interpretations)》は文学者に汎用的に付与できる件名細目として，KEIO/LCSH の2番目の件名，OCLC/LCSH の最初の件名に採用されている。

　これは漱石の作品を通して漱石と仏教の関係を紐解く過程で，漱石文学の中でどう仏教が描かれているのかということにも言及していることになる。また，KEIO/LCSH では3番目，OCLC/LCSH では2番目の件名にそれぞれ《Buddhism in literature（文学における仏教)》を付与している。

　このように LCSH は，個人に対して多様な側面を表現できる汎用件名細目[14]がある。NDLSH では今のところそのしくみがないために，NDL/NDLSH は，《夏目, 漱石（1867-1916)》のみが付与されている。

## 3　件名事例集

　本章2．項の「件名事例分析」では，図書の特徴と実際に付与されている件名標目の分析を行い，付与された件名標目について解説を加えた。本項では，付与されている件名の比較と実際の分析を読者にも行っていただくことを意図している。分析を行うことによって，LCSH 件名付与作業の中で行われる一連の知的プロセスを体験することができ，その過程において本書3章から8章で取り上げた理論や規則を再確認する上でも有効であると考えるからである。更に，付与されている件名標目に違いがあるとすれば，それはなぜかを考える上で分析作業の難しさや面白さを実感していただけるのではないかと思う。実際に本を手にとって実践することができれば，さらに効果的に違いない。

### 1．身体障害認定基準及び認定要領：解釈と運用．障害者福祉研究会．新訂．中央法規出版, 2003.
ISBN: 4805844752

| 付与機関/件名 | 件名 | 日本語訳 |
| --- | --- | --- |
| KEIO/LCSH | ①People with disabilities --$xLegal status, laws, etc. -- $zJapan ②Disability evaluation --$zJapan ③Welfare recipients -- $x Certification --$zJapan. | ①障害者 --トピ法的立場,法律,その他 --地名日本 ②障害認定 --地名日本 ③生活保護者 --トピ認可 --地名日本 |
| OCLC/LCSH | ― | ― |
| LC/LCSH | ①People with disabilities --$xLegal status, laws, etc. --$zJapan. ②Welfare recipients --$xCertification --$zJapan. | ①障害者 --トピ法的立場,法律,その他 --地名日本 ②生活保護者 --トピ認可 --地名日本 |

| | | |
|---|---|---|
| OCLC/NDLSH | ①工業デザイン<br>②環境工学<br>③環境適合設計 | — |
| NDL/NDLSH | ①工業デザイン<br>②環境工学<br>③環境適合設計 | — |

## 2．先生が壊れていく：精神科医のみた教育の危機．中島一憲．弘文堂，2003．
ISBN: 4335651147/9784335651144

| 付与機関/件名 | 件名 | 日本語訳 |
|---|---|---|
| KEIO/LCSH | ①Teachers --$xJob stress --$zJapan.<br><br>②Teachers --$xMental health --$zJapan.<br>③Education --$zJapan. | ①教員 --トピ 仕事ストレス -- 地名 日本<br>②教員 --トピ メンタルヘルス -- 地名 日本<br>③教育 --地名 日本 |
| OCLC/LCSH | ①Teachers --$xJob stress --$zJapan.<br><br>②Teachers --$xMental health --$zJapan.<br>③Education --$zJapan. | ①教員 --トピ 仕事ストレス -- 地名 日本<br>②教員 --トピ メンタルヘルス -- 地名 日本<br>③教育 --地名 日本 |
| LC/LCSH | — | — |
| OCLC/NDLSH | ①教員<br>②ストレス<br>③精神衛生 | — |
| NDL/NDLSH | ①教員<br>②精神衛生 | — |

## 3．六本木ヒルズの挑戦．日経産業消費研究所編．日経産業消費研究所，2003．
ISBN: 4532635357/9784532635350

| 付与機関/件名 | 件名 | 日本語訳 |
|---|---|---|
| KEIO/LCSH | ①Consumer behavior --$zJapan --$zTokyo --$vStatistics.<br>②Market surveys --$zJapan --$zTokyo.<br>③Roppongi Hills (Tokyo, Japan). | ①消費者行動 --トピ 日本 -- 地名 東京 --形式 統計<br>②市場調査 --トピ 日本 -- 地名 東京<br>③六本木ヒルズ(東京,日本) |

| | | |
|---|---|---|
| OCLC/LCSH | ― | ― |
| LC/LCSH | ― | ― |
| OCLC/NDLSH | ①マーケティング<br>②消費者 | ― |
| NDL/NDLSH | ①マーケティング<br>②消費者行動 | ― |

### 4．老化と生活習慣：健康と食を問い直す生物学．
香川靖雄．岩波書店，2003．
ISBN: 4000068660/9784000068666

| 付与機関/件名 | 件名 | 日本語訳 |
|---|---|---|
| KEIO/LCSH | ①Aging --$xPhysiological aspects.<br>②Aging --$xPrevention.<br>③Health behavior --$xAge factors. | ①老化 --トピ生理学的側面<br>②老化 --地名予防<br>③健康行動 --トピ年齢要素 |
| OCLC/LCSH | ― | ― |
| LC/LCSH | ― | ― |
| OCLC/NDLSH | ①老化<br>②健康法 | ― |
| NDL/NDLSH | ①老化<br>②老人医学 | ― |

### 5．転換期のアメリカ労使関係：自動車産業における作業組織改革．
篠原健一．ミネルヴァ書房，2003．
ISBN: 4000068660/9784000068666

| 付与機関/件名 | 件名 | 日本語訳 |
|---|---|---|
| KEIO/LCSH | ①Industrial relations --$zUnited States.<br>②Automobile industry and trade --$zUnited States --$xPersonnel management.<br>③Organizational change --$zUnited States. | ①労使関係 --地名米国<br><br>②自動車産業と貿易 --トピ米国 --地名人事管理<br><br>③組織改革 --地名アメリカ合衆国 |
| OCLC/LCSH | ― | ― |
| LC/LCSH | ― | ― |
| OCLC/NDLSH | ①労使関係 -- アメリカ合衆国<br>②自動車産業 -- アメリカ合衆国 | ― |
| NDL/NDLSH | ①労使関係 -- アメリカ合衆国 | ― |

## 6. 近世家並帳の研究. 早川秋子. 清文堂出版, 2003.
ISBN: 4792405386/9784792405380

| 付与機関／件名 | 件名 | 日本語訳 |
|---|---|---|
| KEIO/LCSH | ①Land tenure --$zJapan --$xHistory --$vSources.<br>②Land titles --$xRegistration and transfer --$zJapan. | ①土地保有権 --地名日本 --トピ歴史 --形式史料<br>②土地権利 --トピ登録と譲渡 --地名日本 |
| OCLC/LCSH | ①Land titles --$xRegistration and transfer --$zJapan.<br>②Architecture, Domestic --$zJapan.<br>③Architecture --$zJapan --$xHistory --$yEdo period, 1600-1868. | ①土地保有権 --トピ登録と譲渡 --地名日本<br>②建築,住宅 --地名日本<br>③建築 --地名日本 --トピ歴史 --時代江戸時代,1600-1868 |
| LC/LCSH | ①Land titles --$xRegistration and transfer --$zJapan.<br>②Architecture, Domestic --$zJapan.<br>③Architecture --$zJapan --$xHistory --$yEdo period, 1600-1868. | ①土地保有権 --トピ登録と譲渡 --地名日本<br>②建築,住宅 --地名日本<br>③建築 --地名日本 --トピ歴史 --時代江戸時代,1600-1868 |
| OCLC/NDLSH | ①法制史 --日本<br>②不動産 | ― |
| NDL/NDLSH | ①法制史 -- 日本 -- 江戸時代 | ― |

## 7. 導入対話によるジェンダー法学.
浅倉むつ子［ほか］. 不磨書房, 2003.
ISBN: 4797292687/9784797292688

| 付与機関／件名 | 件名 | 日本語訳 |
|---|---|---|
| KEIO/LCSH | ①Feminist jurisprudence.<br>②Women --$xLegal status, laws, etc.<br>③Sex discrimination against women. | ①フェミニスト法学<br>②女性 --トピ法的地位,法律,その他<br>③女性に対する性差別 |
| OCLC/LCSH | ①Women --$xLegal status, laws, etc. $zJapan. | ①女性 --トピ法的地位,法律,その他 --地名日本 |
| LC/LCSH | ①Women --$xLegal status, laws, etc. --$zJapan. | ①女性 --トピ法的地位,法律,その他 --地名日本 |
| OCLC/NDLSH | ①婦人問題<br>②法律学<br>③婦人 -- 法的地位 | ― |
| NDL/NDLSH | ①法律<br>②女性<br>③女性 -- 法的地位 | ― |

## 8. エストニア国家の形成：小国の独立過程と国際関係.
大中真. 彩流社, 2003.
ISBN: 4882028042/9784882028048

| 付与機関/件名 | 件名 | 日本語訳 |
|---|---|---|
| KEIO/LCSH | ①Estonia --$xHistory --$xAutonomy and independence movements.<br>②Estonia --$xForeign relations --$y1918-1940.<br>③Estonia --$xHistory --$y1918-1940.<br>④Self-determination, National --$zEstonia. | ①エストニア --トピ 歴史 --トピ 自立と独立運動<br>②エストニア --トピ 外交 --時代 1918-1940.<br>③エストニア --トピ 歴史 --トピ 1918-1940.<br>④意思,国家 --地名 エストニア |
| OCLC/LCSH | ― | ― |
| LC/LCSH | ― | ― |
| OCLC/NDLSH | ①エストニア共和国 -- 歴史 | ― |
| NDL/NDLSH | ①エストニア共和国 -- 歴史 | ― |

## 9. オーストラリアのアイデンティティ：文学にみるその模索と変容.
有満保江. 東京大学出版会, 2003.
ISBN: 4130860305/9784130860307

| 付与機関/件名 | 件名 | 日本語訳 |
|---|---|---|
| KEIO/LCSH | ①Identity (Philosophical concept) in literature.<br>②National characteristics, Australian.<br>③Australia --$xLiteratures --$xHistory and criticism.<br>④Australia --$xIn literature. | ①文学におけるアイデンティティ（哲学的概念）<br>②国民的特徴,オーストラリア人の<br>③オーストラリア --トピ 文学 --トピ 歴史と批評<br>④オーストラリア --トピ 文学の中の |
| OCLC/LCSH | ― | ― |
| LC/LCSH | ― | ― |
| OCLC/NDLSH | ①オーストラリア文学 -- 歴史 | ― |
| NDL/NDLSH | ①オーストラリア文学 | ― |

## 10. ロシア文化と近代日本．
### 奥村剋三, 左近毅編. 世界思想社, 1998.
ISBN: 4790707164/9784790707165

| 付与機関／件名 | 件名 | 日本語訳 |
|---|---|---|
| KEIO/LCSH | ①Japan --$xCivilization --$xRussian influences.<br>②Japan --$xIntellectual life --$y1868-1912. | ①日本 -- トピ 文明 -- 地名 ロシアからの影響<br>②日本 -- トピ 知的生活 -- 時代 1868-1912. |
| OCLC/LCSH | ①Japan --$xCivilization --$xRussian influences. | ①日本 -- トピ 文明 -- 地名 ロシアからの影響 |
| LC/LCSH | ①Japan --$xCivilization --$xRussian influences. | ①日本 -- トピ 文明 -- 時代 ロシアからの影響 |
| OCLC/NDLSH | ①日本 -- 歴史 -- 近代 | ― |
| NDL/NDLSH | ①日本 -- 文化 -- 歴史 -- 明治以降<br>日本 -- 外国関係 -- ロシア -- 歴史 | ― |

## 11. 漢字樹：古代文明と漢字の起源．
### 饒宗頤著；小早川三郎訳. アルヒーフ, 2003.
ISBN: 4795401756/9784795401754

| 付与機関／件名 | 件名 | 日本語訳 |
|---|---|---|
| KEIO/LCSH | ①Signs and symbols.<br>②Inscriptions, Chinese.<br>③Chinese language --$xEtymology. | ①サインとシンボル<br>②碑文, 中国の<br>③中国語 -- トピ 語源 |
| OCLC/LCSH | ①Chinese language --$xWriting --$xHistory.<br>②China --$xCivilization. | ①中国語 -- トピ 書体 -- トピ 歴史<br>②中国 -- トピ 文明 |
| LC/LCSH | ①Chinese language --$xEtymology.<br>②Inscriptions, Chinese.<br>③Signs and symbols. | ①中国語 -- トピ 語源<br>②碑文, 中国の<br>③サインとシンボル |
| OCLC/NDLSH | ①漢字 -- 歴史 | ― |
| NDL/NDLSH | ①漢字 -- 歴史<br>②土器 -- 中国 | ― |

## 12．同時通訳者鳥飼玖美子．大橋由香子．理論社，2002．
ISBN: 4652049455/9784652049457

| 付与機関／件名 | 件名 | 日本語訳 |
|---|---|---|
| KEIO/LCSH | ①Torikai,Kumiko,1946- .<br>②Simultaneous interpreting. | ①鳥飼玖美子, 1946-<br>②同時通訳 |
| OCLC/LCSH | ― | ― |
| LC/LCSH | ①Torikai, Kumiko, 1946-<br>②Women translators --\$zJapan<br>　--\$xBiography. | ①鳥飼玖美子, 1946-<br>②女性翻訳者 --地名日本 --トピ<br>伝記 |
| OCLC/NDLSH | ― | ― |
| NDL/NDLSH | ①鳥飼, 玖美子, 1946- | ― |

## 13．昭和名せりふ伝．斎藤憐．小学館，2003．
ISBN: 4093874271/9784093874274

| 付与機関／件名 | 件名 | 日本語訳 |
|---|---|---|
| KEIO/LCSH | ①Japan --\$xHistory --\$yShowa<br>　period, 1926-1989. | ①日本 --トピ歴史 --時代昭和<br>時代, 1926-1989. |
| OCLC/LCSH | ①Quotations, Japanese.<br>②Proverbs, Japanese. | ①引用句,日本語の<br>②箴言,日本語の |
| LC/LCSH | ― | ― |
| OCLC/NDLSH | ①日本 -- 歴史 -- 昭和時代 | ― |
| NDL/NDLSH | ①日本 -- 歴史 -- 昭和時代 | ― |

## 14．「ひきこもり」救出マニュアル．斎藤環．PHP研究所，2002．
ISBN: 4569621147/9784569621142

| 付与機関／件名 | 件名 | 日本語訳 |
|---|---|---|
| KEIO/LCSH | ①Social phobia --\$xTreatment<br>　--\$zJapan<br>②Adolescent psychiatry | ①社会恐怖 --トピ治療 --地名<br>日本<br>②青年精神医学 |
| OCLC/LCSH | ― | ― |
| LC/LCSH | ― | ― |
| OCLC/NDLSH | ①精神医学<br>②青年期<br>③ひきこもり | ― |
| NDL/NDLSH | ①精神医学<br>②青年期<br>③ひきこもり | ― |

## 15．輸送現象論．大中逸雄 ［ほか］．大阪大学出版会，2003．
ISBN：4872591410/9784872591495

| 付与機関／件名 | 件名 | 日本語訳 |
|---|---|---|
| KEIO/LCSH | ①Transport theory.<br>②Heat --$xConduction.<br>③Heat --$xConvection. | ①輸送理論<br>②熱 --トピ電導<br>③熱 --トピ対流 |
| OCLC/LCSH | — | — |
| LC/LCSH | — | — |
| OCLC/NDLSH | ①輸送理論（物理学） | — |
| NDL/NDLSH | ①物質移動<br>②輸送理論（物理学） | — |

## 16．文化資産としてのウェブ情報：ウェブ・アーカイビングに関する国際シンポジウム記録集．国立国会図書館編．出版ニュース社，2003．
ISBN：4795401756/9784795401754

| 付与機関／件名 | 件名 | 日本語訳 |
|---|---|---|
| KEIO/LCSH | ①Computer network resources | ①コンピュータネットワーク資源 |
| OCLC/LCSH | ①Digital preservation --$vCongresses.<br>②Internet --$vCongresses.<br>③Electronic information resources --$vCongresses.<br>④Information technology --$vCongresses. | ①デジタル保存 --形式会議<br>②インターネット --形式会議<br>③電子情報資源 --形式会議<br>④情報技術 --形式会議 |
| LC/LCSH | ①Digital libraries -- $vCongresses<br>②Web archiving -- $vCongresses | ①デジタル図書館 --形式会議<br>②ウェブアーカイビング --形式会議 |
| OCLC/NDLSH | ①電子出版<br>②図書 -- 保存・修復 | — |
| NDL/NDLSH | ①ウェブアーカイビング* | — |

※2005年に新設された件名標目。

## 17．翻訳とはなにか：日本語と翻訳文化．新装版．
法政大学出版局，2003．
ISBN: 4588436090/9784588436093

| 付与機関/件名 | 件名 | 日本語訳 |
|---|---|---|
| KEIO/LCSH | ①Translating and interpreting --$zJapan.<br>②Japanese language --$xForeign elements. | ①翻訳と通訳 --地名日本<br><br>②日本語 --トピ外国要素 |
| OCLC/LCSH | ①Translating and interpreting.<br>②English language --$xTranslating into Japanese.<br>③Japanese language --$xForeign words and phrases. | ①翻訳と通訳<br>②英語 --トピ日本語への翻訳<br><br>③日本語 --トピ外来語と句 |
| LC/LCSH | ― | ― |
| OCLC/NDLSH | ①翻訳<br>②日本語 | ― |
| NDL/NDLSH | ①ウェブアーカイビング＊ | ― |

## 18．植物の不思議パワーを探る：心身の癒しと健康を求めて．
松尾英輔，正山征洋編著．九州大学出版会，2002．
ISBN: 4873787548/9784873787541

| 付与機関/件名 | 件名 | 日本語訳 |
|---|---|---|
| KEIO/LCSH | ①Gardening --$xTherapeutic use.<br><br>②Medical plants. | ①ガーデニング --トピ療法利用<br>②薬草 |
| OCLC/LCSH | ― | ― |
| LC/LCSH | ― | ― |
| OCLC/NDLSH | ①作業療法<br>②園芸<br>③薬用植物 | ― |
| NDL/NDLSH | ①園芸療法＊ | ― |

※ 2005年に新設された件名標目。

### 19. 「身分の取引」と日本の雇用慣行：国鉄の事例分析. 禹宗杬. 日本経済評論社, 2003.
ISBN: 4818814946/9784818814943

| 付与機関／件名 | 件名 | 日本語訳 |
|---|---|---|
| KEIO/LCSH | ①Nihonn Kokuyū Tetsudō.<br>②Personnel management --$zJapan --$vCase studies.<br>③Industrial relations --$zJapan --$vCase studies. | ①日本国有鉄道<br>②人事管理 --地名日本 --形式ケーススタディ<br>③労使関係 --地名日本 --形式ケーススタディ |
| OCLC/LCSH | ①Personnel management --$zJapan --$xHistory.<br>②Nihon Kokuyū Tetsudō --$xPersonnel management --$xHistory. | ①人事管理 --地名日本 --トピ歴史<br>②日本国有鉄道 --トピ人事管理 --トピ歴史 |
| LC/LCSH | ①Personnel management --$zJapan --$xHistory.<br>②Nihon Kokuyū Tetsudō --$xPersonnel management --$xHistory. | ①人事管理 --地名日本 --トピ歴史<br>②日本国有鉄道 --トピ人事管理 --トピ歴史 |
| OCLC/NDLSH | ①雇用<br>②労使関係 | — |
| NDL/NDLSH | ①日本国有鉄道<br>②雇用<br>③労使関係 | — |

### 20. 色彩学概説. 千々岩英彰. 東京大学出版会, 2001.
ISBN: 4130820850/9784130820851

| 付与機関／件名 | 件名 | 日本語訳 |
|---|---|---|
| KEIO/LCSH | ①Color<br>②Color --$xPsychological aspects. | ①色<br>②色 --トピ心理学的側面 |
| OCLC/LCSH | ①Color --$xPsychological aspects. | ①色 --トピ心理学的側面 |
| LC/LCSH | — | — |
| OCLC/NDLSH | ①色彩 | — |
| NDL/NDLSH | ①色 | — |

## 21．バリアフリー時代の心理・福祉工学．鈴木浩明．ナカニシヤ出版，2003．
ISBN: 4888487561/9784888487566

| 付与機関 / 件名 | 件名 | 日本語訳 |
|---|---|---|
| KEIO/LCSH | ①Barrier-free design.<br>②Self-help device for people with disabilities. | ①バリアフリーデザイン<br>②障害者のための自立式器具 |
| OCLC/LCSH | － | － |
| LC/LCSH | － | － |
| OCLC/NDLSH | ①人間工学 | － |
| NDL/NDLSH | ①人間工学<br>②バリアフリー（建築学）＊ | |

＊2007年に建築と身体障害者→バリアフリー（建築学）に変更

## 22．情報社会と法．藤井俊夫．成文堂，2003．
ISBN: 4792303532

| 付与機関 / 件名 | 件名 | 日本語訳 |
|---|---|---|
| KEIO/LCSH | ①Information society --$zJapan<br>②Information networks --$xLaw and legislation --$zJapan.<br>③Law and ethics. | ①情報社会 --地名日本<br>②情報ネットワーク --トピ法と立法 地名日本<br>③法律と道徳 |
| OCLC/LCSH | ①Privacy, Right of --$zJapan.<br>②Public records --$xAccess control $zJapan.<br>③Internet --$xLaw and legislation --$zJapan.<br>④Intellectual property --$zJapan. | ①プライバシー,権利 --地名日本<br>②公文書 --トピ側面アクセス管理 --地名日本<br>③インターネット --トピ法と立法 --地名日本<br>④知的財産 --地名日本 |
| LC/LCSH | ①Privacy, Right of --$zJapan.<br>②Public records --$xAccess control --$zJapan.<br>③Internet --$xLaw and legislation --$zJapan.<br>④Intellectual property --$zJapan. | ①プライバシー,権利 --地名日本<br>②公文書 --トピ側面アクセス管理 --地名日本<br>③インターネット --トピ法と立法 --地名日本<br>④知的財産 --地名日本 |
| OCLC/NDLSH | ①情報化社会<br>②法律<br>③インターネット -- 法令<br>④プライバシー | － |
| NDL/NDLSH | ①情報化社会<br>②インターネット -- 法令 | － |

## 23．知っておきたい戦争の歴史：日本占領下インドネシアの教育．百瀬侑子．つくばね舎；地歴社［発売］，2003．
ISBN: 4924836613/9784924836617

| 付与機関／件名 | 件名 | 日本語訳 |
|---|---|---|
| KEIO/LCSH | ①Education --$zIndonesia --$xHistory --$y20th century.<br>②Japanese language --$xStudy and teaching --$zIndonesia.<br>③Indonesia --$xHistory --$yJapanese occupation, 1942-1945. | ①教育 --地名インドネシア --トピ歴史<br>②日本語 --トピ学習と指導 --地名インドネシア<br>③インドネシア --トピ歴史 --時代日本占領下, 1942-1945 |
| OCLC/LCSH | ①Education --$zIndonesia --$xHistory.<br>②Indonesia --$xHistory --$yJapanese occupation, 1942-1945. | ①教育 --地名インドネシア --トピ歴史<br>②インドネシア --トピ歴史 --時代日本占領下, 1942-1945 |
| LC/LCSH | ①Education --$zIndonesia --$xHistory.<br>②Indonesia --$xHistory --$yJapanese occupation, 1942-1945. | ①教育 --地名インドネシア --トピ歴史<br>②インドネシア --トピ歴史 --時代日本占領下, 1942-1945 |
| OCLC/NDLSH | ①インドネシア -- 教育 | ― |
| NDL/NDLSH | ①インドネシア -- 教育 -- 歴史<br>②殖民政策 | ― |

## 24．天気で読む日本地図．山田吉彦．PHP研究所，2003．
ISBN: 4569627358/9784569627359

| 付与機関／件名 | 件名 | 日本語訳 |
|---|---|---|
| KEIO/LCSH | ①Weather --$zJapan --$xFolklore.<br>②Weather forecasting --$zJapan --$xFolklore.<br>③Proverbs, Japanese --$zJapan. | ①天気 --地名日本 --トピ民間伝承<br>②天気予報 --地名日本 --トピ民間伝承<br>③格言,日本の --トピ Japan. |
| OCLC/LCSH | ①Weather forecasting --$zJapan.<br>②Weather --$vQuotations maxims, etc.<br>③Proverbs, Japanese | ①天気予報 --地名日本<br>②天気 --形式引用,格言,その他<br>③格言,日本語の |
| LC/LCSH | ― | ― |
| OCLC/NDLSH | ①気象 -- 日本．<br>②天気予報<br>③諺 -- 日本 | ― |
| NDL/NDLSH | ①気候 -- 日本 | ― |

## 25．留学生のための論理的な文章の書き方．二通信子，佐藤不二子．改訂版．スリーエーネットワーク，2003．
ISBN: 4883192571/9784883192571

| 付与機関／件名 | 件名 | 日本語訳 |
|---|---|---|
| KEIO/LCSH | ①Report writing --$xStudy and teaching.<br>②Japanese language --$vTextbooks for foreign speakers.<br>③Japanese language --$xComposition and exercises. | ①レポートの書き方 --トピ学習と指導<br>②日本語 --形式外国語話者のための教科書<br>③日本語 --トピ作文と練習 |
| OCLC/LCSH | ①Japanese language --$vTextbooks for foreign speakers.<br>②Report writing --$xStudy and teaching --$zJapan. | ①日本語 --形式外国語話者のための教科書<br>②レポートの書き方 --トピ学習と指導 --地名日本 |
| LC/LCSH | — | — |
| OCLC/NDLSH | ①論文作法 | — |
| NDL/NDLSH | ①論文作法 | — |

## 26．古代地方木簡の研究．平川南．吉川弘文館，2003．
ISBN: 4642023801/9784642023801

| 付与機関／件名 | 件名 | 日本語訳 |
|---|---|---|
| KEIO/LCSH | ①Wooden tablets --$zJapan --$xHistory<br>②Inscriptions, Japanese.<br>③Japan --$xAntiquities.<br>④Japan --$xHistory --$yTo 1185. | ①木簡 --地名日本 --トピ歴史<br>②碑銘，日本語の<br>③日本 --トピ古代<br>④日本 --トピ歴史 --時代1185まで |
| OCLC/LCSH | ①Japan --$xAntiquities.<br>②Inscriptions, Japanese.<br>③Wooden tablets --$zJapan. | ①日本 --トピ古代<br>②碑銘，日本語の<br>③木簡 --地名日本 |
| LC/LCSH | ①Japan --$xAntiquities.<br>②Inscriptions, Japanese.<br>③Wooden tablets --$zJapan. | ①日本 --トピ古代<br>②碑銘，日本語の<br>③木簡 --地名日本 |
| OCLC/NDLSH | — | — |
| NDL/NDLSH | ①日本 -- 歴史 -- 古代<br>②木簡・竹簡 | — |

## 27．絵図に見る伊勢参り．旅の文化研究所編．
　　　河出書房新社，2002.
　　　ISBN: 4309242707/9784309242705

| 付与機関／件名 | 件名 | 日本語訳 |
|---|---|---|
| KEIO/LCSH | ①Shitomi, Kangetsu, 1747-1797.<br>②Ise Daijingū --$vPictorial works.<br>③Shinto pilgrims and pilgrimages --$zJapan --$zKinki Region --$vPictorial works.<br>④Kinki Region（Japan） --$xDescription and travel.<br>⑤Kinki Region (Japan) --$vPictorial works | ①蔀,関月,1747-1797<br>②伊勢大神宮 -- 形式 図録<br>③神道巡礼者と巡礼 -- 地名 日本 -- 地名 近畿地方 -- 形式 図録<br>④近畿地方(日本)-- トピ 解説と旅<br>⑤近畿地方(日本) -- 形式 図録 |
| OCLC/LCSH | ①Ise Daijingū.<br>②Pilgrims and pilgrimages --$zJapan --$zIse-shi.<br>③Kinki Region （Japan） --$xDescription and travel. | ①伊勢大神宮<br>②巡礼者と巡礼 -- 地名 日本 -- 地名 伊勢市<br>③近畿地方(日本) -- トピ 解説と旅 |
| LC/LCSH | ― | ― |
| OCLC/NDLSH | ①伊勢参宮名所図会 | ― |
| NDL/NDLSH | ①伊勢参宮名所図会<br>②伊勢参宮 | ― |

## 28．ヨーロッパ古層の異人たち：祝祭と信仰．
　　　芳賀日出男文・写真．東京書籍，2003.
　　　ISBN: 4487798329/9784487798322

| 付与機関／件名 | 件名 | 日本語訳 |
|---|---|---|
| KEIO/LCSH | ①Folk festivals.<br>②Folk festivals --$vPictorial works.<br>③Rites and ceremonies --$xEurope --$vPictorial works.<br>④Europe --$xReligious life and customs. | ①郷土祭り<br>②郷土祭り -- 形式 図録<br>③典礼と儀式 -- 地名 ヨーロッパ -- 形式 図録<br>④ヨーロッパ -- トピ 宗教的生活と風習 |
| OCLC/LCSH | ― | ― |
| LC/LCSH | ― | ― |
| OCLC/NDLSH | ①祭礼 -- ヨーロッパ | ― |
| NDL/NDLSH | ①祭礼 -- ヨーロッパ | ― |

29. 藤森照信の原・現代住宅再見.
    藤森照信著；下村純一写真. TOTO出版, 2002.
    ISBN: 4887062184/9784887062184

| 付与機関/件名 | 件名 | 日本語訳 |
|---|---|---|
| KEIO/LCSH | ①Architecture, Domestic --$zJapan --$vDesigns and plans. | ①建築,住宅 --地名日本 --形式デザインと設計 |
| OCLC/LCSH | ①Architecture, Domestic --$zJapan.<br>②Architecture --$zJapan --$xHistory --$y20th century. | ①建築,住宅 --地名日本<br>②建築,住宅 --地名日本 --トピ歴史 --時代20世紀 |
| LC/LCSH | — | — |
| OCLC/NDLSH | ①住宅建築 | — |
| NDL/NDLSH | ①住宅建築 -- 図集 | — |

30. 自然・人間・科学：生化学者のアフォリズム. エルヴィン・シャルガフ著；山本尤, 伊藤富雄訳. 法政大学出版局, 2002.
    ISBN: 4588007645/9784588007644

| 付与機関/件名 | 件名 | 日本語訳 |
|---|---|---|
| KEIO/LCSH | ①Chargaff, Erwin.<br>②Science --$xMoral and ethical aspects.<br>③Proverbs, German. | ①シャルガフ, エルヴィン<br>②科学 --トピモラルと道徳的側面<br>③格言, ドイツの |
| OCLC/LCSH | — | — |
| LC/LCSH | — | — |
| OCLC/NDLSH | ①科学と文化 | — |
| NDL/NDLSH | ①科学と文化 | — |

## 4　件名付与の次なる可能性を考える

　本章では，42件のLCSH付与事例を紹介した。これら事例から件名付与の奥深さを実感されたのではないだろうか。

　従来，図書館の資料に対して行う主題分析は，内容を要約する方法がとられてきた。LCSHの一般利用規定でもこの方法が基本となる。その主な理由は，書架分類記号（書架上の配架位置）を定めることにあるが，目録作成のコスト[15]を抑える有効な手段であったことが考えられる。一方，雑誌記事索引など論文単位[16]の主題分析には，もっと深く，詳細に，かつ網羅的に分析する方法がとられてきた。今後電子書籍など電子情報資源が増加し，情報資源には書架上の住所が必要なくなれば，要約する主題分析に加えて，網羅的な主題分析と件名付与が奨励されていくことが予想できる。例えば，章ごとの件名付与である。これは従来の印刷媒体の書籍における索引の有無が，利用者の利便性に大きな差を生み出すことに共通する視点でもある。

　そういう意味では，媒体を問わず主題に特化した形で情報資源を串刺しにするしくみには，LCSH付与方針の調整や対応が必然となることが予想できる。LCSH事例は，その可能性を考える上でも有益かつ興味深い。

### ▶コラム5：特殊な扱いを必要とする主題

　　多くの主題は多様な側面や下位概念を持ち，それらが複雑にかかわっている。また，主題には，互いに共通の特徴や属性を持つものも少なくない。
　　情報資源を蓄積し，使いやすくするための工夫の1つに，似た主題同士を束ねて整理する手法がある。従来の図書館における分類法はその一例で，ほとんどの図書館では，同じ分類の本が隣接して並んでいる。
　　数多くの作品が生み出されている主題に関しては，その主題が典型的な特徴をもつ場合がある。その主題の情報資源の多くがある特徴をもつ場合もある。これらが把握できれば，件名付与の際の手がかりとなる。
　　典型的特徴を把握できれば，件名付与作業もより効果的に行える。このことは，主題に対する知識の有無が情報資源を主題分析する際にかかる時間や労力，その結果に影響があることと同じ理屈である。
　　これがあてはまる主題に，文学，音楽，法律，美術，宗教などがある。
　　音楽にのみある情報資源に「楽譜」がある。楽譜をもとに，実際に演奏した録音や映像作品が派生する。美術では美術作品，その複製物，それら作品の写真集や解

説書などが出版される。作品の作者に関する情報資源もある。宗教では，各種宗教について解説されているもの，それら宗教の聖典と聖典の解説，各宗教の戒律や修道派についてや，宗教以外の主題との関係について取り上げている情報資源などがある。

　もちろん，厳密にいえば，すべての主題がユニークであり，それぞれ特有の扱いを必要とするため，上記5つの主題だけが特殊なわけではない。

　より効果的に情報資源を把握する手段の確認と，そのために必要な主題についての知識を補完するためにもLCSHとSHMは貴重なツールなのだ。特にその主題の知識がない場合は必須の虎の巻となる。本コラムでは，法律と文学を例に解説する。

## （1）法律の場合

　法律は，素人には身近な主題としてとらえにくい。仕事や必要に迫られないと法律書を読むことも稀に違いない。しかし，法律は，近代国家では人々の生活に欠かせないものであり，この主題について収集しない図書館もまた稀であろう。SHMを活用して，法律の分野で典型的な情報資源が何か，それを説明する。

### ■ 法律分野の情報資源の種類とSHM対応規則

　法律に典型的な情報資源には，以下の種類がある。詳細は，表Law-1（194頁）のLCSH付与規則の概略をガイドに，SHMの適用規則を参照するとよい。

　A．法（そのもの）：法令集，法規集，憲法，条例集など法律自体を記したもの
　B．法律の解説：法律，法制度などを解説・分析したもの
　C．その他文書：法律制定過程を記録した歴史的資料・裁判の記録など
　D．調査，研究法：司法研究，研究調査法などを取り上げたもの

## （2）文学の場合

　文学は，義務教育の国語の授業でも取り上げられる主題で，身近な主題である。しかし，文学という主題も多様な側面を持つ。

### ■ 文学分野の情報資源の種類

　文学分野に典型的な情報資源には，次のような種類のものがある[17]。

　A．作品そのもの
　B．作家論
　C．作品論
　D．文学論
　E．文学と他分野との関係
　F．特殊文学
　G．翻訳書

文学分野の情報資源に使用される件名標目には，次のような概念を表現するものが多く含まれる[18]。これらは，文学にとって典型的といえる。

表 Lit-1[19]　文学分野の件名標目に表現される典型的な概念

| 概念 | 例： |
|---|---|
| 国籍 | アメリカ人,メキシコ人,スイス人,日本人,他<br>American, Mexican, Swiss, Japanese, etc. |
| 文学形式またはジャンル | 詩,短編,一幕劇<br>Poetry, Short Stories, One-act plays |
| ストーリーのテーマまたはトピック | 愛,ミステリー,ナポレオン,朝鮮戦争<br>Love, Mystery, Napoleon, Korean war |
| 時代性 | 20世紀,ルネッサンス<br>20th century, Renaissance |
| 特定の著者グループ | ユダヤ人,女性,囚人<br>Jews, Women, Prisoners |
| 翻訳 | フランス語から英語へ<br>From French to English |
| 文学運動 | ロマンス主義,シュールリアリズム<br>Romanticism, Surrealism |
| 言語 | バスク語,イディッシュ語,カタロニア語<br>Basque, Yiddish, Catalan |
| 執筆の場所 | ニューヨーク市,ノルマンディ,アメリカ南部州<br>New York City, Normandy, Southern States |

文学に関わる情報資源に付与される件名標目は，どのような国の，どんな形式の，どの時代の，どのようなテーマの，といった特徴を表すものである。このほか重要な特徴には，執筆した作者の特徴や，作者の属する文学運動や派，執筆の言語や執筆の場所がある。

■ 文学分野の情報資源の種類と SHM 対応規則

文学分野の情報資源の種類に対応する LCSH の付与規則の概略は表Lit-2 (199頁) のようになる。詳細は SHM の適用規則を参照するとよい。

---

参考文献・引用文献・注

1　Taylor, Arlene G. Introduction to cataloging and classification. 10th ed. Westport, Conn. : Libraries Unlimited, 2006. p.302.
2　木藤るい, 沢田純子. "目録の質の向上をめざして". MediaNet. No.11, 2004. p.58-59. (URL: http://

www.lib.keio.ac.jp/publication/medianet/article/pdf/0110580.pdf, （参照 2013-10-20).）。
3 　一部の資料組織法等の教科書には，標題紙の写しを提供し分析させる方法をとるものもある。実際には，それだけでは主題分析することが難しいものも少なくない。この点については「第8章件名付与作業」ですでに解説したとおりである。
4 　$x＝トピカル件名細目＝ トピ 　$v＝形式件名細目＝ 形式 　$y＝時代件名細目＝ 時代 　$z＝地名件名細目＝ 地名
5 　Industrial design は Design の下位概念である。
6 　つまり，参照形標目として。
7 　この件名は，LCSH の標目形である。
8 　高齢者に対する標目が Aged から Older people に 2004 年 9 月に新設された。
9 　転置形標目については，第 3 章 3．1．1 トピカル標目の種類と形（3）の項を参照。
10 　Religious architecture の上位概念は Architecture である。
11 　これは，LC の一般方針 H180 の 6 番目の規則になる。本書第 5 章の「2．件名付与の方法」を参照。
12 　記述には，情報資源全体の 20% 以上が米国議会図書館の原則である。
13 　本書第 5 章の「2．件名付与の方法」または，SHM: H180 を参照。
14 　特定の人物に対して付与できる汎用件名細目については，SHM: H1110 もしくは鹿島みづき．『レファレンスサービスのための主題・主題分析・統制語彙．（東京：勉誠出版，2009.)』の第 4 章　表 4 − 5 参照。
15 　特に，カード目録の時代では，件名の数はカード引き出しにファイルするカードの数に比例し，カードの上部に件名標目をタイプすることや，できあがったカードをファイリングする手間が発生したからである。
16 　雑誌に掲載されている論文は配架場所に配慮する必要がない。
17 　主に，SHM: H1775，SHM: H1156 による。
18 　SHM: H1775 2. より。
19 　文学分野で使用される件名標目の種類を表現する「ファセット」としてもとらえることができる。

表 Law－1

| 情報資源の種類 | SHM対応規則 | 対応規則の要約 | LCSH例 |
|---|---|---|---|
| A. 法そのもの ||||
| (1) 法令集・法規集・条例集など法律そのもの | H1715 法律関係資料:立法 (Legal materials: Legislation)<br>H1465 憲法(Constitutions)<br>H1465 1.c. (1) 憲法改正 (Constitutional amendments)<br>H1705 法律関連資料:法律と立法とその他の件名細目 (Legal materials: Law and Legislation and other subdivisions)<br>H2227 条約 (Treaties) | /特定の主題に特化しない法令集で基本記入(法律を制定した国,州,都道府県,などになる)が法域名 (Name of jurisdiction)[i]の場合は<br>⇒ Law – [地名][ii]<br>Constitutions – [地名]<br>Ordinances, Municipal – [地名]<br>/アメリカ以外の国の定款,交付金,特権などの法規は地名を主題目とし,[Charters, grants, privileges]を件名細目とする。<br>[地名] – Charters, grants, privileges<br>/アメリカ国内の定款,交付金,特権などの法規は[Charters]を件名細目とする。<br>[地名] – Charters | Law – Japan 法律 – 日本<br>Commercial law –Japan 商法 – 日本<br>Smoking – Law and legislation – Japan – Tokyo 喫煙 – 法律と立法 – 日本 – 東京<br>Constitutions – Japan 憲法 – 日本<br>Ordinances, Municipal – Japan – Musashino-shi 条例 – 日本 – 蔵野市<br>Ordinances, Municipal – Japan – Aichi-ken. 条例 – 日本 – 愛知県<br>Tokyo (Japan) – Charters, grants, privileges. 東京都 (日本) – 定款,交付金,特権<br>Los Angeles (Calif.) – Charters ロスアンゼルス(カリフォルニア州)<br>County charters – Japan –Aichi-gun. 地方勅許 – 日本 – 愛知郡 |
| (2) 各種法律・規則・裁判判決などを要約している情報資源 | H1550 法律要覧 (Digests) | /法律標目の後[iii]に「– Digests」を付与する<br>⇒ [法律標目] – Digests<br>/特に学生のために集められた判例集には法律標目の後に「– Cases」を付与する<br>⇒ [法律標目] – Cases | Constitutions – Japan – Digests. 憲法 – 日本 – 要約<br>Educational law – Japan – Digests. 教育法 – 日本 – 要約<br>Law – Japan – Digests. 法律 – 日本 – 要約<br>Law reports, digests, etc. – Japan. |

第Ⅳ部　件名付与の実際 | 195

| | | | |
|---|---|---|---|
| (3) 立法・制定に至るまでの委員会, 報告会, 聴衆会等で記録した議事などの情報資源 | H1715 3. a.　立法の歴史 (Legislative histories) | ／主題を限定しない各種法律の歴史には, [Legislative histories]の後に地名を付与する<br>⇒ Legislative histories – [地名] | 判例.要約.他 – 日本<br>Law – Cases.[iv]<br>法律 – 判例集<br>Legislative histories – Japan.　立法の歴史 – 日本 |
| | H1715 3.b. – Legislative history. | ／特定の主題に特化した法律の立法の歴史には<br>⇒[トピカル標目[v]] – Law and legislation[vi] – [地名件名細目] – Legislative history | Immigration – Law and legislation – Japan – Legislative history.<br>出入国管理 – 法律と立法 – 日本 – 立法の歴史<br>Children – Legal status, laws, etc. – Japan – Legislative history.<br>子供 – 法的立場.法律他 – 日本 – 立法の歴史 |
| | H1715 3.c. | ／特定の法律に関する立法の歴史には<br>⇒[法律名[vii]] – Legislative history | Automobiles – Safety regulations – Japan – legislative history.<br>自動車 – 安全基準 – 日本 – 立法の歴史<br>Japan. Rōdōsha hakenhō – Legislative history.<br>日本.労働者派遣法[viii] – 立法の歴史 |
| **B．法の解説** | | | |
| (4) 各種法律・条約などについての情報資源 | H1715 2. 立法に関する資料 (Works about legislation)<br>H1465 1.b.　(3)　憲法学 (Constitutional law)<br>H1465 1.c.　(2) 憲法改正に関する資 | ／[法律標目]または[法律名]×を主標目とする | Environmental law – Japan.<br>環境法 – 日本<br>Criminal law – Japan.<br>刑法 – 日本<br>Japan.Toshokanhō. |

| 情報資源の種類 | SHM 対応規則 | 対応規則の要約 | *作品例[i]／LCSH付与例 |
|---|---|---|---|
| | 料(Constitutional amendments)<br>H1465 1.d. 憲法の歴史 (Constitutional history)<br>H1705 法律関連資料(Legal materials : Law and Legislation and other subdivisions [ix])<br>H2227 2. 条約(Treaties) | | 日本.図書館法<br>Japan. Rōdō Kijunhō.<br>日本.労働基準法<br>Japan. Kikenbutsu Kisei ni Kansuru Seirei.<br>日本.危険物規制に関する政令<br>Japan. Jūmin kihon daichōhō.<br>日本.住民基本台帳法 |
| (5) 法制度や法制度の中の具体的トピックに関する情報資源 | H1718 法関連資料:法制度 (Legal materials: Systems of law) | | Mass media (Islamic law)<br>マスメディア(イスラム法) |
| (6) 各種分野に関わる法律に関係する情報資源 | H1705 法律関連資料(Legal materials : Law and Legislation and other subdivisions)[xi]<br>H1154.5 法関連トピック(Legal topics) | ／[トピカル標目]に[-- Law and legislation][法域名]を付与する<br>ただし,トピカル標目が[人のグループ]の名称の場合は,[-- Legal status, laws, etc. (法的立場,法律,その他)]の後に[法域名]を付与する<br>トピカル標目に[物理的物体の種類,化学物質,工作機械,設備,各種産業,活動(運転,消防など),学問分野]を表現する場合は,[-- Safety regulations (安全基準)」の後に[法域名]を付与する | Drinking -- Law and legislation -- Japan.<br>飲酒 -- 法と立法 -- 日本<br>Pregnancy -- Law and legislation -- Japan.<br>妊娠 -- 法と立法 -- 日本 |
| C. その他の文書 ||||
| (7) 裁判に関する情報資源[xii] | H2228 裁判(Trials) | ／民法または刑法のもとで起訴される個人,家族,団体または法域に対する裁判の記録. | Trials -- Japan.<br>裁判 -- 日本 |

第Ⅳ部　件名付与の実際　｜　197

| | | | |
|---|---|---|---|
| | | またはそれら裁判に関する資料に対しては,被告名に続けて「-- Trials, litigation, etc.」を汎用件名細目として付与する<br>／主題を限定しない,裁判の記録集に対しては,「Trials+地名件名細目」の形の標目を付与する<br>／特定の主題の裁判の記録集に対しては,「Trials（主題）+地名件名細目」の形の標目を付与する<br>／特定の被告に対する刑事裁判の記録またはそれに関する資料に対しては,「被告名+Trials, litigations, etc.」と付与するか,その裁判自体の名称が件名典拠レコードにあるものは,その裁判の名称を件名標目として付与する<br>／特に主題性のある裁判に対しては,「Trials（主題）+地名件名細目」の標目を付与することができる<br>／民事裁判の記録またはそれに関する資料には,民事訴訟を起こした個人（団体家族,法域）と訴訟に関連するそのほかの個人（団体家族,法域）も標目としても付与する。これらの標目に対しても,すべて「-- Trials, litigation, etc.」と付与する[xiii]。 | Trials (Political crimes and offenses) -- Japan -- Sapporo-shi.<br>裁判（政治犯罪と違反）-- 日本 -- 札幌市<br>Trials (Divorce) -- Japan.<br>裁判（離婚）-- 日本<br>Oumu Shinrikyō -- Trials, litigation, etc.<br>オウム真理教 -- 裁判,訴訟,等<br>Asahara, Shōkō -- Trials, litigation, etc.<br>浅原, 彰晃 -- 裁判,訴訟,等<br>Watergate trial, Washington, D.C., 1973.<br>ウォーターゲート裁判,ワシントン,D.C., 1973 |
| （8）立法の歴史に関する情報資源 | H1715 3.d.　立法の歴史に関連する資料（Works about legislative history）調査・研究法 | ／立法の歴史の記録法または立法の歴史に関する資料の活用法に関する資料には,（地名件名細目）「Legislative histories + (地名件名細目)」 | Budget -- Law and legislation -- Japan -- Tokyo -- Legislative history. |

198 | 第9章 件名付与事例

| 情報資源の種類 | SHM 対応規則 | 対応規則の要約 | *作品例[i]／LCSH付与例 |
|---|---|---|---|
| （9）研究に関する情報資源 | | D. 調査・研究法 | 予算 – 法と立法 – 日本 – 東京 – 立法の |
| | H1710 –司法研究 (Legal research) –研究調査 (Research) | 目」を付与する／主題目（またはトピカル標目＋Law and legislation標目またはLegal status, laws, etc. の形の標目）が法律に関連する調査法などについては「– Legal research」を付与する。／法律以外の主題での適用と同様に、通常使用する研究・研究法に関する資料については、「– Research」を法律標目（＋地名件名細目）に続いて付与することができる。 | Taxation – Law and legislation – Japan – Legal research. 税 – 法と立法 – 日本 – 司法研究 Criminal law – Japan – Legal research. 刑法 – 日本 – 司法研究 Constitution – Japan – Research. 憲法 – 日本 – 研究 |

i 法域名は、司法を司る実体がその法律の制定に責任を持つという意味で「基本記入」と説明がある。
ii 本表でいう「地名」とはすべて法域名を指す
iii 地理細目可（May Subd Geog）と明示されているものは地名件名細目を付加する
iv 学生のための判例集に使用する件名細目
v それ自体が何らかの法律を表現するトピカル標目。[トピカル標目 + – Law and legislation] の形のものも含む
vi ただし、人のグループ名が主標目になった場合には、[– Legal status, laws, etc] を使用し、物理的物体の種類、化学物質、工作機械、設備、各種産業、活動（運転、消火など）、学問分野などが主標目となった場合には [– Safety regulations] を使用する。
vii この場合、[法域名＋法律の統一タイトル] の形で「統一タイトル」が記される。統一タイトルは「法域名。法律の名称」の形をとる。
viii この場合、特定の法律に与えられる「統一タイトル」が記される。統一タイトルは「法域名。法律の名称」の形をとる。
ix 一部表の（6）の項目に重なる。
x 法律名は、[法域名＋法律の統一タイトル] の形で表現すること。LC Authorities で確認すること。
xi 表の（4）の項目に一部重なる
xii 民事または刑事訴訟の対象となる個人、家族、団体、もしくは法域に関わる裁判の記録、もしくは、その裁判に関連するものに対して、件名細目「– Trials, litigations, etc.（裁判、訴訟、等）」を付与することができる。
xiii このほか、戦争犯罪者に関する裁判については、SHM:H2228 5. War crime trials を参照。

第Ⅳ部　件名付与の実際 | 199

表 Lit－2

| 情報資源の種類 | SHM 対応規則 | | 対応規則の要約 | *作品例 i／LCSH付与例 |
|---|---|---|---|---|
| | 文学全般 | 特定の文学形式 | | |

A. 作品そのもの

| 情報資源の種類 | 文学全般 | 特定の文学形式 | 対応規則の要約 | *作品例／LCSH付与例 |
|---|---|---|---|---|
| （1）複数作家の作品集 | SHM:H1775<br>文学:一般<br>(Literature: General)<br>3.a. | H1780<br>文学:戯曲<br>(Literature:Drama)<br>2.a., 3.a.b. | ／作品集には,表Lit-1 の各種概念を作名標目として付与できる。<br>／戯曲,詩,小説のみによる複数作家の作品集には,この形式を明示する標目を付与する。 | *『20世紀アメリカ文学全集』／<br>American literature -- 20th century<br>アメリカ文学 -- 20世紀<br>*『ドイツ文学名作集』／<br>German literature ドイツ文学 |
| | | H1800<br>文学:詩<br>(Literature:Poetry)<br>2.a., 3.a.b. | ／特定の主題に特化した作品集は,その主題を表現する標目を,『[主題]＋[-- Drama (もしくは [--Poetry]、[-- Fiction]) ]』の形で付与する。ただし,主題と形式両方を表現する熟語形標目があれば,それを付与する。 | *『古典スペイン戯曲選集』／<br>Spanish drama -- Classical period, 1500-1700　スペイン戯曲 -- 古典時代, 1500-1700<br>*『ポルトガル愛の詩英訳集』／<br>Love poetry, Portuguese -- Translations into English　愛の詩, ポルトガルの -- 英語への翻訳 |
| ・特定の登場人物または架空の人物に特化したもの | SHM:H1610<br>架空のキャラクタ<br>(Fictitious characters)<br>5.a. | H1790<br>文学:小説<br>(Literature:Fiction)<br>2.a. 3.a.b.c. | ／特定の登場キャラクタに特化した作品集にはキャラクタ名を主標目とし,形式細目の『[-- Fiction] [-- Drama][-- Poetry][-- Literary collection]』のいずれかを付与する。架空のキャラクタの場合は,名前の後に括弧書きで『(Fictitious character)』と付与する。 | *『藤原家詩集』／<br>Fujiwara family -- Poetry<br>藤原家 -- 詩<br>Historical plays　史劇<br>Japanese fiction.　日本の小説<br>Toyotomi, Hideyoshi, 1536-1598. -- Fiction　豊臣秀吉, 1536-1598 -- 小説<br>Potter, Harry (Fictitious character) -- Fiction.　ハリー・ポッター (架空のキャラクタ) -- 小説 |

| 情報資源の種類 | SHM 対応規則 | | 対応規則の要約 | *作品例[i]／LCSH付与例 |
|---|---|---|---|---|
| | 文学全般 | 特定の文学形式 | | |
| (2) 一作家の作品集 | SHM:H1775<br>文学:一般<br>Literature: General<br>3.b. | H1780<br>文学:戯曲<br>(Literature:Drama)<br>2.b., 3.a.b.<br><br>H1800<br>文学:詩<br>(Literature:Poetry)<br>2.b., 3.a.b. | ／テーマまたはトピック性があるものには、そのテーマの標目を付与する<br>・特定の文学形式に特化したものは、その形式を付与する<br>・国籍もしくは言語はジャンルもしくはテーマとセットになった熟語形の標目があれば、それを付与する | *『一作家による愛の詩集』／<br>Love poetry, French. 愛の詩, フランスの<br>*『一歴史小説家による侍物語選集』／<br>Samurai stories 時代小説<br>*『一著者による日本歴史小説』／<br>Historical fiction, Japanese. 歴史小説, 日本の<br>College and school drama, Japanese.<br>大学と学校ドラマ, 日本の<br>Detective and mystery plays, American.<br>探偵とミステリー劇, アメリカの |
| ・特定の登場人物または架空の人物に特化した作品集 | SHM:H1610<br>架空の人物<br>(Fictitious characters)<br>5.a. | H1790<br>文学:小説<br>(Literature:Fiction)<br>2.b., 3.c. | ／登場キャラクタが架空の場合は、[キャラクタ名] に括弧書きで「(Fictitious character)」を付与した標目に文学形式件名細目の [-- Fiction] [-- Drama] [-- Poetry] [-- Literary collection ] のいずれかを付与する<br>／登場キャラクタが実在の場合は、「個人名」の後に上記形式標目を付与する | Robin Hood (Fictitious character) -- Drama. |
| (3) 一作品 | SHM:1775<br>文学:一般<br>Literature: General<br>3.c. | H1780<br>文学:戯曲<br>(Literature:Drama)<br>4.<br><br>H1800 | ／個々の詩と戯曲作品には、テーマと特化したジャンルを容易に把握することができればそれらに対する標目を付与する。 | Miyamoto, Musashi, 1584-1645 -- Fiction.<br>*『日露戦争を題材とした一小説』／<br>Russo-Japanese War, 1904-1905 -- Fiction.<br>日露戦争, 1904-1905 -- 小説<br>*『フランス革命を題材とした一戯曲』／ |

200 | 第9章 件名付与事例

第Ⅳ部　件名付与の実際 | 201

| | | | |
|---|---|---|---|
| | 文学:詩 (Literature:Poetry) 4. | | French revolution -- Drama. フランス革命 -- 戯曲<br>*「クリスマスをテーマとした一編の詩」/ Christmas -- Poetry. |
| | H1790<br>文学:小説 (Literature:Fiction)<br>4.a.b.c.　5. | 個々の小説にはテーマまたはトピックを表す標目を、以下の種類の小説に対してのみ付与できる[ii]。<br>a．伝記小説　[被伝者名] + [-- Fiction]<br>b．歴史小説　[時代名または出来事] + [-- Fiction]<br>c．動物に関する小説　[Animals -- Fiction] または [動物の種類 -- Fiction] の形で付与する。<br>個々の成人小説、児童小説、ヤングアダルト小説には形式標目を付与しない。 | Toyotomi, Hideyoshi, 1536-1598 -- Fiction.<br>豊臣秀吉, 1536-1598　-- 小説<br>Japan -- History -- Heian period, 794-1185 -- Fiction.<br>日本 -- 歴史 -- 平安時代, 794-1185 -- 小説<br>Race Horses -- Fiction.<br>競馬 -- 小説 |
| | | **B．作家論** | |
| (4) 複数作家・著者のグループ | SHM:H1775<br>3.d. | /内容が表Lit-1 の各種概念に相当する場合は、それらを件名標目としても付与できる。<br>・文学形式を付与する場合には、それが作品そのものではなく、評論であることがわかるように、[-- History and criticism] のような件名細目を付与するテーマやトピックは、[トピック] in literature, [トピック] -- In literature, 又は | *『日本文学の歴史』/<br>Japanese literature -- History.<br>日本文学 -- 歴史<br>*『[イタリア　サイエンスフィクションの書誌]/ Science fiction, Italian -- Bibliography.<br>*『20世紀ユダヤ人小説家についてのエッセイ』/<br>Novelists, Jewish[iv] -- 20th century.<br>*『アメリカ小説における風刺についての論文 |
| | SHM:H1155.2 | | |

| 情報資源の種類 | SHM 対応規則 | | 対応規則の要約 | *作品例[i]／LCSH付与例 |
|---|---|---|---|---|
| | 文学全般 | 特定の文学形式 | | |
| | | | [トピック] and literatureの形の標目で表現する[iii]。 | 集」／<br>Satire in literature.<br>American fiction -- History and criticism.<br>*「カナダ人著者の伝記ディレクトリー」／<br>Authors, Canadian -- Biography -- Directories. |
| (5) 一作家 | SHM:H1775<br>3.e.<br>SHM:H1110 | | ／作者名[v]が主標目となる。必要であれば、個人名に続けて付与できる汎用件名細目(SHM:H1110)を使用する | *「一人の作家の自叙伝」／<br>Hughs, Langston, 1902-1967.<br>Mishima, Yukiko, 1925-1970.<br>*「シェイクスピアの戯曲の舞台の歴史」／<br>Shakespeare, William, 1564-1616 -- Criticism and interpretation.<br>*「ビクトル・ユーゴの詩の英訳とそれをベースにしたマンガ作品」／<br>Hugo, Victor, 1802-1885 -- Translations into English.<br>Hugo, Victor, 1802-1885 -- Adaptations. |
| C. 作品論 | | | | |
| (6) 一作品<br>・著者が明確なもの | SHM:1775<br>3.f.<br>SHM:H1435 | H1780 6.<br>文学:戯曲<br>(Literature:Drama)<br>H1800 6.<br>文学:詩<br>(Literature:Poetry) | ／「著者+タイトル」または「タイトル」の形の統一タイトルを付与する[vii]。件名細目は必要に応じて、該当マニュアルを参照しても付与する[viii]。テーマやトピックは、表Lit-1の1)ストの概念に相当するものに付与できる。 | *「ミルトンの『失楽園』についてのエッセイ」／<br>Milton, John, 1608-1674. Paradise lost.<br>*「マーガレットミッチェルの『風と共に去りぬ』についての論集」／<br>Mitchell, Margaret, 1900-1949. Gone with the wind. |
| | SHM:H1156.6<br>SHM:H1156.8 | | 作品自体に付与されている文学形式の標 | |

第Ⅳ部　件名付与の実際 | 203

| | | 目は,トピカル標目に変更して付与する。 | *『川端康成の雪国に見る表現法』/ Kawabata, Yasunari, 1899-1972. Yukiguni – Style. |
|---|---|---|---|
| ・著者が不明もしくは多数 vi | H1790 6. 文学:小説 (Literature:Fiction) | | |
| | | D．文学論 | |
| (7) 個々の文学、文学形式・ジャンルに関する情報資源 | SHM:H1156 文学 (Literatures) ix | /個々の文学や[○○小説][○○戯曲][○○エッセイ][○○詩]などの形で表現できる文学形式には、SHM:H1156のリストに基づいて,件名細目を付与できる。/作者のグループの名称によって,区分できる文学形式に対しては,SHM:H1156のII.作者グループ件名細目 (Author Group Subdivisions) のリストに基づいて付与することができる。/個々の文学,文学形式・ジャンルに対しては,SHM:H1156に記載のある汎用トピカル形式件名細目を付与できる。 | Japanese literature. 日本文学 Irish poetry. アイルランド詩 French Drama. フランス戯曲 German essay. ドイツエッセイ Short stories, Chinese. 短編小説, 中国の Haiku. 俳句 Haiku, American. 俳句, アメリカの English literature – Celtic authors. Canadian literature – Indian authors. Japanese literature – Korean authors. |
| ・特定の場所・地名をテーマにした論考 ・特定の登場人物または架空の人物に関する論考 | SHM:H910 2. 地名が,美術,文学,映画などのテーマになった場合 (Place as theme in art, literature, motion picture, etc.) SHM:H1610 5.b. 架空の登場人物 (Fictitious characters) | /特定の場所や地名をテーマとした文学に関する論考には[地名標目]に[-- In literature]件名細目を付与する。 /[登場キャラクタ名]に括弧書きで「(Fictitious character)」を付与した標目とする。 | |
| | | E．他分野との関係を扱ったもの | |
| (8) 文学と他 | | 「and」を伴う熟語形の標目やトピカル件名 | Art and literature. 芸術と文学 |

| 情報資源の種類 | SHM 対応規則 ||  対応規則の要約 | *作品例[i]／LCSH付与例 |
|---|---|---|---|---|
| | 文学全般 | 特定の文学形式 | | |
| 分野との関係に関する情報資源 | | | 細目を付与したものが収録されている | Literature and science. 文学と科学<br>Law and literature. 法律と文学<br>Museums and literature. 博物館と文学<br>Music and literature. 音楽と文学<br>Literature – Philosophy. 文学 – 哲学 |
| | | **F．特殊な文学** | | |
| (9) 伝説とロマンス | **SHM:H1795**<br>文学:伝説とロマンス<br>(Literature:Legends and romances) | | ／伝説のキャラクタまたはオブジェクトには以下の形の件名を付与する<br>［伝説のキャラクタ名］(Legendary character)<br>／伝説(作品そのもの)には、伝説の名称が統一タイトルとなる[x] | Urashima, Tarō (Legendary character)<br>浦島,太郎(伝説の人物) |
| (10) 民間伝承 | **SHM:H1627**[xi]<br>民間伝承(Folklore) | | ／民族,国籍,職業グループなど民間伝承の発信元,もしくは発祥地を以下の形で付与する<br>［民族,国籍,職業グループ名］ – [地名] – Folklore<br>／テーマを以下の形で明示する<br>［テーマ］ – Folklore<br>／特定のジャンル[xii]のものは,それを記す[xiii] | Ainu – Japan – Folklore.<br>アイヌ – 日本 – 民間伝承<br>Fisherman – Japan – Folklore.<br>漁師 – 日本 – 民間伝承<br>Mountain – Folklore.<br>山 – 民間伝承<br>Tales – Japan – Aichi-ken.<br>お話 – 日本 – 愛知県<br>Folk drama – Japan – Shimane-ken.<br>民話戯曲 – 日本 – 島根県 |
| (11) 同一地域の文学で多言語 | **SHM:H1828**<br>同一の地域の文学で多言語の作品 | | ／複数の言語が存在する地域の文学作品集には、そのどれかひとつの言語が優勢 | Japan – Literatures.<br>日本 – 文学 |

第Ⅳ部　件名付与の実際 | 205

| | | |
|---|---|---|
| の作品 | (Literature from one place in multiple langauges)<br><br>な場合には、国名、市名などの地域の名称のあとに件名細目として、[-- Literatures]を付与する。<br><br>特に優勢な言語がない地域の文学の作品集には、句の形の標目を付与する。<br>ただし、上記の規則とは別に、[-- Literatures]という件名細目の形のものと、句の形の標目の両方を持つものもある。 | African literature.<br>アフリカ文学<br>Japanese literature.<br>日本文学 |
| | **G. 翻訳書** | |
| (12) 翻訳書 | **SHM:H2220**<br>翻訳書（Translations）<br><br>／翻訳書作品集または翻訳についてのものには、件名細目の[-- Translations (翻訳)]と[-- Translations into (〜語への翻訳)][言語名]の件名細目を付与する。<br><br>／翻訳作品集またはものの個々の作品で文学形式に特化したものの翻訳書には、文学形式標目の後に、上記件名細目を汎用的に付与できる。<br><br>／翻訳書に関する内容のものは、さらに件名細目の[-- History and criticism (歴史と批評)]を付与する。<br><br>／一作者の作品または作者が不明等で書名が基本記入となる作品の翻訳集には[-- Translations][-- Translations into [言語名]]の形の件名細目を付与する。翻訳書について取り上げたものには、さらに[-- History and criticism (歴史と批評)]を付与する。 | Japanese literature -- Translations.<br>日本文学 -- 翻訳<br>Japanese poetry -- Translations.<br>日本詩 -- 翻訳<br>Japanese poetry -- Translations into English.<br>日本詩 -- 英語への翻訳<br>Japanese poetry -- Translations -- History and criticism.<br>日本詩 -- 翻訳 -- 歴史と批評<br>Natsme, Sōseki, 1867-1916 -- Translations.<br>夏目,漱石,1867-1916 -- 翻訳<br>Kawabata, Yasunari, 1899-1972 -- Translations into French.<br>川端,康成,1899-1972 -- 仏語への翻訳<br>Ibuse, Masuji, 1898-1993 -- Translations -- History and criticism. |

206 | 第9章　件名付与事例

| 情報資源の種類 | SHM 対応規則 | | *作品例[i]／LCSH付与例 |
|---|---|---|---|
| 文学全般 | 特定の文学形式 | | 井伏鱒二,1898-1993 – 歴史と批評<br>Nihon Shoki – Translations into English – History and criticism.<br>日本書紀 – 英語への翻訳 – 歴史と批評 |

　　　　　　　　　　　　　　　　　　　　　　　　　　　　　　　　　　　　　　　　　　　　　対応規則の要約

i 　[ ] 内の作品例は、具体的な出版物を指すものではなく、あくまでも出版物の種類を例示するものである。
ii 　LC では、2001 年 1 月から議会図書館で受け入れられた個々の小説が主題からの検索を可能にするための方策を打ち出している。特にアメリカの小説や英語で書かれている小説に対しては、件名を付与している。
iii 　個人名、地名、団体名、家名などの固有名が主標目になった場合には、「– In literature」の形の標目が使用され、件名典拠レコードとして収録される。SCM:H362 参照。
iv 　ただし、2013 年 1 月 12 日現在、ユダヤ人小説家に対する件名典拠レコードは作成されていない。
v 　名称典拠レコード (Name authority record) で使用されている典拠形の標目を使用する。
vi 　古典資料などに著者不明のものが多いが、そのようなものと作品に関わった著者が多数なために、統一タイトルを基本記入とするものがここに含まれる。AACR2 の規則による。
vii 　著者が明確なものは、「著者. 書名」。著者不明もしくは 4 人以上いる場合には、「書名」のみ。
viii 　著者が明確なものには、SHM:H1155.2, H1095, H1110、著者が不明なものには、H1155.2 の規則をもとに付与する。
ix 　英文学 (English literature) がモデル標目となる規則。LCSH 本表上に付与されている件名細目の多くは、例えば「日本文学 (Japanese literature)」にも適用できるが、詳しくは SHM:H156 を参照。
x 　伝説の多くには、伝説の人物がいるケースがあるために、人物名が件名標目の統一タイトルになるケースが多い、そういった人物が件名標目になる場合には、伝説の人物であることが識別できるように、名前 + (Legendary character) の形の標目を付与する。
xi 　本稿で対象とする民間伝承は、ことわざや民話などに口頭で言い伝えられている物語などのみを対象とする。
xii 　ジャンルには、おとぎばなし (Fairly tales), 神話 (Legends), 物語 (Tales), バラード (Ballads), 民族音楽 (Folk music), 民謡 (Folk music), 寓話 (Fables), 民族ドラマ (Folk drama), 民族文学 (Folk literature), 伝承童話 (Nursery rhymes), ことわざ (Proverbs), なぞなぞ (Riddles) などが含まれる。
xiii 　民間伝承のジャンルによって、詳しい規則があるので詳細は SHM:H1627 を参照。
xiv 　確件名典拠レコードの有無でも確認することができる。

xv ただし、翻訳の技術について取り上げているものには SHM:H2219 を参照。

## おわりに

　著者が，件名の概説を含むカタロガーのためのLCSHの教科書の必要性を感じ，執筆をはじめたのは，2003年である。しかし，間もなく，まだやるべきことがあると気づき，作業を中断した。

　まず第一に，日本の図書館関係者にLCSHへの関心を持ってもらうこと。第二には，LCSHに限らず統制語彙を活用した目録やメタデータの有効性について理解を得ることである。思案する中で，2冊の著書を先行させた。

　『パスファインダー・LCSH・メタデータの理解と実践』は，パスファインダーの紹介と作成法が主な内容であるが，Web情報資源としての電子パスファインダー，Web情報資源に対するメタデータ付与，さらに主題検索が十分にできない日本の目録への問題提起の中でLCSHの可能性について述べた。

　そして『レファレンスサービスのための主題・主題分析・統制語彙』では，LCSHがレファレンスサービスのみならず，図書館サービス全体に関わる有用なツールの1つとして活用可能なことを提案した。

　目指す目標を見据えつつも半ば遠回りをしている間に，図書館を取り巻く環境は劇的に変化していった。

　何よりも学習や研究に必要な情報資源がインターネットを介して発信されることが当たり前の時代になった。情報をとりまくこの環境の変化に，図書館と司書はどう向き合っていけばよいのだろうか。

　本稿執筆中に，Googleが具体的なファクト質問に答えるしくみを作り上げたことが報告された。例えば「○○国の人口は何人？」などの質問に対して，関連のありそうなリンクを提示するのではなく回答自体を瞬時に導き出すという。いわゆるセマンティックサーチと呼ばれるものである。しかし，本当に信頼できる答えを出すためには，情報発信元の信頼性やいつ作成されたデータなのか，誰が作成したデータなのかなども，重要である。

　もっと複雑な場合で，質問の中心となる主題自体が複数の意味を持ちうるものや，字面だけでは何を指しているのかがわからないものは勝手が違う。さらに検索者がその主題についてよくわかっていないまま，検索しているのであれば，回答を得ることは簡単ではない。

　日本の情報資源だけを見ているとわかり難いが，ネットワーク上に発信される学術情報もしくはそれらに付与されたメタデータの多くには，主題や固有名を表現する典拠レコードの情報が含まれている。このことによって，見た目は単純な検索インターフェイスだが，統制語彙によって典拠コントロールされたしくみが裏で働き，絞り込んだ検索結果を表示

できる。1章で紹介したディスカバリー・インターフェイスもその1つである。

　この新しい時代にあって，私たちが今後目指すべきスキルを磨く1つの方策は，主題検索を可能にする付加価値のある目録データ，メタデータのための標準的統制語彙の活用である。その具体的な第一歩がLCSHの理解と主題分析の実践である。

　これは，同時に，サーチエンジンにはできない力を育むことである。情報資源の主題分析に必要な思考，主題を的確にとらえる力，情報をわかりやすく整理する力，つまりは，「考える力」を鍛えることにもなる。考える力こそが，利用者と情報との架け橋の一端をになう生身の司書に最低必要なスキルである。そのことを今一度思えば，チャレンジする意義は大きい。

　図書館員のスキルアップは利用者に対するサービスの充実に直結する。本書がLCSHのしくみを紹介することで，情報資源を最大限に利用したサービスを展開できるだけではなく，図書館員自らが図書館の可能性と選択肢を広げるきっかけづくりになることを願ってやまない。


　最後になってしまったが，この本をまとめるにあたり本当に多くの方々にお世話になり助けていただいた。お世話になった方々の順に感謝の意を表したい。

　LCSHそのものの理解を進めるにあたって，根気よく，そして丁寧に数々の質問・疑問に答えてくださった元米国議会図書館目録政策及び支援局上級目録政策スペシャリスト（Senior Cataloging Policy Specialist, Cataloging Policy and Support Office）のリン・エル＝ホッシーさん（Ms. Lynn El-Hoshy）には本当にお世話になり助けていただいた。残念ながら本書の完成前に定年退職されてしまったが，感謝の気持ちを記しておきたい。

　プロのライブラリアンとして心から尊敬できる米国議会図書館収集書誌局の政策・標準部長（Chief, Policy and Standards Division）のバーバラ・ティレット博士（Dr. Barbara B. Tillett）にも本書をまとめる準備段階において，助けていただいた。議会図書館のみならずIFLAでの数々の活動でご多忙にも関わらず，惜しみなく著者の問いに対応してくださった。ティレット博士の温かいお人柄にも沢山の元気をいただいた。残念ながらティレット博士も本書執筆中2012年11月に議会図書館を退職された。

　国立情報学研究所名誉教授であり元東洋大学教授の内藤衛亮先生には，本書執筆のためのみならず，本書に至る探求の中で，基本を抑えるために必要な貴重な資料の数々をご寄贈いただいた。先生の適切なアドバイスの数々からは，さまざまな気づきや発見のチャンスをいただけた。

　第9章の事例の使用を快く承諾くださった慶應義塾大学メディアセンター本部のみなさんにも改めてお礼を申し上げたい。幸運にも2002年から2003年にかけて行った研修会は，著者にとっても貴重な経験であり本書を仕上げるための大きなインセンティブとなった。

　著者が勤める愛知淑徳大学図書館と歴代8人の諸館長先生方にもお礼を申し上げたい。

図書館司書は，アイススケーターがアイススケートリンクを必要とするのと同様に，図書館という環境がなければ仕事をすることが叶わない。当たり前のことだが，司書として仕事を続けることができてきたからこそ，本書を書き上げることができた。
　職場の仲間にも大変助けられた。中でも，草稿執筆の段階で編集に協力くださった同僚の山田稔氏は，プロの司書として忌憚のない意見や数々の疑問を投げかけてくれた。本書が少しでも中身の濃い現場に即した原稿に仕上げることができているとすれば，山田氏のおかげである。
　このほか多くの友人や仲間に支えられてできた本書には，さまざまな思いがこめられている。
　そして，本書の出版を快くお引き受けくださった樹村房の大塚栄一氏には大変感謝している。石村早紀氏には細部にわたり著者をフォローしていただき大変助けていただいた。本書を形にできたのはお二人のお力に他ならない。
　以上の方々に，こころから御礼を申し上げたい。
　最後に，著者の家族にも感謝の気持ちをここに記しておきたい。誰よりも我が夫と娘の深い愛情と協力なしでは，そもそもこの本の執筆はかなわなかった。そういう意味では，九州にいる夫の母や兄夫妻の存在も大きい。そして東京の両親も著者にとって心強い応援団である。彼らにも改めてここに感謝の気持ちを記しておきたい。

　　2013年1月

　　　　　　　　　　　　　　　　　　　　　　　　　　　　　　　　　　　　鹿島みづき

**引用・参考文献一覧**

1. American Library Association. Anglo-American Cataloging Rules, 2nd ed. 2002 revision with 2005 update. Chicago : American Library Association, 2005.
2. Barry, Randall K. AlA-LC romanization tables : transliteration schemes for non-Roman scripts. 1997 ed. Washington, D.C. : Cataloging Distribution Service, Library of Congress, 1997. 239p. LCのサイトからも提供されている（http:www.loc.gov/catdir/cpso/roman.html）。
3. Bates, Marcia J. "Rethinking subject cataloging in an online environment". Library resources and technical services. Vol.33, No.4, 1989. p.400-412.
4. Calhoun, Karen. The changing nature of the catalog and its integration with other discovery tools. Final Report. March 17, 2006. (URL: http://www.loc.gov/catdir/calhoun-report-final.pdf).
5. Casson, Lionel. Libraries in the Ancient world. New Haven : Yale University Press, 2002. 177p.
6. Chan, Lois Mai. Cataloging and classification : an introduction. 3rd ed. Lanham, Md. : Scarecrow Press, 2007. 580p.
7. Chan, Lois Mai. Exploiting LCSH, LCC, and DDC to retrieve networked resources : issues and challenges. 2000. (URL: http://www.loc.gov/catdir/bibcontrol/chan_paper.html).
8. Chan, Lois Mai. Library of Congress subject headings : principles and application. 4th ed. Westport, Conn : Libraries Unlimited, 2005. 549p.
9. Chan, Lois Mai. Library of Congress subject headings : principles of structure and policies for application. Washington, D.C. : Cataloging Distribution Service, Library of Congress, 1990. 65p.
10. CiNii Books. 東京 : 国立情報学研究所. (URL: http://ci.nii.ac.jp/books/).
11. Clack, Doris Hargrett. Authority control : principles, applications, and instructions. Chicago : American Library Association, 1990. 232p.
12. Classification Web. Washington, D.C. : Cataloging Distribution Service, 2002. (URL: http://lcweb.loc.gov/cds/classweb.html).
13. CONSER : Cooperative Online Serials. Washington, D.C. : Library of Congress, Serial Record Division. (URL: http://www.loc.gov/acq/conser/).
14. Crestadoro, Andrea. The art of making catalogues of libraries [S.l.] : General Books, 2009. 38p. 1856年出版の原本Google Booksからも閲覧可（http://books.google.co.jp/books?id=vLYYAAAAMAAJ）。
15. Drabenstott, Karen M. "Online catalog user needs and behavior". Think tank on the present and the future of the online catalog : proceedings. Chicago : Reference and Adult Services Division, American Library Association, 1991. p.59-83.
16. Dublin core metadata initiative. DCMI Libraries Group. Dublin, OH : DCMI, 1995. (URL: http://dublincore.org/documents/library-application-profile/).
17. Firby, N.K. "Crestadoro, Andrea". Encyclopedia of library and information science. New York : M. Dekker, 1971, Vol.6. p.271-276.
18. Foskett, A.C. The Subject approach to information. 5th ed. London : Library Association Publishing, 1996. 456p.
19. Gorman, Michael. "Authority control in the context of bibliographic control in the

electronic environment". Cataloging & classification quarterly. Vol.38, No.3/4, 2004. p.11-22. (URL: http://www.sba.unifi.it/ac/relazioni/gorman_eng.pdf).
20. Guenther, Rebecca S. "MODS : the Metadata Object Description Schema". Portal : Libraries and the Academy. Vol.3, No.1, 2003. p.137-150. 鹿島みづき訳. MODS : メタデータオブジェクトディスクリプションスキーマ. (URL: http://www2.aasa.ac.jp/org/lib/j/netresource_j/guenther0306/3.1guenther_j.pdf).
21. IFLA Study Group on the Functional Requirements for Bibliographic Records. Functional requirements for bibliographic records : FRBR : final report. München : Saur, 1998. (URL: http://archive.ifla.org/VII/s13/frbr/frbr-jp.pdf).
22. IFLA Working Group on Functional Requirements and Numbering of Authority Records. Functional requirements for authority data : a conceptual model. München : K.G. Saur, 2009. 101p. (日本語訳：国立国会図書館収集書誌部"典拠データの機能要件：概念モデル" URL: http://www.ndl.go.jp/jp/library/data/frad_jp.pdf).
23. IFLA Working Group on the Functional Requirements for Subject Authority Data. Functional requirements for subject authority data. Berlin : De Gruyter Saur, 2011. 74p.
24. International Federation of Library Associations. Guidelines for authority records and references. 2nd ed. München : Saur, 2001. 46p.
25. International Federation of Library Associations. Statement of principles : adopted at the International Conference on Cataloguing Principles, Paris, October 1961. Annotated edition. London : Committee on Cataloging, International Federation of Library Associations, 1971. 119p.
26. Knapp,Sara D. The contemporary thesaurus of search terms and synonyms : a guide for Natural Language Computer Searching. 2nd ed. Phoenix, Ariz. : Oryx Press, 2000. 682p.
27. Lancaster F.W. Vocabulary control for information retrieval. 2nd ed. Arlington, Va. : Information Resources Press, 1986. 270p.
28. Lancaster, F.W. "Subject analysis". Annual review of information science and technology. Vol.24, Amsterdam : Elsevier published on behalf of the American Society for Information Science, 1989, p.35-84.
29. Library of Congress Authorities. Washington D.C. : Library of Congress. (URL: http://authorities.loc.gov/).
30. Library of Congress. Authorities and Vocabularies. (URL: http://id.loc.gov/).
31. Library of Congress. Bicentennial conference on bibliographic control for the new millennium : confronting the challenges of networked resources and the web. Washington, D.C. : Library of Congres Cataloging Directorate, 2000. (URL: http://www.loc.gov/catdir/bibcontrol/).
32. Library of Congress. Cataloging Policy and Support Office. Free-floating subdivisions : an alphabetical index, 23rd ed. Washington, D.C. : Cataloging and Distribution Service. Library of Congress, 2011.
33. Library of Congress. Cataloging Policy and Support Office. Library of Congress subject headings. 31st ed. Supplementary vocabularies. Washington, D.C. : Library of Congress, Cataloging and Distribution Service, 2009.
34. Library of Congress. cataloging policy and support office. Library of Congress subject headings. 31st ed. Washington, D.C. : Library of Congress, Cataloging and Distribution Service, 2009. 5Vols.

35. Library of Congress. Cataloging Policy and Support Office. Subject Headings Manual.1st edition.Washington, D.C. : Library of Congress. Cataloging Policy and Support Office, 2008.
36. Library of Congress. Cataloging Service Bulletin.（URL: http://www.loc.gov/cds/PDFdownloads/csb/）.
37. Library of Congress. Library of Congress subject headings（LCSH）Approved Lists. Washington, D.C. : Library of Congress, Policy and Standards Division.（URL: http://www.loc.gov/aba/cataloging/subject/weeklylists/）.
38. Library of Congress. Library of Congress to reissue Genre/Form Authority Records（Revised May 9, 2011）. Washington, D.C. : Library of Congress, Policy and Standards Division.（URL: http://www.loc.gov/catdir/cpso/gf_lccn.html）.
39. Mann, Thomas. Is precoordination unnecessary in LCSH? Are Web sites more important to catalog than books? : a reference librarian's thoughts on the future of bibliographic control. 2000.（URL: http://lcweb.loc.gov/catdir/bibcontrol/mann_paper.html）.
40. McCallum, Sally H. "Metadata, Protocol, and Identifier Activities : Library of Congress IFLA/CDNL Alliance for Bibliographic Standards Report, 2004, Buenos Aires". IFLA Conference Proceedings. November 2004, p.1-5.（URL: http://www.ifla.org/IV/ifla70/papers/024e-McCallum.pdf）.
41. Metatada Object Description Schema : MODS.（URL: http://loc.gov/standards/mods/）.
42. Milstead, Jessica L. "Thesauri in a full-text world". Visualizing subject access for 21st century information resources. Urbana-Champaign : Graduate School of Library and Information Science, University of Illinois at Urbana-Champaign, 1998.（URL: http://www.loc.gov/catdir/bibcontrol/2.3BatesReport6-03.doc.pdf）.
43. NACO Funnel Projects. Washington, D.C. : Library of Congress.（URL: http://www.loc.gov/aba/pcc/naco/nacofunnel.html）.
44. NACSIS Webcat. 東京：国立情報学研究所.（URL: http://webcat.nii.ac.jp/）. 2012年度末でサービスを終了する。
45. Program for Cooperative Cataloging : PCC. Washington, D.C. : Library of Congress.（URL: http://www.loc.gov/aba/pcc/）.
46. RDA : Resource Description and Access. Chicago : American Library Association.（URL: http://www.ndl.go.jp/jp/library/data/ICP-2009_ja.pdf）.
47. SACO Funnel Project. Washington, D.C. : Library of Congress.（URL: http://www.loc.gov/aba/pcc/saco/funnelsaco.html）.
48. Stone , Alva T., editor. The LCSH century : one hundred years with the Library of Congress subject headings system. New York : Haworth Information Press, 2000. 249p.
49. Svenonius, Elaine. "Precoordination or not?". Subject indexing : principles and practices in the 90's : Proceedings of the IFLA Satellite Meeting held in Lisbon, Portugal, 17-18 August 1993, and Sponsored by the IFLA Section on Classification and Indexing and the Instituto Da Biblioteca Nacional E Do Livro, Lisbon, Portugal. / edited by Robert P. Holley, Dorothy McGarry, Donna Duncan, Elaine Svenonius. München : Saur, 1995. p.231-255.
50. Taylor, Arlene G. The organization of information. 2nd ed. Westport, Conn. : Libraries Unlimited, 2004. 417p.
51. Taylor, Arlene G. Introduction to cataloging and classification. 10th ed. Westport, Conn. : Libraries Unlimited, 2006. 589p.
52. Tillett, Barbara B. "Virtual International Authority File". IME ICC4. Seoul, Korea :

August, 16, 2006. (URL: http://www.nl.go.kr/icc/down/060813_3.pdf)；日本語訳．鹿島みづき．"バーチャル国際典拠ファイル"．(URL: http://www.nl.go.kr/icc/down/070502_11_jap.pdf).

53. Verner, Mathilde. "Adrien Baillet (1649-1706) and his rules for an alphabetic subject catalog". Library quarterly. Vol.38, No.3. 1968. p.217-230.
54. VIAF, Virtual International Authority File. Dublin, Ohio : OCLC, 2010. URL: http://viaf.org
55. Webcat Plus. 東京：国立情報学研究所．URL: http://webcatplus.nii.ac.jp/
56. WorldCat. Dublin, Ohio : OCLC. (URL: http://www.worldcat.org).
57. Zeng, Marcia L, Maja Žumer, and Athena Salaba. Functional requirements for subject authority data (FRSAD) : A Conceptual Model. Berlin : De Gruyter Saur, 2011. (URL: http://www.ifla.org/en/node/1297).
58. IFLA．国立国会図書館収集書誌部翻訳．国際目録原則覚書2009．(URL: http://www.ndl.go.jp/jp/library/data/ICP-2009_ja.pdf).
59. 五十嵐健一，酒見佳世．"慶應義塾大学機関リポジトリ（KOARA）の構築"．MediaNet. No.14, 2007. p.14-17．(URL: http://www.lib.keio.ac.jp/publication/medianet/article/pdf/01400140.pdf).
60. 上田修一．"件名標目表の可能性：目録とウェブの主題アクセスツールとなりうるか"．件名標目の現状と将来：ネットワーク環境における主題アクセス．東京：国立国会図書館, 2005. p.4-19.
61. 牛崎進．"NACO 事業：米国における典拠ファイル共同作成事業の現状"．情報の科学と技術．Vol.41, No.2. p.100-106.
62. 大場高志，杉田茂樹．国立情報学研究所のメタデータ・データベース共同事業について．大学図書館研究．70, 2003．p.25-30.
63. 丸山昭二郎，岡田靖，渋谷嘉彦．主題組織法概論：情報社会の分類／件名．東京：紀伊國屋書店, 1986. 224p.
64. 岡田靖．"「図書整理」に関する調査報告"．現代の図書館．Vol.20, No. 2 1982. p.111-128.
65. 鹿島みづき．"CORCプロジェクトに参加して"．情報の科学と技術．Vol.51, No.8, 2001. p.409-417.
66. 鹿島みづき．"LCSHとメタデータ：標準的主題スキーマの応用が意図するもの"．大学図書館研究 No.71, 2004. p.1-10.
67. 鹿島みづき他．パスファインダー・LCSH・メタデータの理解と実践：図書館員のための主題検索ツール作成ガイド．長久手町：愛知淑徳大学図書館, 2004. 175p.
68. 鹿島みづき．レファレンスサービスのための主題・主題分析・統制語彙．東京：勉誠出版, 2009. 203p.
69. 片岡真．"ディスカバリー・インターフェース（次世代OPAC）の実装と今後の展望"．カレントアウェアネス No.305, 2010．(URL: http://current.ndl.go.jp/files/ca/ca1727.pdf).
70. 加藤宗厚．件名入門．東京：理想社, 1972. 194p.
71. 神崎正英．セマンティック・ウェブのためのRDF/OWL入門．東京：森北出版．2005. 224p.
72. 木藤るい，沢田純子．"目録の質の向上をめざして"．MediaNet. No.11, 2004. p.58-59. (URL: http://www.lib.keio.ac.jp/publication/medianet/article/pdf/0110580.pdf).
73. 倉田敬子．"機関リポジトリとは何か"．MediaNet. No.13, 2006. p.14. (URL: http://www.lib.keio.ac.jp/publication/medianet/article/pdf/01300140.pdf).
74. 慶應義塾大学学術情報レポジトリ：KOARA : Keio associated repository of academic resources. (URL: http://koara.lib.keio.ac.jp/xoonips/).
75. 国際図書館連盟．国立国会図書館収集書誌部翻訳．「国際目録原則用語集」．国際目録原則覚書（2009年）．(URL: http://archive.ifla.org/VII/s13/icp/ICP-2009_ja.pdf).

76. 国立国会図書館件名標目表．2008 年度版．東京：国立国会図書館．(URL: http://www.ndl.go.jp/jp/library/data/ndl_ndlsh.html#information).
77. 国立国会図書館デジタルアーカイブ．東京：国立国会図書館．(URL: http://www.ndl.go.jp/jp/aboutus/ndl-da.html).
78. 学術機関リポジトリ構築連携支援事業．東京：国立情報学研究所．(URL: http://www.nii.ac.jp/irp/list/).
79. 坂本博．国立国会図書館の「国の名称典拠コントロール計画」2004 年 12 月 9 日 (URL: http://www.sousei.gscc.osaka-cu.ac.jp/ws/wspdf/media/m041209.pdf).
80. 酒見佳世．"統制語による検索の未来"．MediaNet. No.12, 2005. p.40-43. (URL: http://www.lib.keio.ac.jp/publication/medianet/article/pdf/01200400.pdf).
81. 椎葉敝子．"目録法と目録作業"．図書館情報学ハンドブック．図書館情報学ハンドブック編集委員会．東京：丸善, 1988. p.437-438.
82. 渋川雅俊．目録の歴史．東京：勁草書房, 1985. 212p.
83. 武田英明．"Linked Data の動向（CA1746）"．カレントアウェアネス．No.308, 2011. (URL: http://current.ndl.go.jp/ca1746).
84. 図書館情報学ハンドブック編集委員会．図書館情報学ハンドブック．東京：丸善, 1988. 1332p.
85. 日本図書館協会件名標目委員会編．基本件名標目表．第 4 版．東京：日本図書館協会, 1999. 2 巻．
86. 野添篤毅．"医学文献情報サービスから健康情報サービスへの展開：MEDLARS から MEDLINE/PubMed, そして MEDLINEplus へ"．情報管理．Vol.50, No.9.2007. p.580-593.
87. 芳賀奈央子 松井幸子．"NACSIS-CAT の和図書書誌ファイルにおける主題情報の現状調査"．内藤衛亮研究代表．研究成果流通システムの研究開発．平成 7 年度報告．科学研究費総合研究（A）（課題番号 06302076）研究報告書．p.101-115.
88. 松井幸子．"NACO activity : a literature survey"．内藤衛亮研究代表．日本語，中国語，韓国語の名前典拠ワークショップ記録, 2001 年 1 月 10-11 日 2001 年 3 月 28-29 日．東京：国立情報学研究所, 2001. p.127-144. (URL: http://www.nii.ac.jp/publications/CJK-WS/2-2Matsui.pdf).
89. 松木暢子．"TRC における件名標目"．国立国会図書館書誌部編集．件名標目の現状と将来：ネットワーク環境における主題アクセス．第 5 回書誌調整連絡会議記録集．東京：国立国会図書館, 2004. p.58-63. (URL: http://www.ndl.go.jp/jp/library/data/pdf/renrakukaigi16.pdf).
90. 三浦敬子, 松井幸子．"欧米における著者名典拠ファイルの共同作成の動向"．日本図書館情報学会誌．Vol.47, No.1 p.29-32.
91. ライブラリシステム研究会．(URL: http://project.lib.keio.ac.jp/libsys/).
92. 山下栄編．件名目録の実際．東京：日本図書館協会, 1973. 241p.
93. 山本一治．"米国議会図書館件名標目表（LCSH）の特性：標目の意味, 標目間の関係, 主題表現の「文法」の観点から"．TP&D フォーラムシリーズ．17,2008. p.26-58.
94. 渡邊隆弘．"セマンティックウェブと図書館（CA1534）"．カレントアウェアネス．No.281, 2004. (URL: http://current.ndl.go.jp/ca1534).
95. 渡邊隆弘．"LC 件名標目表（LCSH）の基本構造と電子時代の可能性"．TP&D フォーラムシリーズ．No.12-14, 2005. p.37-58.
96. 渡邊隆弘．"典拠コントロールの現在：FRAR と LCSH の動向"．情報の科学と技術．Vol.56, No.3, 2006. p.108-113.

(Web 情報資源は，2013 年 1 月 19 日現在アクセス可能なものである)

# 索 引

凡例　│　「 → ○○」……………… ○○を見よ。
　　　│　「 → ○○をも見よ」…… ○○の項も参照するとよい。
　　　│　「○○ ← 」……………… ○○へ集約。

## 欧文

### A

AACR2 ← 英米目録規則 第 2 版 ····· 43,44,45,46,47,62,68,72,73,93,109,111,112,113,114,115,116,117,118,120, 121,125,126,132-135,136-149,150,156,157
　– 個人名標目 22 章 ·················································································· 136-139,157
　– 団体名標目 24 章 ·················································································· 140-147,157
　– 地名標目 23 章 ····················································································· 132-135,157
　– 標目の形 —規則概略のまとめ ·········································································· 147-149
Anglo-American Cataloguing Rules, 2nd edition → AACR2
Authorities and Vocabularies ← LC Linked Data Service; Library of Congress Authorities and Vocabularies
·················································································································· 37,92,94,105,106

### B

BSH → 基本件名標目表

### C

Cataloger's Desktop ································································································· 4,69-70,120
Classes of persons → 人のグループの名称
ClassificationWeb ······················································································· 37,43,64,69,93,105,157

### F

FRAD ← 典拠データの機能要件 ························································································ 3,5,22
FRBR ← 書誌レコードの機能要件 ··················································································· 3,5,18,22,24
FRSAD ← 主題典拠データの機能要件 ························································································ 3,5
Funnel Project → ファンネル・プロジェクト

### I

IFLA ← International Federation of Libraries and Institutions; 国際図書館連盟 ···························· 3,14,18
International Federation of Library Associations and Institutions → IFLA

### L

LC ← Library of Congress; 米国議会図書館 ········ 18,23,35,40,48,67,68,69,95,98,99,100,102,106,109,112,113, 116,117,120,122,124,149,160
LCSH ← 米国議会図書館件名標目表 ····················· 3,4,5,15,19,26,35-64,65,66,67,68,69,155,158,161,191,193
　– SHM（件名標目マニュアル）← Subject Headings Manual (SHM) ····· 67,68-76,155,156,157,191,192,193

→ LCSH －マニュアル をも見よ
　－構成 ･･････････････････････････････････････････････････････････････････････････････ 69-76
　　　－スコープノート ← スコープノート ･････････････････････････････････････････ 70,71,72
　－成り立ち ････････････････････････････････････････････････････････････････････････ 68-69
－一般利用規定 → 件名付与 －方法 をも見よ ･････････････････････････････････････ 99-106
－基本理念 ････････････････････････････････････････････････････････････････････････････ 35-36
－検索における NDC との比較 ･････････････････････････････････････････････････････ 55-56
－件名細目 ････････････････････････････････････････ 37,38,50-54,58,59,68,70,72,74,75,76,77
　－形式件名細目 ･･････････････････････････････････････ 49,50,52-53,54,55,76,78,92,158
　－時代件名細目 ････････････････････････････････････････････ 50,52,53,54,55,68,72,73,78,92
　－多重件名細目 ･････････････････････････････････････････････････････････････････････ 50,54
　－地名件名細目 ･･････････････････････････････････ 50,51-52,55,57,58,70,73,74,92,130
　－トピカル件名細目 ･･･････････････････････････ 50-51,53,54,55,57,68,76,92,129,130
　－汎用件名細目 ･･･････････ 38,50,52,53-54,57,68,70,74,76,83-90,91,100,129,131,132,136,155,156
－構成 ････････････････････････････････････････････････････････････････････････････････ 36-37
－固有名標目 ･････････････････････････････････････････････････ 37,38-39,43-47,64,71,72,73
　－個人名 ･･････････････････････････････････････････････････････････････････････････ 43-44
　－団体名 ･･･････････････････････････････････････････････････････････････････････････････ 44
　－地名 ･･････････････････････････････････････････････････････････････････････････ 44-45,73
　　　－法域名 ････････････････････････････････････････････････････････････････････････ 44-45
　　　－非法域名 ･･････････････････････････････････････････････････････････････････････････ 45
　－統一タイトル ･･････････････････････････････････････････････････････････････････････ 45
　－その他 ･･････････････････････････････････････････････････････････････････････････ 46-47
－収録内容 ････････････････････････････････････････････････････････････････････････････ 37-39
－主標目 ･･････････････････････････････････････････････････････････････････････ 38,39-50,56
　－トピカル標目 ･･･････････････････････････････････････････････････････････ 38,39-42,47,48
　－形式標目 ･･･････････････････････････････････････････････････････････ 38,39,42-43,47,48,49
　　　－書誌的形式 ･････････････････････････････････････････････････････････････････････ 42
　　　－芸術的・文学的形式・ジャンル ･････････････････････････････････････････ 42-43
－汎用件名細目アルファベット索引 ← Free-floating subdivisions : an alphabetical index ･････ 37,38,76-83,157
　－構成 ･･････････････････････････････････････････････････････････････････････････････ 76-77
　－使い方 ･･･････････････････････････････････････････････････････････････････････････ 77-82
－マニュアル → LCSH －SHM をも見よ ････････････････････････････････････････ 37,67-68
－見方 ･･････････････････････････････････････････････････････････････････････････････ 56-62
　－標目の並び方 ･･････････････････････････････････････････････････････････････････････ 56
　－記号の見方 ･････････････････････････････････････････････････････････････････････ 57-58
　－スコープノート ← スコープノート ････････････････････････････････････ 48-50,58-59
　－モデル標目 → LCSH －モデル標目 をも見よ ･･････････････････････････････ 59-62
　　　← Pattern headings
　　　－定義 ･･････････････････････････････････････････････････････････････････････････････ 59
　　　－主題分野とカテゴリ ･････････････････････････････････････････････････････ 59-62
－魅力 ･･････････････････････････････････････････････････････････････････････････････ 63-64
－モデル標目 ← Pattern headings ･･････････････････････････････････････････ 59-62,156,157
　　→ LCSH －見方 －モデル標目 をも見よ

－よく使用される汎用件名細目 ·································································· 83-90
　　　　－汎用形式件名細目 ···························································· 83-88
　　　　－汎用トピカル件名細目 ······················································· 88-90
　　　　－よく使われる表現 ···························································· 91-92
　　　－列挙順序 ← 列挙順序 ······························································· 54-56,57,73
　　　　－意味 ································································································· 55
LC オンライン目録 ← Library of Congress Online Catalog; LC Online Catalog ············ 27,48,94,156,158,159
LC 件名典拠ファイル ← Library of Congress Subject Authority File ······················· 26,39,45,46
　　→ 件名典拠ファイル をも見よ
LC 件名典拠レコード ← Library of Congress Subject Authority Record ··················· 28,31,130
LC 典拠 ← Library of Congress Authorities ··············· 37,39,43,46,48,69,92-93,111,113,116,157
LC 名称典拠ファイル ← Library of Congress Name Authority File ·························· 26,46
LC 名称典拠レコード → 名称典拠レコード をも見よ ········································ 27,31,113
Library of Congress → LC
Library of Congress Authorities → LC 典拠ファイル
Library of Congress Authorities and Vocabularies → Authorities and Vocabularies
Library of Congress Name Authority File → LC 名称典拠ファイル
Library of Congress Online Catalog → LC オンライン目録
Library of Congress Subject Authority File → LC 件名典拠ファイル
Library of Congress subject headings → LCSH
Linked Data 形式 ···································································································· 19,92,112,118

## M

MARC21 ············································································································· 53,71,111,158,159,161
MARC21 タグ ······································································································· 46,47,49,92,94

## N

NACO ← Name Authority Cooperative ···································································· 92,94,113,118,149,151
NACSIS Webcat ····································································································· 22
NACSIS-CAT ········································································································ 21,22,25,158
Name Authority Records → 名称典拠レコード
NDL Authorities → Web NDL Authorities
NDLSH ← 国立国会図書館件名標目表 ·································································· 3,14,15,21,63,64,112,117,161
NII メタデータ・データベース ············································································· 63

## O

OCLC WorldCat → Worldcat.org をも見よ ································································ 159,161
Ontology → オントロジー

## P

Pattern Headings → LCSH -- 見方 -- モデル標目；LCSH -- モデル標目
PCC ← Program for Cooperative Cataloging ······························································ 69,92,149
Program for Cooperative Cataloging → PCC
PubMed ············································································································· 30,32

## R

RDA ← Resource Description and Access ……………………………………………… 43,109,120
Resource Description and Access → RDA
RLIN ………………………………………………………………………………………………… 71

## S

SACO ← Subject Authority Cooperative ………………………………… 69,92,94,149,151,160
Semantic Web → セマンティック・ウェブ
Statement of International Cataloguing Principles 2009 → 国際目録原則 2009
Subdivisions → LCSH -- 件名細目
Subject Authority Record → 件名典拠レコード
Subject Headings Manual（SHM）→ LCSH -- マニュアル -- SHM（件名標目マニュアル）
Summarization → 主題分析 -- 要約

## T

TP&D フォーラム 2003 ← 整理技術研究会グループ ………………………………………… 63
TRCSH → 図書館流通センター件名標目表

## V

VIAF ← Virtual International Authority File; バーチャル国際典拠ファイル ……………… 31,117,119,149,156
Virtual International Authority File → VIAF

## W

Web NDL Authorities ← NDL Authorities; 国立国会図書館典拠データ検索・提供サービス ………… 117,119,156
WebcatPlus ………………………………………………………………………………………… 22,25
WorldCat.org → OCLC WorldCat をも見よ ……………………………………………………… 19,69

# 和文

## あ

アクセスポイント ……………………………… 26,31,35,40,46,70,72,109,110,112,115,116,118,125
アレクサンドリア図書館 …………………………………………………………………………… 15
医学中央雑誌 ………………………………………………………………………………………… 30
英米目録規則 第 2 版 → AACR2
オントロジー ← Ontology ………………………………………………………………………… 19

## か

基本件名標目表 ← BSH ……………………………………………………………… 14,15,23,63,117
件名 → 件名標目 をも見よ …………………………………………………………………… 13-22,26
　-- 日本の現状 ……………………………………………………………………………………… 20-22
件名細目 → LCSH -- 件名細目
件名作業 ……………………………………………………………………………… 25,26,30,31,155

件名典拠標目 ………………………………………………………………… 39,43,46
件名典拠ファイル ……………………………… 46,47,54,69,100,102,103,105,112,113,114,118,156
件名典拠レコード ← Subject Authority Record ………………………………… 28,113,114
件名標目 → 件名 をも見よ ………………………………… 3,4,13,17,18,20,21,26,29,35,39,42,57,59,67,98
件名標目表 ……………………………………………………………………… 14,15
件名付与
　－意義 ………………………………………………………………………… 29-31
　－費用対効果 ………………………………………………………………… 29,30
　－方法 → LCSH －一般利用規定 をも見よ ……………………………… 95-105
　－事例 ………………………………………………………………………… 161-189
件名付与作業 …………………………………………………………………… 29,155-157
　－前準備 ……………………………………………………………………… 155
　－覚書 ………………………………………………………………………… 156
　－ツールを使う手順 ………………………………………………………… 157
　－点検のチェックポイント ………………………………………………… 157-158
　－点検ワークシート ………………………………………………………… 159
　－レファレンスツールの利用 ……………………………………………… 158,160
国際図書館連盟 → IFLA
国際目録原則覚書2009 ← Statement of International Cataloguing Principles 2009 …………… 3,5
国立国会図書館 ← NDL ……………………………………… 20,21,24,64,112,117,120,149,161
国立国会図書館件名標目表 → NDLSH
国立国会図書館典拠データ検索・提供サービス → Web NDL Authorities
国立情報学研究所 ← NII ……………………………………………………… 63,117
個人名 …………………………………………………………………………… 113-114
個人名件名標目 ………………………………………………………………… 135-136
個人名標目とAACR2 → AACR2 －個人名標目22章
固有名件名とAACR2 …………………………………………………………… 120-149
固有名の種類 …………………………………………………………………… 113-116

### さ

参照形標目 ……………………………………………………………………… 26,27,110,111,117
次世代OPAC …………………………………………………………………… 19
ジャンル ………………………………………………………………………… 42,43,52,98,110
主題 ……………………………………………………………………………… 95,96,97,98
　－典型的特徴 ………………………………………………………………… 190
　－特殊な主題 ………………………………………………………………… 190-207
　　－文学 …………………………………………………………………… 191-192,199-206
　　　－情報資源の種類 …………………………………………………… 191,192
　　　－典型的な概念 ……………………………………………………… 192
　　－法律 …………………………………………………………………… 191,194-198
　　　－情報資源の種類 …………………………………………………… 191
主題検索 ………………………………………………………………………… 14,15,30,31
主題典拠データの機能要件 → FRSAD
主題分析 ← Subject analysis ………………………………………………… 29,30,31,95-98,156

―― 要約 ← Summarization ································································································· 97,156,161
書架分類 ································································································································ 30
書誌コントロール ···················································································································· 116
書誌レコードの機能要件 → FRBR
シリーズタイトル ············································································································ 113,115-116
シリーズ典拠ファイル　Series authority file ································································· 116
スコープノート → LCSH -- スコープノート; LCSH -- SHM -- 構成 -- スコープノート
整理技術研究会グループ → TP&D フォーラム
セマンティックウェブ ← Semantic Web ·········································································· 19

## た

タイトル ···································································································································· 113,115
団体名 → LCSH -- 固有名標目 -- 団体名 をも見よ ··································································· 113,114
団体名件名標目 ································································································································ 139
団体名標目と AACR2 → AACR2 -- 団体名標目 24 章
地名 → LCSH -- 固有名標目 -- 地名 をも見よ ···································································· 113,114-115
地名件名細目 ···································································································································· 130
地名件名標目 ································································································································ 120-129
　―― 法域名 ································································································································ 121-122
　―― 非法域名 ···························································································································· 122-125
　―― 付与できる汎用件名細目 ································································································ 131-132
地名標目と AACR2 → AACR2 -- 地名標目 23 章
ディスカバリー・インターフェイス ······················································································· 19,32
ディスカバリーサービス ··········································································································· 30,32
典拠形標目 ····································································································· 26,27,28,110,111,116
典拠コントロール ········································································ 28,63,69,109,110,111,112,118,208
典拠データの機能要件 → FRAD
典拠ファイル ···························································································································· 26-28,117
典拠ファイルのネットワーク ···························································································· 116-117
典拠レコード ········································· 26,27,28,37,39,43,46,47,48,54,109,110-111
　―― 構成要素 ························································································································ 110-111
　―― 活用のメリット ·············································································································· 110-112
　―― 可能性 ···························································································································· 116-117
統一書名 → 統一タイトル
統一タイトル ← 統一書名 ································································ 26,38,43,45,109,113,115
　→ LCSH -- 固有名標目 -- 統一タイトル をも見よ
統制語彙 ························································································· 3,4,14,17,19,31,95,98,208
図書館流通センター ← TRC ··································································································· 14,15,117
　―― 図書館流通センター件名標目表 ← TRCSH ···································································· 14,15

## は

バーチャル国際典拠ファイル → VIAF
パブメド → PubMed
パリ原則 ← Statement of principles adopted at the International Conference on Cataloguing Principles Par-

is, October, 1961. ······································································································ 14,22
人のグループの名称 ← Classes of Persons; 人のグループ ·································· 38,52,65,155
ピナケス ← Pinakes ··································································································· 15
非法域名 → LCSH -- 非法域名
標目 ······································································································ 17,21,26,27,28,31,35,36
標目の形と目録規則 ······································································································ 112-113
ファンネル・プロジェクト ← Funnel Project ····································································· 149
文献的根拠 ← Literary warrant ················································································· 35,149
米国議会図書館 → LC
　-- 米国議会図書館件名標目表 → LCSH
ベイツレポート ← Bates Report ·················································································· 18-19
法域名 → LCSH -- 法域名

### ま

マニュアル → LCSH -- マニュアル
名称典拠標目 ······································································································ 39,43,44,46
名称典拠ファイル → LC 名称典拠ファイル をも見よ ············ 37,39,46,47,51,103,113,114,120,130
名称典拠レコード ← Name Authority Record ······················ 39,44,47,59,109,111,113
　→ LC 名称典拠レコード をも見よ
メタデータ ← Metadata ································································ 3,4,18,23,30,31,63,208,209
目録整理技術研究会 → TP&D フォーラム
目録の要素 ··································································································································· 109
目録の機能 ··························································································································· 13,14,26
モデル標目 → LCSH -- 見方 -- モデル標目
　→ LCSH -- モデル標目

### ら

ライブラリシステム研究会特別セミナー 2002 ··································································· 63,66
列挙順序 → LCSH -- 件名細目 -- 列挙順序

## 人名

上田修一　ウエダ・シュウイチ ······················································································· 20
岡田靖　オカダ・ヤスシ ·································································································· 20
加藤宗厚　カトウ・シュウコウ ················································································ 20,21,30
椎葉倣子　シイバ・モトコ ······························································································· 20
渋谷嘉彦　シブヤ・ヨシヒコ ··························································································· 29
嶋田真知恵　シマダ・マチエ ··························································································· 64
芳賀奈央子　ハガ・ナオコ ······························································································ 21
松井幸子　マツイ・サチコ ······························································································ 21
山下栄　ヤマシタ・サカエ ································································································ 21
山本一治　ヤマモト・カズハル ······················································································· 64
渡邊隆弘　ワタナベ・タカヒロ ······················································································· 63

Baillet, Adrien（バイエ, アドリアン） ………………………………………………………… 16
Bates, Marcia J.（ベイツ, マーシャ　J.） ……………………………………………………… 18
Berners-Lee, Tim（バーナーズ-リー, ティム） ………………………………………………… 19
Callimachos（カリマコス） ……………………………………………………………………… 15
Chan, Lois Mai（チャン, ロイス　メイ） ……………………………………………………… 4,67
Crestadoro, Andrea（クレスタドロ, アンドレア） ……………………………………………… 17
Cutter, Charles A.（カッター, チャールス　A.） …………………………………… 13,14,16,17,18
Gorman, Michael（ゴーマン, マイケル） ……………………………………………………… 109
Lamoignon, Chrétien-Francois（ラモアノン, クレテアン - フランソア） …………………… 16
Lancaster, Frederick W.（ランカスター, フレデリック　W.） ……………………………… 18,29
Lubetzky, Seymour（ルベツキー, シーモア） ………………………………………………… 14
Panizzi, Anthony（パニッツイ, アントニー） ………………………………………………… 14
Ptolelmy, I（プトレマイオスI世） ……………………………………………………………… 15
Taylor, Arlene G.（テイラー, アイリーン G.） ………………………………………………… 25,29
Zenodotus（ゼノドトス） ………………………………………………………………………… 15

著者プロフィール

**鹿島みづき**（かしま・みづき）
....................................

国際基督教大学 教養学部語学科卒業。
ウェスタン・オンタリオ大学大学院図書館情報学専攻修士課程修了
（カナダ；School of Library and Information Science.
The University of Western Ontario, Master of Library Science）。
上智大学図書館，メルボルン大学図書館を経て，
愛知淑徳大学図書館にてレファレンス，洋図書目録，コーディネーターを担当後，
現在インターネット情報資源担当チーフを勤める。
....................................

下記の刊行により，2005・2009年度私立大学図書館協会「協会賞」を受賞。
鹿島みづき, 山口純代, 小嶋智美著
『パスファインダー・LCSH・メタデータの理解と実践：図書館員のための主題検索ツール作成ガイド』
愛知淑徳大学図書館発行・紀伊國屋書店販売, 2005.
鹿島みづき著；愛知淑徳大学図書館編
『レファレンスサービスのための主題・主題分析・統制語彙』
勉誠出版, 2009.

# 主題アクセスと
# メタデータ記述のためのLCSH入門
Introduction to LCSH for Subject Access and Metadata

2013年2月26日　初版第1刷発行

|  |  |  |
|---|---|---|
| 検印廃止 | 著　者ⓒ | 鹿島　みづき |
|  | 発　行　者 | 大塚　栄一 |

発　行　所　株式会社 樹村房
〒112-0002
東京都文京区小石川5丁目11番7号
電　話　東京03-3868-7321
FAX　東京03-6801-5202
http://www.jusonbo.co.jp/
振替口座　00190-3-93169

組版・デザイン／BERTH Office
印刷・製本／株式会社テンプリント

ISBN978-4-88367-223-3
乱丁・落丁本はお取り替えいたします。